学生发展核心素养丛书

"十四五"国家重点图书出版规划项目

21世纪（修订版）
学生发展核心素养研究

21SHIJI XUESHENG FAZHAN HEXIN SUYANG YANJIU (XIUDINGBAN)

林崇德 主编

北京师范大学出版集团
BEIJING NORMAL UNIVERSITY PUBLISHING GROUP
北京师范大学出版社

图书在版编目(CIP)数据

21 世纪学生发展核心素养研究 / 林崇德主编. —修订本. —北京：北京师范大学出版社，2021.1(2025.8 重印)
(学生发展核心素养丛书)
ISBN 978-7-303-25175-9

Ⅰ.①2… Ⅱ.①林… Ⅲ.①青少年—素质教育—研究—中国
Ⅳ.①D432.6

中国版本图书馆 CIP 数据核字(2019)第 208932 号

出版发行：北京师范大学出版社 https://www.bnupg.com
北京市西城区新街口外大街 12-3 号
邮政编码：100088
印　　刷：北京盛通印刷股份有限公司
经　　销：全国新华书店
开　　本：710 mm×1000 mm 1/16
印　　张：20
字　　数：300 千字
版　　次：2021 年 1 月第 1 版
印　　次：2025 年 8 月第 4 次印刷
定　　价：65.00 元

策划编辑：王建波 邓丽平　　责任编辑：邓丽平
美术编辑：王 蕊　　装帧设计：楠竹文化
责任校对：段立超 陈 民　　责任印制：孙文凯

21 世纪学生发展核心素养研究(修订版)

编委会

主　　编　林崇德

副 主 编　(按姓氏拼音排序)

陈英和　方晓义　李　红　莫　雷　辛　涛

张文新　赵国祥

主编助理　刘　霞

参与研究　(按姓氏拼音排序)

陈光辉　何先友　何小亚　胡清芬　黄四林

纪林芹　贾绪计　李富洪　李永鑫　刘济良

刘　强　刘　霞　刘　艳　罗文波　彭耀光

师保国　王明辉　王少君　辛素飞　徐夫真

张廷凯　赵景欣　赵俊峰　朱宁波　左　璜

序

我执教五十余载了，在整个教育生涯中，先后教过中学生、大学生，以及硕士研究生和博士研究生。如今，这些学生都已走向社会，他们中有些成为“长江学者”、学术带头人、中小学教师、企业家、校长等，成为各自领域的中坚力量。对于这些学生的成长和发展，我一直在思考，为什么他们能够成才或者成功？哪些因素影响和决定了他们的成长？作为一名学者，我所研究的是关于人及其身心发展规律的科学。在研究中，我也经常从专业的角度思考，一个人取得成功并最终获得幸福生活，应该具备哪些必要的能力条件和人格特征？或者说，对于一个人的成长、成才、成功生活来说，到底哪些品格和能力是最为关键的？围绕这些问题，过去三十余年来，我和我的研究团队开展了一系列关于学生的一般能力(智力)、学科能力、跨学科能力、人格特征等方面的研究工作。

2012 年，党的十八大提出把立德树人作为教育工作的根本任务，明确强调了教育的本质功能和真正价值，开始从国家层面更加深入系统地考虑“教育要立什么德、树什么人”或者说“教育要培养什么样的人”这一教育最根本的问题。这也使我对自己多年以来一直思考的这个问题有了更加高位的认识。恰逢其时，教育部启动了中国学生发展核心素养的研究工作。国际经验启示我们，对这一重大教育问题的回答和解决，必须基于对学生身心发展规律的科学认识，必须依靠科学的思考和方法。而心理学是研究人的身心发展规律的科学，并且在学生品格与能力发展方面积累了丰富的研究经验和研究成果。为此，面对这一时代命题，心理学科有责任发挥自己的专业优势，为国家服务、为社会服务和为人民服务。我想，这也是中国心理学研究者在面对国家重大需求问题时，应该承担的责任和使命。基于这一考虑，我带领研究团队承担了教育部的这项重大委托课题，遴选和界定中国学生发展的核心素养，即21世纪中国学生应具备的、能够适应终身发展和社会发展需要的必备品格和关键能力。

《现代汉语词典(第5版)》中，“素养”主要指“平日的修养”，强调其是后天习得和养成的。那么，“素养”与“素质”有什么区别?“素质”一词在词典中的解释是：①事物本来的性质；②素养；③心理学上指人的神经系统和感觉器官上的先天的特点。在素质教育中，“素质”对应的主体是“教育”，是相对于应试教育中的“应试”而提出的，主要指人在先天的生理基础上，通过后天环境影响和教育训练所获得的内在的、相对稳定的、长期发挥作用的身心特征及其基本品质结构。“素养”是指在教育过程中逐渐形成的知识、能力、态度等方面的综合表现，其对应的主体是“人”或“学生”，是相对于教育教学中的学科本位提出的，强调学生素养发展的跨学科性和整合性。从这一角度而言，核心素养是对素质教育内涵的解读与具体化，是全面深化教育改革的一个关键方面。

从文献来看，虽然“核心素养”的提法相对较新，但其蕴含的思想却由来已久。从古至今，不同时代的思想家及学者们都曾围绕人应该具备的“核心素养”问题，进行过深入而全面的讨论。进入21世纪，随着全球化、信息化与知识时代的来临，面对崭新的更富挑战性的时代格局，各国教育改革都无法规避的一个重大问题就是，21世纪培养的学生应该具备哪些核心素养，才能使他们成功地融入未来社会，进而推动整个社会的健康发展?于是，学生发展核心素养问题陆续受到一些国际组织和国家的关注。尤其是近五年来，21世纪核心素养的浪潮开始席卷全球，很多国家把培养21世纪核心素养作为国家发展的前瞻性战略问题，纷纷从各自国家及公民发展需求的角度，提出了一批各具特色的核心素养框架或体系。

在借鉴国际经验的基础上，考虑到我国的国情特点，我们在研究中国学生发展核心素养的过程中，重点把握了三个方面的原则。第一，科学性。研究过程中，我们以人的全面发展为出发点，基于学生身心发展规律和教育教学实践活动规律，采用科学的手段和方法，进行核心素养指标的遴选与界定，确保研究过程的严谨性和系统性。第二，时代性。学生发展核心素养指标的遴选要面向未来，反映时代发展需求，体现新时期社会对人才的新要求。第三，民族性。核心素养研究必须根植于本民族的文化历史土壤之中。中华文明源远流长，在丰富的传统文化思想及独具特色的传统教育体系中，都蕴含了诸多对人才培养和教育的思考。因此，我们在研究中充分考虑我国的国情特色，立足我国的实际情况和历史文化特点，体现中华优秀传统文化的继承与创新。

作为一套有系统规划设计的、指向21世纪的育人目标体系，学生发展核心素养的建构具有非常重要的意义和价值，它将逐渐从多个途径和多个角度引导整个教育系统的变革。具体而言，其功能主要体现在四个方面。第一，指导课程改革。学生发展核心素养是课程设计的依据和出发点。基于核心素养的顶层设计，可以指导课程的变革与推新，建立基于核心素养的新课程体系，并指导各学段和各学科课程目标之间做好垂直衔接与横向整合。第二，指导教学实践。核心素养明确了“21世纪应该培养学生什么样的品格与能力”，可以指导教师在日常教学中更好地贯彻落实党的教育方针，克服目前存在的“学科本位”或“知识本位”现象，促进教师的专业发展。第三，引导学生学习。学生发展核心素养反映了未来社会的需求和期望，可以帮助学生明确未来的发展方向，学生需要朝着这一目标不断地努力。第四，指导教育评价。学生发展核心素养是检验和评价教学效果、学习结果乃至教育质量的主要依据。

本书是“学生发展核心素养”系列丛书的第一册，主要从整体上展开对学生核心素养的探索与分析。后续的书籍中，我们将分别针对中国学生发展核心素养的基础理论、大中小学生核心素养的内容与表现水平等展开探讨与解读，希望能够系统地呈现出中国学生发展核心素养的内涵、特点与表现水平。当然，我们也认识到，从学生核心素养的提出、丰富完善，到最终实践落实，需要来自教育系统内外社会各界的共同努力，这是一个不断推进、层层落实的复杂过程。目前，我们研究团队的工作还处于探索阶段，所提出的研究成果需要在教育实践中进一步丰富与完善。希望这套书能够为广大教育工作者理解和把握中国学生发展核心素养提供参考，并期盼广大读者能够与我们共同交流和探讨，一起为中国学生核心素养的培养做出努力。

是为序。

林崇德

2016年2月26日于

北京师范大学发展心理研究所

前言

核心素养研究的缘起

从本质上来说，关注学生的核心素养，就是关注“教育要培养什么样的人”这一最根本的教育问题。这是当前全社会都在关注的一个热点话题，它不仅关系到国家、社会的发展，也关系着千千万万个家庭的未来，尤其是对教育工作者来说，这是一个必须要思考和面对的问题。我国是一个教育大国、人力资源大国，我们的教育规模是世界上最大的。但同时也不能否认，我国目前还不是教育强国、人力资源强国，还处于向人力资源强国转变的过程中。那么，在这一历史性的迈进中，面对知识经济迅猛发展、科技进步日新月异的时代格局，回顾素质教育改革的历程，我们不禁要思考，教育到底应该培养什么样的人？应该培养学生哪些关键性的核心素养，才能让这些孩子将来能够更好地健康发展、幸福生活，才能够使他们成功地融入未来社会？

党的十八大报告指出，“坚持教育为社会主义现代化建设服务、为人民服务，把立德树人作为教育的根本任务，培养德智体美全面发展的社会主义建设者和接班人”，明确强调了教育的本质功能和真正价值，也指明了我国教育改革发展的目标和方向。党的十八届三中全会则要求，“全面贯彻党的教育方针，坚持立德树人，加强社会主义核心价值体系教育，完善中华优秀传统文化教育，形成爱学习、爱劳动、爱祖国活动的有效形式和长效机制，增强学生社会责任感、创新精神、实践能力”。为贯彻党的十八大精神，教育部启动了“立德树人”工程，以培养德智体美全面发展的社会主义建设者和接班人，让每一个孩子都能成为有用之才。2014年3月，教育部发布了《关于全面深化课程改革落实立德树人根本任务的意见》，明确提出了落实立德树人工程的十大关键领域。其中，研究制订学生发展核心素养体系是首要环节，并提出把核心素养体系作为研究学业质量标准、修订课程方案和课程标准的依据，用于统领课程改革的相关环节。这也是首次在国家课程改革的重要文件中明确使用“核心素养”一词，体现了以人为本，尤其是以学生核心素养发展为本的教育改革思路，意味着党和国家把学生核心素养的培养问题放到了一个前所未有的高度上。

那么，为什么要把核心素养的培养问题放到如此高度？在我国关注和研制学生核心素养体系的意义和价值是什么？对于这个问题，可以从国际趋势、党的教育方针的落实、素质教育改革的需要三个方面来进行思考。

一、迎接21世纪挑战：核心素养研究的国际共识

从国际上来看，核心素养研究的兴起和发展，无论是在哪个国家或地区，都与时代的发展、社会的变革，以及教育改革的深化紧密相连。当前，我们正处在全球化的进程中，全球化首先表征为经济的全球化，而经济全球化必然带来资源、技术、资本、资金的全球化流动，必然导致人才的全球化流动、竞争与合作。此外，当前也是一个信息化的时代，随着信息通信技术的迅猛发展，各国的产业结构正在慢慢地发生变化。所有这些，都在重新塑造着我们的世界。正是在这样的背景下，一种新型的人才观逐渐形成——它要求未来的教育应该致力于培养具有21世纪核心素养的人。

在全球化、信息化与知识社会的背景下，各国综合国力的竞争变得越来越激烈，已经从过去表层的生产力水平竞争，转化为深层的以人才为中心的竞争。在这种国际格局下，一切有识之士都认识到，取胜的关键在科技，实质在人才。为此，以经济发展为核心、致力于公民素养的提升，逐渐成为世界各国发展的共同主题。针对这一国际大背景，各国教育改革都无法规避的核心问题就是，21世

纪培养的学生应该具备哪些最核心的知识、能力与情感态度，才能成功地融入未来社会，才能在满足个人自我需要的同时，推动整个社会健康发展？这一问题促使各国际组织和国家加大了对人才标准研究的力度，重视培养和造就人才。例如，经济合作与发展组织[Organization for Economic Co-operation and Development，简称经合组织(OECD)]率先于21世纪初，提出了核心素养的指标体系。随后，世界上的一些主要发达国家，如美国、英国、芬兰、澳大利亚等，也纷纷启动了基于核心素养的教育目标体系研究，希望能够遴选出符合自己国家需求的核心素养指标，并进一步开发完善以核心素养为基础的课程改革方案，全面提升自己的教育质量。

在各国际组织和国家对核心素养的研究过程中，除了延续过去的脱盲、扫盲所强调的读、写、算等个人基本素质，以及执行日常生活功能的素养之外，他们更进一步试图提升国民的核心素养。此外，尽管世界各国的情况都不尽相同，但是，国际关系越来越复杂多变并且相互依赖已成为当今世界的主要特点。商业贸易的全球化、科技交流的国际化，都足以说明国家之间有很多相似之处，人类也拥有高度类似的生活，这些都为建构一套通用的核心素养体系提供了前提和可能。从这一角度而言，核心素养的培养能够保持国家之间的相互合作，有利于间接提升一个国家的实力，为国家在激烈的综合国力竞争中取胜提供基本的保障。有鉴于此，为了提升我国教育的国际竞争力，并顺应世界教育发展趋势，应研究并建构符合中国国情与现实需要的学生发展核心素养体系。

二、核心素养是党的教育方针总体要求的具体化与细化

从党和国家层面来看，核心素养体系是党的教育目标的具体体现，是连接宏观教育理念、培养目标及课程与教学目标的关键环节，也是建构科学的教育质量评价体系、推进教育问责的重要基础和依据。

党的教育方针从宏观层面上明确提出了我国教育的培养目标，即“培养德智体美全面发展的社会主义建设者和接班人”，这对人才培养具有全局性的指导意义。同时，党的十八大报告还指出，“把立德树人作为教育的根本任务”。党的十

八届三中全会则进一步要求，“加强社会主义核心价值体系教育，完善中华优秀传统文化教育，形成爱学习、爱劳动、爱祖国活动的有效形式和长效机制，增强学生社会责任感、创新精神、实践能力”。这些方针政策，对于我们的人才培养都起到了重要的指导意义。

但同时也应当看到，这些方针政策相对来说比较宏观，要落实到具体的教育教学过程中，还需要将它们进一步具体化、系统化和细化，转化为学生应该具备的、适应终身发展和社会发展需要的素养要求，进而贯穿到各学段，融合到各学科，最后体现在学生身上。此外，还应当看到，随着时代的变迁和社会的发展，“德智体美全面发展”的内涵也在发生变化。为了更加精准地理解和解读党的教育方针，当前迫切需要立足于我国国情，结合时代特点，根据学生的成长规律和社会对人才的需求，把对学生德智体美全面发展的总体要求具体化，建构一套科学的、有中国特色的学生核心素养体系，从而深入地回答“教育要培养什么人”的问题。

此外，我国从人力资源大国向人力资源强国迈进，核心素养对于人才培养至关重要。目前我国正举办着世界上规模最大的教育，现代化教育体系初步形成，完成了教育大国、人力资源大国的崛起。截至 2009 年，我国 15 岁以上人口和新增劳动力平均受教育年限分别超过 8.5 年和 11 年，有高等教育学历的从业人数超过 8200 万人。我国已经成为人力资源大国，正在加速向人力资源强国转变。我们应该清楚地看到，要实现建设人力资源强国的目标，必须从小重视核心素养的教育和培养。而且，从人力资本理论(Human Capital Theory)的角度来看，提高个体的核心素养，可以促进个体进入职场后的工作效率，为企业创造更多的财富，促进人力资本的开发。为此，核心素养不仅受到党和国家的高度重视，还受到社会人士和企业的重视。

三、从素质教育改革的角度看核心素养

从素质教育改革的角度来看，核心素养研究体现了以“学生发展”为核心的教育视角的变化，是深化教育领域综合改革的迫切需要和必然趋势。

核心素养是对素质教育内涵的解读与具体化，是全面深化教育改革的一个关键方面。素质教育(quality-oriented education)是相对于应试教育提出的，这里，“素质”对应的主体是“教育”，它的内涵主要是指人在先天的生理基础上，通过后天的环境影响和教育训练，所获得的内在的、相对稳定的、长期发挥作用的身心特征及其基本品质结构。相对于“素质”，“素养”(competence 或 competency 等)是指在教育过程中逐渐形成的知识、能力、态度等方面的综合表现。这与中华传统文化中“素养”的含义是一致的。“素养”一词，较早出现在《汉书·李寻传》：“马不伏历(枥)，不可以趋道；士不素养，不可以重国。”把素养视为经常修习的涵养。后来，在我国汉语中主要指平日的修养，如道德素养、人文素养、科学素养等。可见，“素养”对应的主体是“人”或“学生”，是相对于教育教学中的学科本位提出的，强调学生素养发展的跨学科性和整合性。

在推进素质教育的过程中，需要对学生发展的核心素养体系进行全面系统的凝练和描述。自“跨世纪素质教育工程”全面实施以来，素质教育已成为21世纪我国教育改革的旗帜和行动指南。经过十余年的努力，素质教育改革已取得了初步成效，而如何进一步深化与推进素质教育的内涵，是新一轮教育改革中必须考虑的问题。虽然改革成效是显著的，但不可否认的是，当前我国所培养出的学生已表现出身体素质滑坡、社会适应能力不强、负面情绪较多、实践和创新能力不足等素养发展不全面的问题。同时，由于我国长期形成的以中考、高考成绩作为教育质量评价标准的观念的引导，以素质教育为本的教育质量评价体系尚未建立和形成，导致素质教育的真正推行遭遇重重困境。这些现状与问题都迫切需要转变教育质量观念，进一步丰富素质教育的内涵，深入推进素质教育改革，真正确立起以“学生核心素养”为基本框架的教育质量评价体系和课程体系，以促进素质教育的深化与落实。

另外，通过对我国课程标准的深入分析也发现，尽管“素养”一词在各学科课程标准中被频繁提及，凸显了其重要地位，却缺乏明确的内涵界定和系统阐述，对跨学科素养的培养相对忽视。此外，由于缺乏基于核心素养的顶层设计，不同学段的课程目标之间缺乏有效的垂直衔接，不同学科的课程目标之间的横向整合不够，进而导致素质教育目标难以得到落实，给一线教师的实际教学带来很大的困惑。因此，围绕“培养德智体美全面发展的社会主义建设者和接班人”这一教育方针和目标，迫切需要开展相关研究，界定和遴选学生发展核心素养指标，为全面推进素质教育改革，全面提升教育质量奠定有力的基础。

总之，对核心素养开展深入研究和讨论，是深化和推进当前基础教育课程改革、增强我国基础教育国际竞争力的迫切需求，是落实国家中长期教育改革和发展规划的重要举措，对提高我国未来的国家竞争力具有至关重要的战略意义和长远价值。

本书的内容组织结构

本书是“学生发展核心素养”系列丛书的第一册。本书共包括七个部分的内容，分别从基础理论研究、国际比较研究、传统文化研究、实证调查研究、课程标准研究、教育实践探索，以及核心素养框架建构等方面，综合运用多种方法，多视角、系统化地展开对学生核心素养的解读与分析。

第一章主要对核心素养的概念内涵进行梳理和界定，厘清核心素养概念的内涵与理论结构，形成对核心素养的准确认识与定位。

第二章主要从国际视角下探寻核心素养的研究现状。具体来说，本章立足全球化的视野，以经合组织，联合国教育、科学及文化组织[United Nations Educational, Scientific and Cultural Organization，简称联合国教科文组织(UNESCO)]，美国，法国，英国，日本等国际组织和国家为研究对象，探讨其界定、遴选学生核心素养的过程、方法与成果，为我国核心素养研究提供参考依据。

第三章主要从传统文化中发掘学生发展核心素养。本章基于对中国传统文化思想与传统教育的分析，系统梳理我国传统文化中关于个体修身成德和自我完善的教育思想，厘清传统教育所重视的有关学生培养的内容，并提出传统文化对于建构具有民族特色的学生核心素养体系的借鉴与启示。

第四章主要从社会的现实需求中归纳梳理学生发展核心素养。本章主要通过对全社会各领域专家群体的意见征询，了解当前我国社会与民众对于人才的现实期盼与需求。具体而言，采用焦点小组访谈（个别访谈）与问卷调查相结合的方式，广泛调查社会各行各业中有突出成就和影响力的人群对学生在21世纪应具备的核心素养的基本观点和看法，以及他们对建构学生发展核心素养体系总框架的具体建议，为充分把握国情、建构符合我国现实需要的学生发展核心素养体系提供科学依据。

第五章主要从课程标准中反思学生的核心素养问题。本章通过对课程标准进行内容分析，了解课程标准中所包含和强调的学生核心素养内容及其特点。具体而言，以义务教育阶段的19门课程标准和高中教育阶段的16门课程标准为研究对象，采用内容分析法对我国课程标准所关注的学生发展核心素养指标进行统计分析，揭示“素养”在不同学科和不同教育阶段课程标准中的分布、结构与教育理念。

第六章主要探讨学生核心素养的相关教育实践，包括基于核心素养的教育质量评估、课程教学改革、教师专业发展，以及学习环境创设等。通过对这些实践探索方式进行梳理和总结，提出对落实和推行核心素养的借鉴与启示。

第七章通过整合基础理论研究、国际比较研究、教育政策研究、传统文化分析、实证调查研究和课程标准分析等子课题的成果，在系统阐述学生发展核心素养遴选依据的基础上，建构出中国学生发展核心素养总框架模型，界定六大核心素养指标的基本内涵与主要表现，并进一步提出分别适用于小学、初中与高中阶段的学生发展核心素养指标体系与表现水平。

目 录

CONTENTS

第一章

核心素养的内涵：演变与共识

核心素养概念的演变与人类进步和社会发展密切相关，是社会生产力与生产方式发展变化的产物。从古至今，不同时代的思想家及学者们都曾经围绕人应该具备的“核心素养”进行过深入而全面的讨论，反映的都是当时社会发展的需求，是当时的人们对“教育应培养什么样的人”这一问题的答案。在以农业经济形态为主导的古代社会背景下，人才的培养重视道德品性；在以工业经济形态为主导的现代社会背景下，人才的培养重视能力本位；而在以信息经济、低碳经济等经济形态为主导的当代社会背景下，人才的培养则需要重视核心素养。强调“核心素养”才是培养能自我实现与社会和谐发展的高素质国民与世界公民的基础，它反映了当今时代社会发展的需求。

核心素养为当代世界所普遍重视，是各国际组织与国家在进行教育改革与课程改革时密切关注的热点。虽然各国际组织与国家在“核心素养”的具体表达方式上存在差异，但其思想是共通的，即都重视公民关键的、必要的、重要的素养，并且都强调核心素养的获得是一个持续的、终身的学习过程。对“核心素养”的概念进行研究，可以顺应当前联合国教科文组织等国际组织所倡导的教育改革的国际潮流与课程改革的世界发展趋势。

本章将重点梳理核心素养概念的历史纵向演变历程与国际横向研究状况。同时，针对国内外关于“核心素养”一词具有多种表述的问题，进行概念辨析。最后，提出核心素养的定义，厘清核心素养的特征，并围绕核心素养与学生发展、教育、教学及课程的关系，对该概念进行准确定位。

第一节　核心素养内涵的历史演变

从文献来看，核心素养这一概念的提出主要始于 20 世纪 90 年代，特别是经合组织 1997—2005 年所开展的“素养的界定与遴选”（Definition and Selection of Competencies，简称 DeSeCo）研究项目（OECD，2005），将该词用于描述所有社会成员都应具备的共同素养中那些最关键、必要且居于核心地位的素养。不过，虽然“核心素养”的提法相对较新，但其蕴含的思想却由来已久。从古至今，不同时代的思想家及学者们都曾经围绕人应该具备的“核心素养”进行过深入而全面的讨论。在他们的视野中，核心素养概念的含义到底有哪些？

一、“德性”的观点——核心素养的传统理论

在教育哲学中，素养被定义成为正义、智慧、勇敢的化身。核心素养的传统理论，也是教育哲学取向的理论，其时间跨度从古代延伸至 20 世纪初，主要围绕上述这些“德性”对人的基本素养进行论述，代表人物有西方的苏格拉底、亚里士多德和我国的孔子等人。

2000 多年以前，人们并没有明确提出核心素养的概念，但是对于作为合格的社会一员或公民则早已有标准。苏格拉底劝勉人们“把精力用在高尚和善良的事上”，教育人们要“努力成为有德行的人”。“美德即知识”是苏格拉底伦理学最重要的命题。在他看来，人的行为之善恶，主要取决于他是否具有相关的知识。人只有知道什么是善、什么是恶，才能趋善避恶。从这一观点出发，苏格拉底提出了“德行可教”的主张。这种主张不仅否定了当时盛行于希腊的道德天赋的观念，而且赋予道德以一种普遍的基础。到后来，无论亚里士多德还是柏拉图，或是中世纪罗马哲学家西赛罗，他们所主张的古典理论下的公民素养，主要是认为西方古代时期的公民必须拥有几种主要的德行（commit virtue），如正义、智慧、勇敢，且懂得节制。同时，亚里士多德希望城邦公民也要具有公民参与的

精神。

在我国，以孔子为代表的思想家们也很早就围绕健全人格进行了思考，并可归纳为“内圣外王”的传统文化人才观。所谓“内圣”，是人通过自身的心性修养所达到的一种高尚境界。“内圣”强调个体应该重视仁爱，强调中庸，做到“忠”“恕”和“允执其中”；同时强调“文质彬彬”“立志笃学”，即内在修养与外部表现要完美结合，而且专心好学；还强调“重义轻利”“舍生取义”，即要求人们在某些特定的境遇中，要具有杀身成仁、见义勇为的大无畏气概和献身精神。所谓“外王”，是人的心性修养的外在表现，是“内圣”的主观精神状态的自然延伸与拓展。“外王”要求个体应有博施济众、济世报民的抱负和胸怀，能够“修身”“齐家”“治国”“平天下”。此外，我国传统文化对“德性”在人才培养中的重视，还表现在其他许多著名教育家、思想家的观点中，如：南宋著名理学家朱熹主张教育的目的在于“明人伦”，主张教育学生自幼就须“洒扫进退、礼乐射御书数开始，以修养其孝悌忠信之道”，提倡“明天理，灭人欲”的伦理道德教育，并强调“立志”“主敬”“存养”“省察”“力行”的人才培养方法和途径，提出“言忠信，行笃敬，惩忿窒欲，迁善改过”的修身之要；明代思想家王守仁倡导心学，强调“知行合一”“知行并进”及“致良知”，把道德教育与修养放在学校教育工作的首要地位，提出了“静处体悟”“事上磨炼”“省察克治”“贵于改过”的道德修养方法，提倡不断在道德实践中净化心灵，充分彰显内在的良知本体；清代教育家王夫之也同样重视道德教育，指出教育在人性的生成过程中起重要作用，表现为能够积善成性，并提出了“立志”“自得”“力行”的教育方法，其中“立志”即“志于道”，“自得”是要求学生要有道德修养的自觉性，而“力行”则强调将道德知识转变为实际行动，即强调知与行的统一，如此方能真正提高自身道德修养。

可见，无论西方还是东方，在传统的人才标准中，人们都将高尚的道德品性列为第一位的尺度，作为首要的标准，而这些德行品质也正体现了先哲们对素养内涵的理解。

二、“能力”的观点——核心素养的现代理论

伴随着工业革命的发生和工业社会的到来，人们普遍加强了对专门行业技能及职业需求导向的关键能力的重视。于是，以“能力”为中心，20 世纪不同学科取向下的研究者对素养的概念内涵进行了新的思考与分析，使其变得更加丰富。对此，斯塔尔（Stahl）和怀尔德（Wild）追溯了素养概念在教育学、心理学和人力资源研究领域的发展，并对其发展历程进行了呈现，具体见图 1-1。

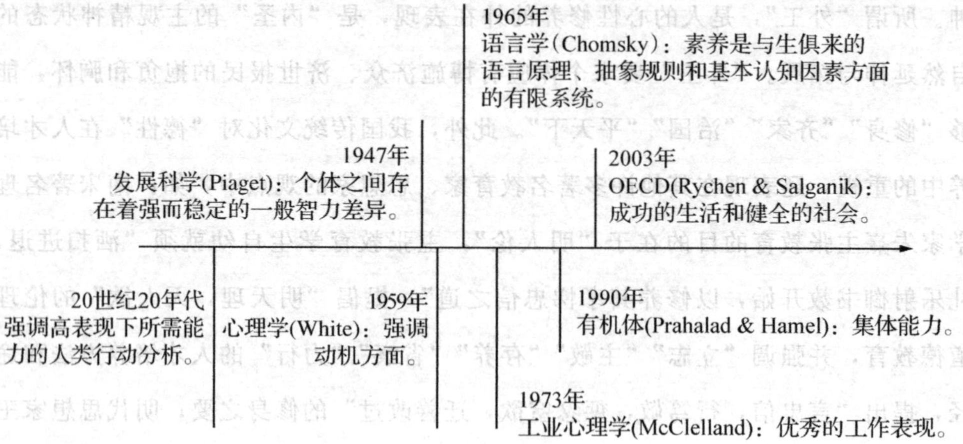
1965年
语言学(Chomsky)：素养是与生俱来的语言原理、抽象规则和基本认知因素方面的有限系统。
1947年
发展科学(Piaget)：个体之间存在着强而稳定的一般智力差异。
2003年
OECD(Rychen & Salganik)：成功的生活和健全的社会。
20世纪20年代
强调高表现下所需能力的人类行动分析。
1959年
心理学(White)：强调动机方面。
1990年
有机体(Prahalad & Hamel)：集体能力。
1973年
工业心理学(McClelland)：优秀的工作表现。

图 1-1　素养概念的历史发展

从图 1-1 可见，20 世纪有关素养的理论观点大都是“能力”本位的。能力不同于知识和技能，但和知识、技能有着密不可分的联系。在经合组织所主导的 DeSeCo 研究项目中，将能力定义为在特定情境下通过心理—社会互动，成功达成复杂要求的素养。这一含义经历了复杂的演变过程。

20 世纪 20 年代，能力本位的理念最早为职业教育所使用，通过对人的行动的科学分析，用以探讨职业领域高成就所需要的能力。20 世纪 40 年代，皮亚杰（Piaget）在发展科学领域将能力解释为一般智力，并指出这种一般智力具有强而稳定的个体差异，个体在不同发展阶段通过同化、顺应双向建构过程，不断实现个体与环境的交互作用，用以建构知识与能力。20 世纪 60 年代，乔姆斯基

(Chomsky)在能力—表现模型(competence-performance model)中提出了“与生俱来的语言能力”。20世纪70年代，被誉为“素质研究之父”的美国著名心理学家麦克利兰(McClelland)在其《测量能力而非智力》(Testing for Competence Rather Than for Intelligence)一文中提出，能力包括了动机、特质、自我概念、态度或价值、知识、在工作上与优越表现有关的认知或行为技能。

20世纪90年代，普哈拉(Prahalad)和哈梅尔(Hamel)提出了“集体能力”(collective competence)的概念，对传统的“个人能力”观点进行了发展。哈佛大学的加德纳(Gardner，1991)则通过提出多元智能理论(Theory of Multiple Intelligences)，为我们理解能力或素养的概念内涵提供了新视角。加德纳认为，传统的智力观过于狭窄，把智力主要限于语言和数理逻辑能力方面，忽略了对人的发展具有同等重要性的其他方面，如音乐、空间感知、肢体动作、人际交往等方面。以传统的智力观为基础的智力测验和考试，也主要集中在语言表达和数理推断方面，不能全面反映学生的能力。这种考试对学生的学习成绩有较好的预测性，但对预测他们毕业以后的情况、今后的潜力和表现则无能为力。因此，多元智能理论打破了传统的将智力看作以语言智能和逻辑－数理智能为核心的整合能力的认识，认为智力是在特定文化背景或社会中解决问题或制作产品的非常重要的能力，这种能力是由言语－语言智能、逻辑－数理智能、视觉－空间关系智能、音乐－节奏智能、身体－运动智能、人际交往智能、自我反省智能、自然观察智能和存在智能九种智力构成。

1993年，Spencer等人提出“冰山模型”，以此阐述了素养的内涵。他们认为素养既包括外显表现，也包括潜在特质，是指一个人所具备的外显特质(competence)和潜在特质(competency)的总和，是执行某项特定工作时所需要具备的关键能力。其中，潜在特质是人格中最深层、长久不变的部分，具有跨领域性，能够在不同的职务或工作中对个体的思考或行为表现加以解释或预测。这一观点可以追溯至20世纪初英国心理学家Spearman提出的能力二因素论(Two Factor Theory)，该理论认为能力是由一般因素G(general factor)和特殊因素S(specific factor)两个部分构成的。G体现在各种活动中，是人人都有的，只是各人的量值不同；S则对应于各种特殊的能力，因人而异。

1996年，联合国教科文组织在《学习：财富蕴藏其中》（Learning：The treasure within）报告书中提出"四大学习支柱"：学会求知（learning to know）、学会做事（learning to do）、学会共处（learning to live together）、学会发展（learning to be）。2003年增加了学会改变（learning to change）（见表1-1）。在"五大学习支柱"中，如果说前两者更多的是在传统的教育中充实了新的内容，那么，后三者则是着眼于21世纪以人为中心的可持续发展而提出的全新教育目标。这些情况显示教科文组织强调教育的使命就是使人获得终身学习关键能力，学会学习，使学习成为每个学生的课题和全体社会成员借以发展的"内在财富"。同时也显示能力本位的人才培养观已悄然发生变化。

表1-1　UNESCO终身学习关键能力内涵

终身学习关键能力维度	终身学习关键能力具体内容
A学会求知	A1学会学习　A3记忆力 A2注意力　A4思考力
B学会做事	B1职业技能　B4创新进取 B2社会行为　B5冒险精神 B3团队合作
C学会共处	C1认识自己的能力　C3同理心 C2认识他人的能力　C4实现共同目标的能力
D学会发展	D1促进自我的精神　D3多样化表达能力 D2丰富的人格特质　D4责任承诺
E学会改变	E1接受改变　E3主动改变 E2适应改变　E4引领改变

资料来源：吴明烈．终身学习关键能力的架构内涵与发展策略之探究，2011.

综上，基于工业社会的需求，在整个20世纪，能力的概念被广泛使用，并且出现了诸如多元智能、外显能力与潜在能力等重要的理论观点，但人们对素养（competence）的理解主要还是停留在能力（ability）的层面上，没有全面考虑到人的健全发展所需的情感、态度、价值观等层面。

三、"素养"的观点——核心素养的当代理论

20 世纪 90 年代以来，随着以 Google、Facebook、Twitter 等全球化网络信息科技为代表的"现代社会"及"后现代社会"的到来，为了适应复杂多变与快速变迁的信息化时代的多元需求，传统的能力（ability）、技能（skill）、知能(literacy)等概念已经不再适用。人们对这些概念的内涵进行了扩展与升级，提出了同时包括"知识""能力"与"态度"的"素养"概念，并从"关键"或"核心"的角度加强了论证，强调"核心素养"（key competencies）才是培养能自我实现与社会和谐发展的高素质国民与世界公民的基础。

"素养"受到世界各国重视并将之纳入教育改革与课程改革的核心，主要源于联合国教科文组织、欧洲联盟［European Union，简称欧盟（EU)］、经合组织等国际组织的影响（蔡清田，2011a，2011b，2011c)。如前所述，1996—2003年，联合国教科文组织提出"五大学习支柱"，这就对能力本位的人才培养观进行了反思和革新。2000 年于里斯本召开的欧盟高峰会，则确认要从"终身学习"的角度，为教育与训练系统建构一套"关键能力"（key competence)。1997—2005 年，经合组织广泛邀请哲学、人类学、心理学、经济学、社会学等各领域专家开展了为期近九年的"素养的界定与遴选"研究项目，对素养进行了深入探讨。在该研究项目中，competence 与 competency 是同义词，都作"素养"一词来理解。同时其复数形式"competencies"也得到使用，意指各种不同的素养。总体而言，素养涵盖了知识、技能及态度的集合。

与上述国际组织的观点一致，琼斯等学者（Jones et al，2002）在研究中指出，素养是知识、技能、能力在相关工作领域与个体特质相互作用的结果，是个体学习经验的整合，并通过一定的方式表现出来。在这一过程中，个体的特质属于最基础层面，个体特质通过与学习过程中已经习得的知识、技能和能力等认知成分的相互作用，形成一种整合的素养。内在的素养会通过一定方式表现出来，可以通过对这些表现的评价来评估素养。其模型具体如图 1-2 所示（Jones et al，2002）。

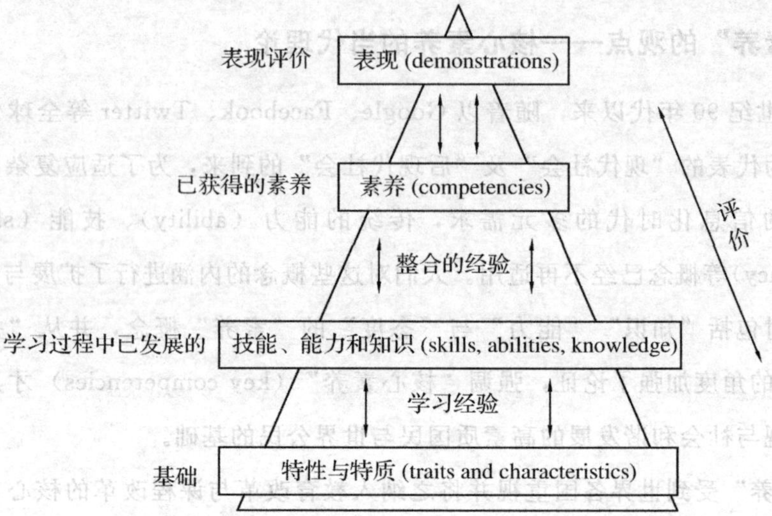

图 1-2　素养的形成与表现

四、小结与启示

总结起来，回顾以往学者们对核心素养概念的界定，我们可以得到如下启示。

（1）核心素养概念的演变与人类进步和社会发展密切相关，是社会生产力与生产方式发展变化的产物。历史上不同时期人们所持的不同理解，反映的都是当时社会发展的需求，是当时的人们对“教育应培养什么样的人”这一问题的答案。在以农业经济形态为主导的古代社会背景下，人才的培养重视道德品性；在以工业经济形态为主导的现代社会背景下，人才的培养重视能力本位；而在以信息经济、低碳经济等经济形态为主导的当代社会背景下，人才的培养则需要重视核心素养，它反映了当今时代社会发展的需求。

（2）核心素养是一个复杂的结构，其所涉及的内涵，并非单一维度，而是多元维度的。素养不只重视知识，也重视能力，更强调态度的重要性。一个人即便再有能力，如果没有正当的态度，仍称不上具备“素养”。因此，“素养”要比“能力”的内涵更为宽广，可超越传统的知识和能力，并能纠正过去重知识、重能力、忽略态度的教育偏失（蔡清田，2010）。

(3) 核心素养的范畴超越了行为主义层面的能力，涵盖态度、知识与能力等方面，体现了全人素养或全方位的素养，契合我国传统文化“教人成人”或“成人之学”的特色育人观，与《国家中长期教育改革和发展规划纲要（2010—2020年)》提出的“促进人的全面发展、适应社会需要”的教育质量根本标准一致，有利于在实际教育教学工作中培养德智体美劳全面发展的社会主义建设者和接班人，完成党的十八大报告所强调的“立德树人”的教育工作根本任务。

(4) 核心素养的形成与发展是个不断丰富、优化的动态模式。从个体层面来看，人的素养不是与生俱来的，它有一个形成、发展和逐渐趋于成熟的动态过程，即个体的核心素养是在动态的教育过程中不断丰富和发展起来的；从社会层面看，社会的发展是不断递进超越的进程，它对人才的需求也随之重组更新，而核心素养的内涵也就与之齐行并进，具有鲜明的时代性，这也是其生命力和活力的彰显。总之，核心素养的内涵具有指向未来、不断优化发展的动态性。

第二节 核心素养内涵的国际共识

在当今教育改革浪潮中，联合国教科文组织、欧盟、经合组织等国际组织，以及世界各个国家都对以“素养”为核心的未来教学和课程给予了高度的关注，以学生核心素养推动教育和课程改革已经成为大势所趋。那么，世界范围内各国际组织与国家对核心素养的理解到底是什么？对此，需要进行核心素养概念的国际横向比较。本节总结了经合组织等三大国际组织，以及教育质量较高、经济较为发达，并与我国政治、经济、社会、文化等因素相对接近的若干国家（包括美国、英国、法国、澳大利亚、德国等）对核心素养概念及内涵的界定。

一、经合组织对核心素养的界定

经合组织于20世纪90年代开始推行“国际学生评价项目”（Programme for International Student Assessment，简称PISA），旨在对15岁学生的数学、科学及阅读进行持续、定期的国际性比较，测试他们是否具备参与未来社会所必需的基础知识和基本技能，从而建立定期循环（每三年）的评价指标，为各国制定教育政策提供参考，以此来审视、评估国家及学校教育的整体成效。结果发现，在大部分会员国的公民身上，成年生活所需的关键知识与技能仍有待加强，甚至有些国家有超过三分之一的学生无法完成适当难度的阅读任务，而这实际上却是他们所应具备的核心素养之一。为了促使各国重视公民的核心素养，自20世纪90年代中期之后，经合组织即积极关注素养的界定与调查研究，于1997—2005年实施了大规模的跨国研究项目——“素养的界定与遴选：理论框架与概念基础”（DeSeCo），成为有关核心素养的最有代表性的项目。

DeSeCo从一个广泛的跨学科视角来探讨核心素养，致力于建构一个核心素养的总体概念参照框架，从而为指标的研制和实证结果的解释提供参考，鼓励理论和实践的相互促进，为政策决策者提供参考信息（见图1-3）。该项目指出，核心素养可以使个人拥有良好的、成功的生活。这种成功的生活表现为与他人具有亲密的关系，理解自我和自身所处的世界，与自身的生理和社会环境自主互动，拥有成就感和愉悦感。同时，核心素养对多样的社会和个人均具有包容性，它回答的问题是，普通人要想在社会中安身立命，同时又能够应对日新月异的技术发展，需要哪些素养。DeSeCo 认为，核心素养是对每个人都具有重要意义的素养，是帮助个人满足各个生活领域的重要需求并带来益处的素养，核心素养必须有价值且可产生经济与社会效益，并且这些素养是能够发展与维持的。

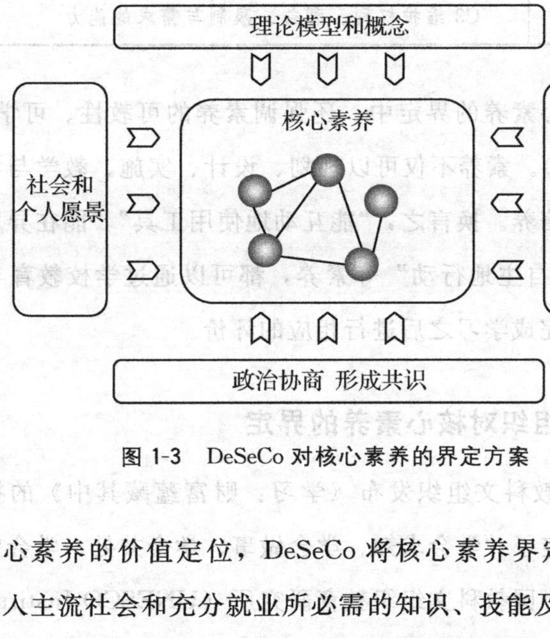

图 1-3　DeSeCo 对核心素养的界定方案

基于对核心素养的价值定位，DeSeCo 将核心素养界定为：个人实现自我、终身发展、融入主流社会和充分就业所必需的知识、技能及态度的集合，它们是可迁移的，并且发挥着多样化的功能。在义务教育结束时学习者应该具备这些基本的关键素养，并且在后续的终身学习中继续发挥其基础性作用。具体来说，对核心素养概念的界定分为三个维度（OECD，2005）（见表 1-2），这些方面对个体适应不同的情境分别起着重要作用。

表 1-2 经合组织核心素养的维度与具体内容

核心素养维度	核心素养具体内容
A 能互动地使用工具	A1 互动地使用语言、符号及文本的能力 A2 互动地使用知识与信息的能力 A3 互动地使用科技的能力
B 能在异质社会团体中互动	B1 与他人建立良好关系的能力 B2 合作的能力 B3 控制与解决冲突的能力
C 能自主地行动	C1 在复杂大环境中行动的能力 C2 设计人生规划与个人计划的能力 C3 维护权利、利益、限制与需求的能力

在经合组织对核心素养的界定中，还强调素养的可教性、可学性（蔡清田，2011a，2011b，2011c）。素养不仅可以规划、设计、实施、教学与评价，而且必须经由学习过程进行培养。换言之，“能互动地使用工具”“能在异质社会团体中进行互动”，以及“能自主地行动”等素养，都可以通过学校教育与课程设置使学生获得，并在他们完成学习之后进行相应的评价。

二、联合国教科文组织对核心素养的界定

1996 年，联合国教科文组织发布《学习：财富蕴藏其中》的报告，在终身学习的思想指导下界定了“学会求知、学会做事、学会共处、学会发展”四大终身学习支柱，而后联合国教科文组织教育研究所（UNESCO Institute for Education，简称 UIE）于 2003 年又提出了“学会改变”的第五支柱，并将这“五大学习支柱”作为“21 世纪社会公民必备的基本素质”（UIE，2003）。这一前瞻性的思想更加关注人终身的全面发展，为以人为本的教育理念奠定了思想基础。

联合国教科文组织在《2012 年全民教育全球监测报告》中估算全世界至少有两亿五千万小学生读、写、算不能达标（UNESCO，2012）。为全面提高世界各国的教育质量，教科文组织和美国著名智库机构布鲁金斯学会联合启动了“学习指标专项任务”（Learning Metrics Task Force，简称 LMTF），由联合国教科

文组织统计所（UNESCO Institute for Statistics，简称 UIS）和布鲁金斯学会下设的普及学习研究中心（Center for Universal Education，简称 CUE）负责具体工作。2013 年 2 月，LMTF 发布了《向普及学习迈进——每个孩子应该学什么》（Towards Universal Learning：What Every Child Should Learn）的研究报告。该研究在深入分析世界各国各地区教育质量监控项目的基础上，充分征求了全球 500 余名专家学者的意见，提出检测学生学习成果的七个维度，即对儿童青少年而言最重要的七个学习方面：身体健康、社会情绪、文化艺术、文字沟通、学习方法与认知、数字与数学、科学与技术。

虽然 LMTF 强调这七个维度只能用于检验学生学习成果，未必适用于政策制定和课程教学。但该项目确实建构了基础教育阶段学生应该达成的学习目标体系，可以看作对学生应具备的核心素养的一种描述，对我国基础教育的发展有重要的启发意义：第一，该学习指标体系非常重视基础教育阶段学生思维能力和工作方式的培养，不仅将“学习方法与认知”作为一个单独的维度，凸显思维能力和工作方式培养的重要性，而且在其他指标维度中也处处渗透着培养学生创造性思维、批判性思维、尊重、沟通、合作和解决问题的能力。第二，非常重视学生社会性能的发展，其中“社会情绪”维度清晰地解释了不同年龄段学生该如何认识自我、认识他人和认识社会。第三，非常重视信息技术能力的培养，LMTF 明确提出应培养学生的信息技术意识和能力，在不同的学习阶段能够有效地运用相应的信息技术。第四，非常重视知识与实践的紧密结合，以数学为例，该指标体系不仅要求学生掌握基本的识字、运算、代数、几何、统计等相关知识，还要求学生能够用代数模型来解决现实生活中的问题；能够在现实生活中根据数字信息选择商品，并判断收益；能够通过非正式的方式管理个人和家庭的财政（滕珺，2013）。

三、欧盟对核心素养的界定

相较于联合国教科文组织和经合组织，欧盟虽较晚提出核心素养的架构，但却非常完整。欧盟执委会于 2005 年发表《终身学习核心素养：欧洲参考架构》

(European Commission，2005)，其中指出："素养"是适宜于特定情境的知识、技能和态度的组合。在此基础上，"核心素养"是指一个人在知识社会中自我实现、社会融入，以及就业所需要的素养，其中包括知识、技能与态度。欧盟对核心素养的定位是在义务教育与培训阶段结束之前，年轻人应该具备这些素养，以使他们能过好成年生活，并以此作为终身学习的基础。同时，按照终身学习的观点，强调需将所有教育与训练系统及成人教育部门纳入其中，希望成年人在其整个生涯中都不断地发展、维持与更新这些素养。欧盟明确界定了终身学习的八大关键素养，涵盖母语交流、外语交流、数学素养与科技素养、数字化素养、主动与创新意识、学会学习、社交和公民素养、文化意识与表达，可将其按经合组织的三维度模型进行归类整理（见表 1-3)。

表 1-3　欧盟核心素养的具体内容

核心素养维度（参考经合组织）	核心素养具体内容
A 能互动地使用工具	A1 母语交流 A2 外语交流 A3 数学素养与科技素养 A4 数字化素养
B 能在异质社会团体中互动	B1 主动与创新意识 B2 学会学习
C 能自主地行动	C1 社交和公民素养 C2 文化意识与表达

这些核心素养的拟定，是由欧盟会员国的政策决策者、学者专家、实务工作者等各领域人士共同参与的，制定过程可谓相当慎重。部分核心素养彼此重叠及联结，并且相互支持。语言、识字、数学，以及信息与科技能力等基本技能是必要的学习基础。学会学习的能力则支持一切学习活动的开展。此外，批判性思维、创造力、问题解决、风险评估、做决定能力等贯穿于上述八项核心素养之内，并且扮演着重要角色。

表 1-4 对上述三个组织的核心素养概念界定进行了比较。

表 1-4　经合组织、联合国教科文组织与欧盟对核心素养界定的比较

	经合组织	联合国教科文组织	欧盟
概念内涵	3 类核心素养；9 项具体能力	7 类核心素养；32～36 项具体成分（视不同教育阶段而定）	8 类核心素养；含知识、技能与态度维度
提出时间	始于 1997 年，迄今仍持续发展	始于 2012 年，2013 年发布	始于 2005 年，2006 年经欧洲议会采用
背景缘起	知识经济时代需要建构创新能力	为全面提高世界各国的教育质量	促进欧洲社会融合与满足知识社会的需求
发展目标	开发成功的生活与功能健全的社会	确定哪些方面的学习对所有的儿童和青年最为重要	建立全民终身学习的欧洲，促使欧洲成为最具竞争力的经济体
主要负责组织	瑞士联邦统计局	联合国教科文组织统计所，普及学习研究中心	欧盟执委会
指标性质	操作性指标	操作性指标	操作性指标

注：在参考吴明烈（2010）研究的基础上有修改。

四、西方主要国家对核心素养的界定

美国在面对重大经济变迁及学生学习能力无法适应社会的情况下，由戴尔、苹果、思科、英特尔等大公司集合在一起，创办了"21 世纪技能联盟"（Partnership for 21st Century Skills，简称 P21），其中主要合作的伙伴有州立学校首席官员委员会（Council of Chief State School Officers，简称 CCSSO）和国际科技教育学会（International Technology Education Association，简称 ITEA）。由此可知，美国核心素养的确定主要通过业界提供相关经费的赞助，进而支持相关单位进行研究，最后提出符合当今社会所需的素养。概括起来，美国的核心素养主要指所有学生或工作者都必须具备的能力，其发展目的在于培养具有 21 世纪工作技能及核心竞争能力的人，确保学生从学校所学的技能能够充分满足后续大

学深造或社会就业的需求，成为 21 世纪称职的社会公民、员工及领导者。具体来说，21 世纪技能联盟提出的核心素养包括生活与职业生涯技能，学习与创新技能，信息、媒体与科技技能等方面。参照经合组织及蔡清田（2010，2011a，2011b，2011c）的观点，也可以将这些核心素养的具体成分划分为 3 个维度 20 项内容（见表 1-5）。

在英格兰的教育体系中，核心素养是指为了适应将来的生活，年轻人需要具备的关键技能（key skills），以及学习、生活和工作所需的资质。其中的关键技能，主要是一种普通的、可迁移的、对劳动者的未来发展起关键性作用的能力。在苏格兰的教育体系中，使用核心技能（core skills）这一概念，是指为了全面成为一个活跃与负责任的社会成员所必须具有的广泛的、可迁移的技能。与美国类似，英国对核心素养概念的界定也可归为三个方面（见表 1-5）。

在法国，“socle（foundation or core）of competences”表示基本素养或核心素养。该词在法语中专门用于义务教育中的基于学科和跨学科的素养，强调了这些素养是终身学习的基础。法国的素养模型认为一个人的职业能力是与知识（savoir）、技能（savoir-faire）和社交能力（savoir-être）三个方面密不可分的。素养反映了学习的动态过程，知识的积累与传递过程。法国对素养的归纳来自工作内容分析，这个模型同时是课程编制和测评的基础，其具体界定分为两个方面（见表 1-5）。

澳大利亚的核心素养也称为综合职业能力或关键能力，是指为有效参与发展中的工作形态与工作组织所必要的能力。其所强调的并非某个学科或某一职业领域所具有的知识和技能，而是学生终身发展所需要的能力，是一般性的。这项特性也意味着核心素养不仅能帮助学生有效参与工作生活，也能帮助学生有效地接受继续教育或更广泛地参与成人世界。1991 年 9 月，澳大利亚成立“梅尔委员会”(Mayer Committee)，1992 年 2 月，该组织提出：公民的核心素养（Mayer Committee，1992）是准备就业的基础；是所有类型职业都适用的一般能力，而非某些行业所需的专门能力；使个体能有效地参与社会环境，包括工作与成人生活的环境；包括对知识和技能的整合与应用；是可学习的；必须能够有效地评价。具体来说，核心素养包括下列 7 项关键能力（Mayer Committee，1992）：收集、分析与组织信息的能力；沟通观念与信息的能力；规划与组织活动的能力；与他人合作及在团体中工作的能力；运用数学概念及技巧的能力；运用科技的能力；解决问题的能力。同样，为了便于比较，参照经合组织及蔡清田（2010，2011a，2011b，2011c）的观点，也将这些核心素养的具体成分划分为 3 个维度(见表 1-5)。

在德国，梅腾斯于 1974 年从职业教育角度首先提出了关键能力的概念，即指那些与特定的专业技能不直接相关的知识、能力和技能，是在各种不同场合和职责情况下做出判断选择的能力，是胜任生涯中不可预见的各种变化的能力。关键能力可以理解为跨专业的知识技能和能力，由于其普遍适用性而不易因科学技术进步而过时或被淘汰。德国对核心素养概念的界定分为专业能力、社会能力、自主能力三个方面（见表 1-5）。由于是从职业教育中发展起来的，德国的关键能力内涵和分类具有很强的实践性。

表 1-5　美、英、法、澳、德核心素养的具体内容

维度 国家	A 能互动地使用工具	B 能在异质社会团体中互动	C 能自主地行动
美国	A1 沟通技能 A2 阅读理解 A3 通过写作传达观点 A4 说清楚使他人理解 A5 积极地倾听 A6 批判地观察	B1 人际技能 B2 与他人合作 B3 引导他人 B4 提倡与影响 B5 解决冲突和协商	C1 决策技能 C2 解决问题和做决定 C3 计划 C4 终身学习技能 C5 使用数学来解决问题并与他人沟通 C6 担负学习的责任 C7 通过研究来学习 C8 反省与评价 C9 使用信息和沟通技术
英国	A1 有效的沟通，运用数学 A2 运用科技与信息 A3 熟悉现代语言	B1 个人与人际技巧 B2 与他人合作	C1 解决问题 C2 处理变化 C3 学习与自我提升

续表

维度 国家	A能互动地使用工具	B能在异质社会团体中互动	C能自主地行动
法国	A1掌握法语 A2掌握数学基本知识 A3至少会运用一门外语 A4掌握信息与通信的常规技术	B具备自由履行公民责任的人文与科学文化	
澳大利亚	A培养创造科技的能力，尤其是信息和通信的技术	B1培养自信乐观的生活态度，使其渗透于潜在生活、家庭社区及工作生活中 B2赋予道德判断和社会正义伦理的观念，以培养理解世界和对自己行为负责任的能力 B3成为积极欣赏与理解澳洲政府与市政的公民 B4理解工作环境与技能 B5理解且关心自然环境的管理工作、生态维持与发展，并拥有相关的知识技能与态度	C1具备解决问题、交流资讯、计划组织活动的能力 C2建立并保持健康的生活模式，具备充分利用时间和资源的技能和态度
德国	A1有关工作及跨越不同职业领域的知识 A2判析关系的能力 A3冲突管理 A4解决问题 A5外语的掌握 A6媒体素养 A7终身学习的意愿与能力	B1国际合作能力 B2交流沟通的能力 B3领导能力	C1责任感 C2勇于进取 C3自我控制 C4决策能力 C5抗压性 C6创造性 C7批判性思维 C8独立行动的能力

五、小结与启示

通过对大型国际组织及各国核心素养概念的内涵进行梳理，我们得到如下启示：

（1）核心素养为当代世界所普遍重视，是国际组织与各国政府在进行教育改革与课程改革时密切关注的热点。虽然各国际组织与国家在“核心素养”的具体表达方式上存在差异，但其思想是共通的，即都重视公民关键的、必要的、重要的素养。对“核心素养”的概念进行研究，可以顺应当前联合国教科文组织等国际组织所倡导的教育改革的国际潮流与课程改革的世界发展趋势，可以与经合组织所推行的“素养的界定与遴选”“国际学生评价项目”“国际成人素养评价项目”等跨国研究项目进行接轨。

（2）核心素养的界定总体上一致，但各国略有差异，一定程度上体现了其各自的民族与国家特色。例如，美国基于其信息经济极为发达的国情，将核心素养界定为生活与职业生涯技能，学习与创新技能，信息、媒体与科技技能等方面，发展目的则定位于培养具有 21 世纪工作技能及核心竞争能力的人，确保学生后续的大学深造或社会就业。法国根据对工作内容的分析结果，将核心素养界定为知识、技能和社交能力三个方面。德国对核心素养概念的界定是从职业教育中发展起来的，因此与职业工作密切相关，分为专业能力、社会能力、自主能力三个方面。

（3）核心素养是一个多维度的概念，包括知识、能力与态度等多元层面。它不仅是知识和能力，也是个人运用社会心理的资源，包括知识、能力和态度，以满足特定情境的复杂要求。例如，有效沟通的素养，包含运用个人的语言知识、信息科技能力，以及对于沟通对象所持有的态度。换言之，核心素养是知识、技能、态度情感的集合，具有整体性，不能孤立地分开进行单独培养或发展，尤其是当素养作为课程目标时，需更加强调其综合性和整体性。

（4）核心素养能够发挥多项功能，是对每个人都具有重要意义的素养。一方面，核心素养可以帮助个人满足各个生活领域的重要需求，有助于个体升学、就业、融入主流社会、终身发展与自我实现以获得成功的生活；另一方面，它还可以帮助个体进行社会参与和与异质性群体互动，以达成共同目标，促成社会经济繁荣、政治民主、尊重人权、世界和平与生态持续性发展等人类理想的实现。

（5）核心素养的形成是在个人与社会协同作用下的渐进过程。各国际组织与国家所提出的核心素养内涵虽然存在差异，但均有相互融合与互补之处，并且都强调核心素养的获得是一个持续的、终身的学习过程。个体可以通过不同教育阶段的终身学习，有效地培养并提升自身的核心素养。除了学校，家庭、同伴、工作、政治生活、宗教生活和文化生活等都可以发展人的素养。核心素养的发展不仅仅是个人努力的结果，它还需要一个良好的社会和生态环境。

（6）核心素养是社会群体成员共有的素养，是个体终身发展所需要的素养，不同于具体职业中的专业素养。专业素养是个人专业生涯发展中成功完成每一项专业工作所需的知识、能力与态度，其强调的是就业训练价值功能与结果本位导向，面向的是特定行业人员；而核心素养则是每名社会成员为了顺利地生活、工作所需的基本知识、能力与态度，其强调的是教育价值功能与过程本位导向，面向的是社会全体成员。

（7）核心素养的架构应兼顾个体与符号（工具）使用、自我发展，以及与社会之间的关系。经合组织所开展的 DeSeCo 项目将核心素养概念的界定分为三个维度，分别是“能互动地使用工具”“能在异质社会团体中互动”“能自主地行动”。这一框架具有较大的普遍性与概括性，基本能够涵盖多个发达国家所提出的核心素养内容，反映了个体与符号（工具）使用、自我发展，以及与社会之间的关系。未来对核心素养内涵的界定也应兼顾这些关系。

第三节　核心素养概念的界定与理论定位

核心素养的概念从最初萌芽到今天经历了一个长期的发展过程，历史上不同取向下的素养定义都有其特定的前提或目的，是由个人或组织基于各自的时代背景、社会发展需要及现实目的而提出的。那么，考虑到当前我国的教育改革与发展的实际情况，我们该对核心素养概念的内涵作何理解呢？

一、核心素养概念的辨析

为真正把核心素养的构想融合到课程、评估和教育实践中，各国在推行国家课程和教育目标的过程中，对核心素养的概念内涵和结构框架展开了相应的理论、政策和实践研究，并作为研究成果提出了不同的概念表述。例如，经合组织、欧盟、联合国教科文组织和澳大利亚均称为“key competencies”，英、法、德等国称为“key skills”“core skills”或“basic skills”，美国称为“workplace know-how”“21st century skills”“core skills”，新西兰称为“key competence”“essential skills”，韩国称为“key competencies”“critical competencies”。此外，在经合组织的大规模跨国研究项目“素养的界定与遴选”中，研究人员在“key competencies”“core competencies”“key skills”“core skills”等概念上也交互使用（张铟富等，2010）。可见，对核心素养这一概念的表述，世界上有多种不同的方式方法。对应于国际上的各种表述，我国研究者在核心素养概念的翻译上也不尽相同，出现了包括核心素养、核心能力、关键能力、基本能力等不同的译法。考虑到上述情况，本节在与英文的互动上基于内涵层面而不是字面层面，在借鉴经合组织等国际组织相关研究的基础上，主要使用“核心素养”这一提法。

(一) 对“素养”一词的辨析

1. “素养”一词的语义分析

“素养”所对应的英文词主要有“competence”（或“competency”）“skill”和“ability”等。其中，“competence”源于拉丁文“cum”（with）和“petere”(to aspire)，是指伴随着某件事或某个人的知识、能力与态度。也有人将此拉丁文解释为“认知”（cognizance）的察觉和“责任”（responsibility）的态度（Weinert，1999)，是指欲达到特定目标所具有的知识、能力、熟练度、技能与态度。在现代语言中，“competence”意指“the ability to do something successfully or efficiently”，还指“the scope of a person or group's knowledge or ability”[《新牛津英汉双解大词典（第 2 版）》，上海外语教育出版社，444 页]。“skill”是指“the ability to do something well”[《新牛津英汉双解大词典（第 2 版）》，上海外语教育出版社，2061 页]，而“ability”则指“the capacity to do something”[《新牛津英汉双解大词典（第 2 版）》，上海外语教育出版社，4 页]。可见，“competence”的表述较为全面，更贴近中文“素养”一词的意义。因此，经合组织于 1998 年开始推行“素养的界定与遴选”研究项目时，舍弃“skill”一词，采用“competence”一词来表述素养，用以表明素养的内涵涉及知识、技能、态度的组合。素养不只是知识，也不只是能力（OECD，2005），其内涵包括知识、能力或技能、态度（Salganik et al，2003）。从这一角度而言，素养（competency）应该以复数形式（competencies）出现，才能更好地表达这一概念的多维度与多层面性。

在中文里，“素养”意指“平日的修养”[《现代汉语词典（第 5 版）》，商务印书馆，1302 页]，而“修养”则是指“理论、知识、艺术、思想等方面的一定水平。也指养成的正确的待人处事的态度”[《现代汉语词典（第 5 版）》，商务印书馆，1533 页]。“素养”的近义词包括“素质”“能力”，还有“技能”“知能（literacy，有时也译为‘素养’）”等。其中，“素质”是指“人的神经系统和感觉器官上的先天的特点，也指事物本来的性质”[《现代汉语词典（第 5 版）》，商务印书馆，1302页]。而“能力”则指“能胜任某项任务的主观条件”[《现代汉语词典（第5版）》，商务印书馆，990页]。相较而言，“素养”一词更为全面，它体现为个体在面对生活情境中的实际问题与可能的挑战时，能运用知识、能力与态度，采取有效行动，以满足生活情境的复杂需要，达成目的或解决问题，是个人生活必需的条件，也是现代社会公民必备的条件（蔡清田，2010）。

2.“素养”与“素质”

“素质”一词在词典中的解释是人的神经系统和感官上的天生的特点，也指事物本来的性质、人的本性。在生理学中，素质是指人的先天生理解剖特点，主要指神经系统、脑、感觉器官和运动器官的特点；在心理学中，素质也有此种含义，并强调是人的心理发展的生理条件，但不能决定心理内容与发展水平。在教育学中，素质的内涵更为广义，是指人在先天的生理基础上，通过后天环境影响和教育训练所获得的、内在的、相对稳定的、长期发挥作用的身心特征及其基本品质结构。因此，人们对“素质”的理解存在广义与狭义之争。从教育的本质和功能来看，素质教育中的“素质”主要是指可以塑造的素质，或者说是指可以培养的素质，因而，素质教育中的“素质”虽然也有其相对稳定的一面，但着眼点是指发展中的素质。在这一点上，“素质”与“素养”的含义非常接近。但是，由于一定程度上素质教育是相对于“应试教育”而言的，虽然在“素质教育”中强调对学生“素质”的培养，但素质教育中的“素质”一词尚不能在内涵上全面完整地凸显“素养”的含义。

3.“素养”与“能力”

“能力”（ability）一词在工业社会背景下曾经得到人们的广泛使用，可以理解为是个体所具有的、能胜任某种活动的实力，或者是能够开展或胜任某一项工作的技术能力（张佳琳，2000）。它可以是先天遗传下来的，也可以是从后天习得的，其范围比较狭隘而不完整，尤其是不包含态度、情感等层面。相对而言，“素养”要比“能力”的内涵更为宽泛，它不仅包括能力，还包括知识、态度、情感、价值观等层面。很明显，如果让学生的学习停留在能力层面或强调能力本位的教学，而不是通过适当的态度加以转化，那么能力就不会升级转化为素养

(Plessius et al，2010)。例如，会开车是有“能力”的，但会开车却不礼让行人或救护车，便是有“能力”而欠缺“素养”的，因此“能力”不等同于“素养”，“素养”也不能简化为“能力”（蔡清田，2011a，2011b，2011c）。此外，“素养”并不是先天遗传得到的，而是需要通过后天的学习与教学获得的，是可学与可教的，这也是“素养”与“能力”的一大区别。

4. “素养”与“技能”

“技能”（skill）是指从操作动作中所展现出来的技巧或技术，它与态度、知识综合构成了素养的内涵（Stoof et al，2002）。Stein 等人（2001）提出了 C=(K+S)A 的公式，用以说明素养（Competence，C）并不等于单一的知识（Knowledge，K），也不等于单一的技能（Skill，S），而是包括知识、技能与态度（Attitude，A）等多层面的统一整体。在这一公式中，态度是使用乘法来连接知识与技能的，表明了其非常重要的作用：如果态度为正，知识与技能会产生相应倍数的效果；如果态度为负，知识与技能只会产生负面效果。正因为“技能”与“素养”的这些差异，经合组织在 DeSeCo 项目中采用“素养”而舍弃“技能”的提法，用“核心素养”涵盖并取代了“基本技能”（basic skills）“核心技能”（key skill）等概念。

5. “素养”与“知能”

“知能”（literacy）是在西方研究文献中与“素养”密切相关的一个近义词，有时在中文中也会被直接翻译为“素养”。例如，国内学者将 PISA 项目中的“literacy”就译作“素养”，并将其界定为“有关学生在主要学科领域应用知识和技能的能力，分析、推理和有效交流的能力，以及在不同情境中解决问题和解释问题的能力”（张锢富等，2010）。PISA 项目是经合组织创立的目前世界上最为权威的国际学生评价项目，但其测查的内容并非经合组织提出的核心素养全貌，主要是其中的知识、技能与认知能力等较为客观化的部分。相对而言，素养的概念内涵更广，不仅包括知识技能，更重视态度、情感等相对主观的非认知因素，这是在理解核心素养内涵时需要特别注意的地方。

总之，“素养”一词的提法较为全面，符合全人教育的理念，与《国家中长期教育改革和发展规划纲要（2010—2020 年）》提出的“促进人的全面发展、适应社会需要”的教育质量根本标准一致，有利于完成当前我国“立德树人”这一教育工作的根本任务。

（二）对“核心”一词的辨析

1. 对“核心”一词的语义分析

“核心”所对应的英文词主要有“key”和“core”。其中，“key”作为名词意指“a thing that provides a means of gaining access to or understanding something”，作为形容词则指“of paramount or critical importance”［《新牛津英汉双解大词典（第 2 版）》，上海外语教育出版社，1191 页］。“core”意指“the central or most important part of something，in particular［often as modifier］the part of something that is central to its existence or character”［《新牛津英汉双解大词典（第 2 版）》，上海外语教育出版社，483 页］。显然，此处“core”更贴近中文“核心”一词的意义。但遵照大多数英文研究资料的表述习惯，核心素养的表述主要还是使用“key competence”。在中文里，“核心”一词意为“中心，（事物的）主要部分”［《现代汉语词典（第 5 版）》，商务印书馆，554 页］，也指“事物最要紧的部分；对情况起决定作用的因素”［《现代汉语辞海》，中国物资出版社，500 页］。因此可以理解为：事物最主要且赖以生存和发展的那一部分。

2. “核心”与“关键”

“关键”一词在词典中的释义是“事物最关紧要的部分；对情况起决定作用的因素”［《现代汉语词典（第 5 版）》，商务印书馆，500 页］，该解释与“核心”有较大的相似性，但“核心”一词更能凸显事物“重中之重，中心点”的重要性及地位。以往有涉及“关键能力”这一概念的文献将其定义为有效参与正在出现的工作形式和工作组所必需的能力，是在工作情境中综合应用知识和技能的能力（徐朔，2006）。可见，“关键能力”侧重于职业教育的领域，强调对职业变化的适应能力，它是职业技能和从业能力的综合，主要体现了其工具性。这与“核心素养”有着一定的关联性，但只能代表“核心素养”的“技能”部分。

3.“核心”与“基本”

“基本”意指“根本（的），主要的，大体上”[《现代汉语词典（第 5 版）》，商务印书馆，631 页]。它强调事物的基础性、根基性的作用，而“核心”则侧重中心性的地位。有关基本能力（basic qualification）的概念主要用以表示那些如逻辑性、全局性、批判性和创造性的思维和行为能力、计划能力和学习能力等。同样，“基本能力”也只涉及“核心素养”的一部分内涵。

总体上，采用“核心素养”这一提法，可以涵盖能力、态度与价值观、知识技能等方面，可以超越我国传统教育中狭义的能力观，转变过去能力观念中重知识、认知技能，轻态度、价值观等非智力因素的现象。在内涵上，则还有助于与经合组织、欧盟、联合国教科文组织等国际组织倡导的教育改革潮流接轨，尤其是与经合组织进行的“素养的界定与遴选”“国际学生评价项目”“国际成人素养评价项目”等跨国研究项目接轨。

二、核心素养概念的内涵

（一）核心素养概念的定义

综合世界各个国家和地区及国际组织对核心素养概念内涵的界定，同时考虑到不同学科角度对核心素养的研究，以及我国的现实需求和教育实际，可以将其界定为：核心素养是学生在接受相应学段的教育过程中，逐步形成的适应个人终身发展和社会发展需要的必备品格与关键能力。它是关于学生知识、技能、情感、态度、价值观等多方面要求的结合体；它指向过程，关注学生在其培养过程中的体悟，而非结果导向；同时，核心素养兼具稳定性、开放性与发展性，是一个伴随终身可持续发展、与时俱进的动态优化过程，是个体能够适应未来社会、促进终身学习、实现全面发展的基本保障。核心素养不仅能够促进个体发展，同时也有助于形成运行良好的社会。

（二）核心素养概念的解析

综合前述学者们和各国政府、各国际组织对核心素养的研究，这一概念具有下列特性，在解析时应加以注意。

（1）在目标上，核心素养的概念指向的是对“教育应培养什么样的人”这一问题的回答。由于它的范畴超越了行为主义层面的能力，涵盖态度、知识与能力等方面，因此体现了全人教育的理念，契合我国传统文化“教人成人”或“成人之学”的特色育人观，与《国家中长期教育改革和发展规划纲要（2010—2020年）》提出的“促进人的全面发展、适应社会需要”的教育质量根本标准一致，有利于在实际教育教学工作中培养德智体美全面发展的社会主义建设者和接班人，完成党的十八大报告所提出的“立德树人”的教育工作根本任务。

（2）在性质上，核心素养是所有学生应具有的共同素养，是最关键、最必要的共同素养（见图 1-4）。每个人在终身发展中都需要许多素养，以应对各种生活的需要，这些所有人都需要的共同素养可以分为核心素养，以及由核心素养延伸出来的其他素养，其中，最关键、最必要且居于核心地位的素养就称之为核心素养（European Commission，2005；OECD，2005）。核心素养代表了个体普遍应达到的共同必要素养。核心素养代表应该达成的最低共同要求，是每个个体都必须学会获得的不可或缺的素养。核心素养不仅是共同的素养，更是关键的、必要的、重要的素养。正因如此，联合国教科文组织、欧盟、经合组织等国际组织，以及世界教育发达国家都十分强调核心素养的教育价值，把以核心素养为核心的未来课程作为进行课程改革的重要议题，通过核心素养的建构来优化教育改革的质量。

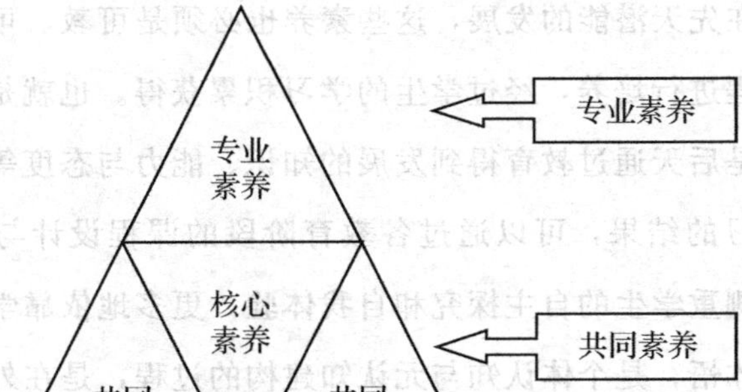

图 1-4　核心素养与其他素养的关系

（3）在内容上，核心素养是知识、技能和态度等的综合表现。“素养”一词的含义比“知识”和“技能”更加宽广。“知识”与“技能”主要涉及具体学科领域的知识，或者具有“听”“说”“读”“写”“算”等基本技能，而素养指向的则并不是某一学科知识，它既包括传统的教育领域的知识、能力，又包括学生的情感、态度、价值观。因此，核心素养是一个复杂的结构，其所涉及的内涵并非单一维度，而是多元维度的。核心素养不仅仅是知识技能，更重要的是情感、态度、知识、技能的综合表现。这一超越知识和技能的内涵，可以矫正过去重知识、轻能力、忽略情感态度价值观的教育偏失，更加完善和系统地反映教育目标和素质教育理念。

（4）在功能上，核心素养同时具有个人价值和社会价值。“素养”一词的功能超出了“职业”和“学校”的范畴，核心素养的获得可以使学生升学或更好地进行未来的工作，但是素养的功能不仅仅包括升学和就业，素养的获得是为了使学生能够发展成为更为健全的个体，能够更好地适应未来社会的发展变化，为终身学习、终身发展打下良好的基础，并且能够达到促进社会良好运行的目的。因此，核心素养同时具有个人价值和社会价值，是对个人和社会都具有积极意义的重要素养。

（5）在培养上，核心素养是在先天遗传的基础上，综合后天环境的影响而获得的，可以通过接受教育来形成和发展。广义而言，有些素养是先天的，有些素养是后天习得的。经合组织、欧盟等把教育过程中的素养界定为通过学习而来，即使某些素养存在先天潜能的发展，这些素养也必须是可教、可学的，需要通过有意识的教育过程进行培养，经过学生的学习积累获得。也就是说，素养并非是与生俱来的，而是后天通过教育得到发展的知识、能力与态度等。因此，核心素养主要是后天学习的结果，可以通过各教育阶段的课程设计与教学实施加以培养。培养的过程侧重学生的自主探究和自我体验，更多地依靠学生自身在实践中的摸索、积累和体悟，是个体认知与元认知建构的过程，是在外界引导下的自我发展、自我超越、自我升华的过程。

（6）在评估上，核心素养需结合定性与定量的测评指标进行综合评价。核心素养具有可教、可学的外显部分，同时也存在无声、无形但可感、可知的内隐部分。前者能够在特定的情境下通过一定的方式表现出来，因此能够有效地对其进行定量的测评；而后者则偏向于一种潜移默化的隐性渗透过程，需以定性、形成性评价的方式进行评估，强调对核心素养形成过程的高度关注，关注个体在此过程中的感受与体悟。

(7) 在架构上，核心素养应兼顾个体与文化学习、社会参与和自我发展的关系。通过对国际上核心素养框架的分析可以发现，尽管各国所遴选的核心素养指标存在一定的差异性，但是，其在核心素养选取时都涉及文化学习领域、个体自我发展领域和社会参与互动领域。这三大领域具有较大的普遍性与概括性，基本能够涵盖多个发达国家所提出的核心素养内容，反映了个体与自我、社会和文化的关系。

(8) 在发展上，核心素养具有终身发展性，也具有阶段性。核心素养是所有人都应该具备的素养，每个人都需要不断发展，但其形成不是一蹴而就的，具有终身的连续性。最初在学校中培养，随后在一生中不断发展完善。另一方面，核心素养发展的连续性并不否认其表现出一定的阶段性特点。核心素养在个体不同人生阶段中的着重点有所不同，不同教育阶段（小学、初中、高中、大学等）对某些核心素养的培养也存在不同的敏感性，即一些核心素养在特定的教育阶段可能更容易取得良好的培养效果，这为核心素养的培养提供了有利条件。

(9) 在作用发挥上，核心素养的作用发挥具有整合性。经合组织指出素养是基于行动和特定情境而言的。在不同的情境下，核心素养的作用发挥并非是孤立的，而是表现出一定的整合性，尽管不同核心素养发挥的作用大小可能存在差异。对此，澳大利亚的梅尔委员会也提出，任何核心素养本身不构成一套独立的体系，为了完成某一目标，可以将知识、技能、情感态度等素养通过整合的方式加以应用。可见，核心素养的整体特性不仅决定了其学习获得具有系统性，也决定了它们可以在实践应用中相互交叉与整合，共同发挥价值。这对于教育教学的启示是，核心素养的功能是整合性的，每个核心素养都具有独特的重要价值，不存在孰轻孰重的问题，需要基于情境进行整合性的作用发挥，不能单独地进行价值比较。

三、核心素养概念在教育中的定位

（一）宏观上

综合世界各组织及国家的研究经验，在充分考虑我国社会主义初级阶段现实国情，以及我国基础教育阶段和高等教育阶段发展特殊性的基础上，学生核心素养的概念需要找准定位，厘清与教育、教学、课程等方面的关系。对此，借鉴前人的研究与证据，可以认为学生的核心素养是对党和国家的宏观教育目标的解读与落实，是连接宏观教育理念、教育目标和具体学科的教育内容、教学方式的中间环节，是对党的教育方针政策、国家总体教育目标的解释框架（见图 1-5）。

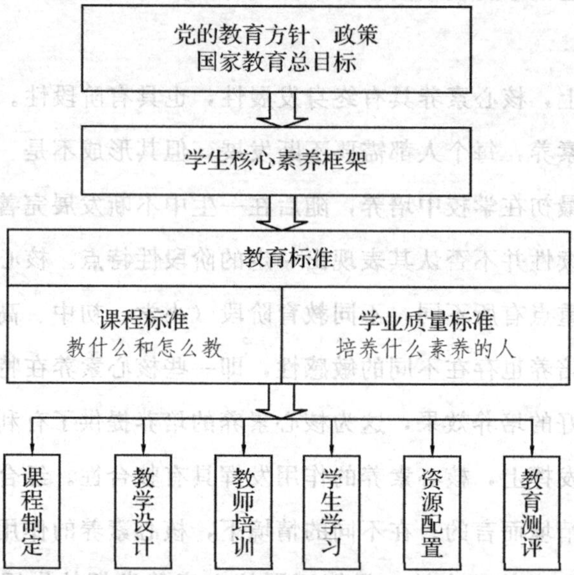

图 1-5　核心素养框架在国家教育系统中的地位

（二）微观上

建构学生的核心素养，需要在跨越不同具体学科领域的水平上对基础教育和高等教育阶段所预期的教育结果有一个整体性的思考和构思。从问题定向的角度，对核心素养的具体定位可以考虑以下几个方面。

1. 将核心素养作为修订课程方案的指导

一方面，就课程方案中课程目标、培养目标的现有话语体系的表述而言，离一线教师的教学语言尚有一定距离，具有改进和完善的空间。对核心素养开展研究，有利于在修订课程方案时使人才培养目标的表述更加科学；另一方面，就课程设置和课程结构的调整而言，如何在课程改革的过程中调整、增减课程，应采取哪些依据？要回答这些问题，也需要对核心素养展开研究。只有明确了学生核心素养的内容，具体的课程调整才有依据，才能对完善课程结构发挥参照和指导作用。

2. 将核心素养作为修改和完善课标的指导

通过研究各学段的学生核心素养，可以进一步完善各学科的课程目标，在保证学科体系完整的前提下，合理地调整学科内容（以高中课程为例，可以根据核心素养个别增删、调整学科模块内容），并明确界定出学生在完成各阶段教育学习过程中所应具备的核心素养及其应达到的具体水平，进而修订、完善学业质量标准。

3. 将核心素养作为考试改革的指导

核心素养强调了学生在知识、能力、态度、品格等方面的表现，在关注基础知识学习积累的同时，重视信息搜集、综合分析与应用、问题解决、过程性体验与态度形成等综合能力、综合素养的培养。这将为进一步的考试改革提供新的思路和参考，为落实“德育为先，能力为重，全面发展”的育人要求提供保障。

第二章

从国际视角下探寻核心素养

面向21世纪学生核心素养的研究与探讨，一直是国际社会和教育组织共同关注的焦点。为成功地融入未来社会，在满足个人自我实现需要的同时推动社会的健全发展，未来培养的学生应该具备哪些最基本、最重要的知识、能力与情感态度？这些基本的素质包括哪些关键内容？这些问题已经成为世界各国发展与规划未来教育无法规避的核心问题。基于对这些问题的思考，世界各国和先进发达的地区都先后开展了面向未来的学生核心素养的研究与探索，并取得了丰硕的成果与经验。“他山之石，可以攻玉。”我们国家要开展学生核心素养研究，必须学习与借鉴世界先进国家和地区的一些研究成果。因此，我们对经合组织、联合国教科文组织、美国、日本等14个国际组织和国家界定和遴选核心素养的过程与成果进行了分析和调查。限于篇幅原因，本章仅介绍联合国教科文组织、经合组织和欧盟三个有代表性的国际组织对核心素养的研究结果，以及美国、法国、英国和日本四个国家核心素养的内容框架与指标体系，并对这些国际视角下的核心素养内容和指标体系进行比较分析，试图为我国核心素养研究提供参考。

第一节　主要国际组织的核心素养框架

一、联合国教科文组织的核心素养研究

自创立之日起，联合国教科文组织就一直致力于通过教育这一重要的基础性工作来建构和平，消除贫困，实现可持续发展和跨文化对话。立足于这一宗旨，面对21世纪的时代发展需求，联合国教科文组织呼吁，要建构整体而人本化的优质教育。为此，1990年，联合国教科文组织与联合国开发计划署（UNDP）、联合国人口活动基金会（UNFPA）、联合国儿童基金会（UNICEF），以及世界银行等组织联合发起了全民教育（Education for All，简称EFA）运动。这一运动旨在为全世界所有儿童、青少年和成年人提供优质的基础教育。所有参与者都支持扩展“学习的视域”，承诺普及初等教育和减少文盲。伴随着全民教育运动的开展，联合国教科文组织始终把握着教育发展的动态，并极力描绘出全球化进程中的新教育需求之图景。

（一）联合国教科文组织研究核心素养的背景

1. 基于终身学习的全民教育

基于人本主义的思想，联合国教科文组织转变了对教育目标的认识，从“工具性目标”——把学生培养成提高生产率的工具转向“人本性目标”——使人的情感、智力、身体、心理诸方面的潜能和素质都能通过学习得以发展。1972年，联合国教科文组织《学会生存》（*Learning To Be*）一书提出了“教育发展的目标是人的完整实现”，是人具有丰富内涵的个性的“全面实现”。以人为本的教育理念，促使联合国教科文组织将提高教育质量的着眼点从“教”转向“学”，强调教育的使命就是使人学会学习，使学习成为每个学生的课题和全体社会成员借以发展的“内在财富”。1996年，联合国教科文组织“国际21世纪教育委员会”发表了《学习：财富蕴藏其中》的报告。报告从新的理论高度和政策视角提出把

“终身学习”作为一切重大教育行动与变革的指导原则。与此同时，“终身学习”还是一种促进人类有意义地生活的理念，它要求人们能够在生命的过程中处理和应对一切变化和挑战。

在“终身学习”思想指导下，联合国教科文组织提出了“界定21世纪社会公民必备的基本素质”——终身学习的四大支柱，包括学会求知、学会做事、学会共处，以及学会发展。其中，学会求知是终身学习的基础。2003年，联合国教科文组织教育研究所又提出了“学会改变”的基本素养，并将其视为终身学习的第五支柱。每一支柱里又包含各种具体的基本技能，组成了“终身学习”的基本指标体系。具体指标和内涵如表2-1所示。

表2-1　联合国教科文组织终身学习五大支柱及其内涵

五大支柱	具体指标	内涵
学会求知	1. 学会学习 2. 注意力 3. 记忆力 4. 思考力	该素养要求学生超越从学校教科书和课堂教学中汲取人类知识的限制，包括在个体社会化过程中了解各种社会关系，习得民族文化价值观念，学会遵守社会行为规范，培养学生追求真理的科学精神。
学会做事	1. 职业技能 2. 社会行为 3. 团队合作 4. 创新进取 5. 冒险精神	该素养不但意味着所学知识的应用和职业技能的养成，而且还强调为适应“智力化”知识经济而学习适应劳动世界变化的综合能力（包括合作精神、创新精神、交流能力），强调从工作实践和人际交往中培养社会行为技能。
学会共处	1. 认识自己的能力 2. 认识他人的能力 3. 同理心 4. 实现共同目标的能力	该素养意味着学习和了解自身，发现并尊重他人、他国、他族的文化，学会关心、学会分享；学会平等对话，用协商的方法解决多种矛盾/冲突的态度，在人的思想中构筑“和平”；学会在参与目标一致的社会活动中获得实际的合作经验。
学会发展	1. 促进自我的精神 2. 丰富的人格特质 3. 多样化表达能力 4. 责任承诺	该素养体现了教育/学习的根本目标，它超越了单纯的道德、伦理意义上的“为人处世”，而是适合个人和社会需要的情感、精神、交际、合作、审美、体能、想象、创造、批判性精神等诸方面相对全面而充分的发展。因此，它体现了教育质量的实质和目标就是促进每个学生个体和社会的全面而有个性的发展。

续表

五大支柱	具体指标	内涵
学会改变	1. 接受改变 2. 适应改变 3. 主动改变 4. 引领改变	该素养指个人不仅要学会接受和适应改变，也要展开行动成为积极改变的主体，并且主动引领改变以促进人类的发展。学习不仅可以适应改变，也能创造改变；学习是一种适应的机制，但也具有引发改变的能力。

“终身学习”及其五大支柱很快成为世界教育舞台上受人瞩目的焦点，它为世界各国反思教育和制定教育政策提供了理论基础。基于“终身学习”的理念，2000 年，在达喀尔世界教育论坛上，164 个国家政府承诺要实现“全民教育”——为全世界所有儿童、青年、成年人提供优质的基础教育，并就 2015 年要实现的六大目标达成一致。这六大目标具体如下。

（1）目标 1：全面扩展和提高早期儿童的关怀与教育，尤其是弱势儿童群体。

（2）目标 2：到 2015 年，确保所有儿童，包括女孩、贫困儿童、少数民族儿童等都能上学，接受优质的免费基础教育。

（3）目标 3：通过拓展合适的学习与生活技能课程，确保满足所有青年人和成年人的学习需要。

（4）目标 4：到 2015 年，确保成人，尤其是妇女的识读水平能提高 50%，让所有成年人都接受基础的继续教育。

（5）目标 5：到 2005 年，消解中小学教育中的性别差异，到 2015 年实现教育中的性别平等，确保女孩能够获得和完成优质基础教育。

（6）目标 6：提高教育质量的方方面面并追求卓越，能够识别和测量学习结果，尤其是读写（literacy）、数学（numeracy）和基本的生活技能（essential life skills）。

可以看到，前五大目标都定位于实现教育的全民化，确保每个人（不分年龄、性别、种族、社会地位、经济能力）实现其获得教育的根本权利，获得最基本的优质教育。

2. 基于能力发展的全民教育

随着全民教育运动的展开，各国都制订了确保所有学生能够获得优质教育的行动计划。然而，随之而产生的问题是，这些计划如何才能得到有效落实，并提升学生的学习成果呢？这一问题逐渐凸显为全民教育化过程中的核心问题。事实上，对于许多不发达国家而言，如何实现“教育全民化”仍然是一个难题，仅有财政投入的增加对于提升教育质量是远远不足的。真正阻碍各国教育系统实现教育全民化这一宏大目标的一个要素就是，各国教育部或任何教育实体应对挑战和执行任务的能力水平。鉴于 2015 年要实现全民教育目标的紧迫性，当时面临的问题是：对于有贫困地区的国家而言，何种支持是最合适的呢？现在改变传统，转向新的支持框架是否妥当呢？究竟怎样的学习才能既促进教育质量的提高又促进社会经济的发展？基于此，联合国教科文组织的全民教育中心启动了基于能力发展的全民教育项目（Capacity Development for Education for All，简称 CapEFA）。

在本项目中，能力（capacity）概念是广义上的，它指的是主体成功执行某一给定任务，产生实际有效性、权威性、生产力和资源的能力、态度和资质。这里的主体包括个体、组织和制度三个层面。显然，能力在这里绝不局限于个体的个性心理特征。CapEFA 项目组用一个清晰的示意图阐释和说明了能力发展中的能力概念，如图 2-1 所示。

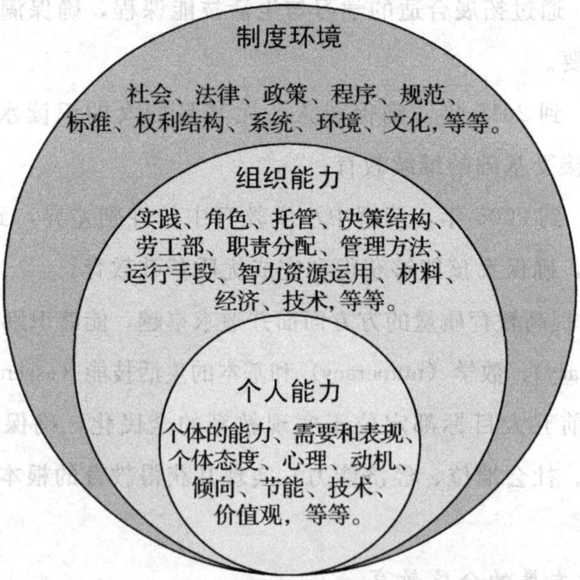

图 2-1 能力发展内在联结的球形示意图

基于这一能力的概念内涵，联合国教科文组织将主要关注点投向全民教育成员组织四个方面的工作：区域政策与计划、扫盲、教师教育政策、职场技能。在这四个重要领域内，以联合国教科文组织为首所建立的实践共同体要求各个区域内的全民教育应该在以下几个方面有所贡献。

(1) 宣传与倡议。

(2) 支持全面的国家政策与法律框架。

(3) 加强区域内或子区域内基于证据的政策制定与计划。

(4) 在制定政策与计划过程中确保入学率、教育公平和质量等问题。

(5) 确保课程的相关性。

(6) 建立参与和协作伙伴关系。

(7) 参与全民教育运动的人力资源发展。

(8) 知识生产与实现知识、经验的交流。

在整个能力发展的项目中，联合国开发计划署则提出了具体的能力发展程序与过程，其主要基于行动研究的方法论基础，强调如何将能力发展从理论转化为实践，具体的程序如图 2-2 所示。

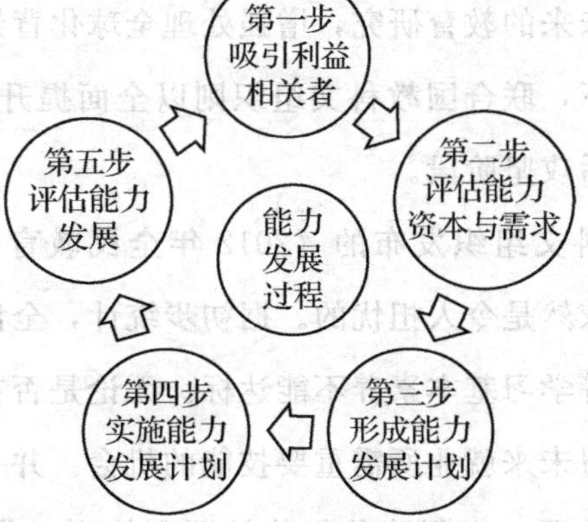

图 2-2　全面教育能力发展项目开展的程序与过程

基于上述程序，联合国教科文组织引领各国政府、技术伙伴、民间团体，以及私营组织更好地推动着能力发展为本的全民教育运动。它一般会先通过评估已有的教育部门来确立各国的“能力水平”，然后再通过各种措施和行动来引领各国设计、实施和监控全民教育方方面面的工作。

3. 面向 21 世纪的全民教育

随着时代的飞速发展，全民教育也面临着新的挑战。如果说能力发展项目是为了确保提升各参与国家政府组织、实施全面教育的行动力的话，那么，随着全民教育运动的不断推进和深入，如何确保个体（学生）获得适应未来社会的基本素养以过上美好生活和促进社会发展，则成为面向 21 世纪全民教育必须回应的核心问题。基于这一问题，联合国教科文组织最近发起了“21 世纪的教育”这一新的教育主题，并呼吁“重思教育”（Rethinking Education）。作为全球教育理念的引领者，联合国教科文组织自觉地担任起了回应 21 世纪教育所面临的挑战这一职责，它倡导我们重新检视已有的教育本质概念。当前世界各国的教育体系大多根源于 19 世纪工业社会时代的工厂式教育模式，将学生分年龄段分班级进行分科知识的传授，进而实施标准化的学习、评估与资历认证。然而，随着社会变化的加速及不确定因素的增加，当前我们必须批判性地反思这一传统的教育模式，各国政府应更加积极主动地理解和把握教育的发展趋势，增强基于证据的政策对话，开展面向未来的教育研究，增强处理全球化背景下重大社会问题的能力。站在全球的视野下，联合国教科文组织则以全面提升全球教育质量为己任，进入了全民教育的最后攻坚阶段。

然而，联合国教科文组织发布的《2012 年全民教育全球监测报告》表明，当时全民教育的质量依然是令人担忧的。据初步统计，全世界至少有两亿五千万的小学生读、写、算等学习基本素养不能达标。无论是否在学校，有七千一百万青少年辍学，错过学习未来就业所需重要技能的机会。并且，当前亟待解决的问题是提升青年的技能水平，以保障他们能够顺利找到工作。因此，“优质教育”与“教育质量提升”的问题又再次走向国际教育舞台的中心，而基于全民教育的优质教育普及任务则驱动了联合国教科文组织开启学习结果指标体系，即核心素养指标体系的研究。

（二）联合国教科文组织核心素养的基本框架

1. 七大学习领域的确定

2012年8月到9月，学习成果衡量特设工作组的标准工作组基于发布的《作为学习结果的核心素养草案：幼儿、小学和中学》这一材料，征询了至少来自57个国家近500位代表的意见。根据反馈的意见，标准工作组修订了核心素养草案，初步确定了核心素养指标体系的七个学习领域（见图2-3）。

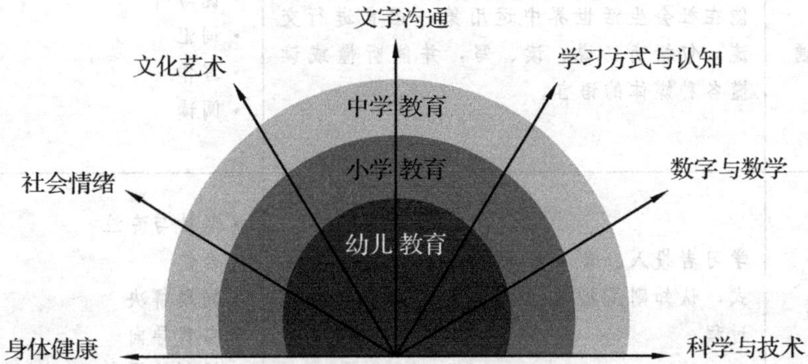

图2-3 学习领域的国际框架

根据征询意见，标准工作组对七大领域的内涵进行了描述，同时也确定了其子领域，如表2-2所示（LMTF，2013）。

表2-2 学习领域国际框架的内涵及界定

学习领域	内涵	子领域举例
身体健康	儿童和青少年能合适地运用身体，发展运动控制力，对于营养、运动、健身，以及安全等方面具备一定的知识并能付诸行动。	·身体健康与卫生 ·食品与营养 ·体育活动
社会情绪	儿童和青少年能发展和保持与成年人和同伴的关系，懂得如何看待自己和他人。	·社会与共同体观念 ·公民观念 ·心智健康与幸福

续表

学习领域	内涵	子领域举例
文化艺术	能够创造性地表达，包括音乐、戏剧、舞蹈、视觉、媒体、文学艺术或其他创造性活动。同时，了解家庭、学校、社区及国家的文化经验。	·艺术创作 ·文化知识 ·自我或共同体身份认同 ·尊重多元
文字沟通	能在社会生活世界中运用第一语言进行交流，包括听、说、读、写，并能听懂或读懂各种媒体的语言。	·说与听 ·词汇 ·写作 ·阅读
学习方式与认知	学习者投入、参与学习的过程就是学习方式，认知则是指通过各种方式开展的心理过程。	·坚持与专注 ·合作 ·问题解决 ·自我导向 ·批判性思考
数字与数学	能广泛应用数字与数量语言来科学地描述和表征在生活中所观察到的现象。	·数字概念与运算 ·几何与模型 ·数学应用 ·数据与统计
科学与技术	科学素养指掌握包括物理规律和一般真理在内的具体科学知识或知识体系。技术素养则是要求开发或运用技术来解决问题。	·科学探究 ·生命科学 ·物理学 ·地理学 ·数码技术的意识与运用

2. 各年龄段核心素养子领域的确定

根据确定的七大核心学习领域及其内涵，标准工作组在公众咨询的基础上，对 0～19 岁各年龄段孩子应该具备的核心素养进行更为详细的区分和界定，如表 2-3 所示。

表 2-3　各学习领域不同年龄段孩子应具备的核心素养内容

学习领域	学前阶段（0～8 岁）学习指标	小学阶段（5～15 岁）学习指标	中学阶段（10～19 岁）学习指标
身体健康	身体健康与营养、健康知识与实践、安全知识与实践、大运动、精细动作与感知动作技能	身体健康与卫生、食物与营养、体育运动、性健康	健康与卫生、性健康与生殖教育、疾病预防
社会情绪	自律、社会关系与行为、自我概念和自我效能、同情心、情绪意识、解决冲突、道德价值	社会与集体价值、公民价值、精神健康	社会科学、道德伦理价值、毅力和抗压性、积极的自我和他人观念、参与公民活动、领导力、社会意识
文化艺术	艺术创作、自我认同和群体认同、多元意识和对多元的尊重	艺术创作、了解文化	艺术创作、学习研究文化
文字沟通	接受语言、表达语言、词汇、认识图标	口语流畅、口语理解、阅读流畅、阅读理解、感受词汇、表达词汇、书面表达和写作	听、说、写、读
学习方式与认知	好奇与参与、坚持与专注、独立与主动、合作、创造性、推理与问题解决、早期批判思维技能、符号陈述	坚持与专注、合作、独立自主、知识、理解、运用、批判性思考	合作、自我指导、学习导向、坚持、问题解决、批判性决策、灵活弹性、创造性
数字与数学	数字意识与运算、空间意识与几何、类比与分类、测量与比较	数字概念与运算、几何与类比、数字运用	数字、代数、几何、日常运算、个人财政、知情消费者、数据和统计
科学与技术	提问技术、认识自然和物理世界、技术意识	科学提问、生命科学、物理科学、地球科学、数字技术的意识与运用	生物、化学、物理、地球科学、科学方法、环境意识、数字化学习

3. 各年龄段具体子领域内涵的确定

在表 2-3 的基础上，标准工作组又进一步就各年龄段的孩子在各子领域中的具体表现，即具体的测评指标，进行了讨论和研究，最终确定了各年龄段具体子领域的内涵，如表 2-4 所示（LMTF，2013；滕珺，2013）。

表 2-4　基于核心素养的学习指标体系

学前阶段(0～8岁) 学习指标内涵		小学阶段(5～15岁) 学习指标内涵		中学阶段(10～19岁) 学习指标内涵	
身体健康与营养	远离疾病，营养充足，能够了解具体食物的营养和危险。	身体健康与卫生	学会讲卫生，能够正确用水以预防传染性疾病；同时能选择健康的行为方式预防非传染性疾病。	健康与卫生	了解并采用健康的行为方式和卫生习惯，其中也包括心理健康。
健康知识与实践	了解日常的健康和卫生习惯，包括如厕、饮食、洗手、刷牙等。	食物与营养	了解饮食对心智和身体发展的重要性，在不同的情境下有不同的含义，有时是指确保儿童有足够的营养摄取，有时是指控制饮食量，以保持健康的体态。	性健康与生殖教育	理解性健康、组建家庭、怀孕和分娩的基本概念。
安全知识与实践	能够识别并躲避危险，如战争、交通、水、动物、陌生人可能带来的危险。	体育运动	通过运动、游戏发展个人才能。	疾病预防	了解创造健康的条件，能通过健康饮食、锻炼身体等途径，有效预防疾病。
大运动、精细动作与感知动作技能	大运动指身体在以下运动中用到的大动作，如跑、跳、爬、攀登。精细动作指捡、画、写、使用键盘等操作性小动作。感知动作技能与大脑、眼睛、身体配合有关，如手眼协调。	性健康	理解人类繁衍生育的基本概念。		

续表

学前阶段(0～8岁) 学习指标内涵		小学阶段(5～15岁) 学习指标内涵		中学阶段(10～19岁) 学习指标内涵	
自律	能根据相应的发展阶段和社会文化环境，控制自己的情绪、行为、冲动和注意力。年龄稍大的孩子能够遵循简单的规则、方向和日常规矩，同时有能力模仿成人世界的活动。	社会与集体价值	了解并运用以下生活技能：沟通、决策、确定、对等、自我意识、交流、友谊、自尊、倡导包容、反对歧视、培养情商。	社会科学	理解人们的行为方式，理解人们的行为对周围世界产生的影响，能够自我剖析，同时分析他人的价值、信念、归宿认同及其他相关文化。
社会关系与行为	能与自己信任的成人之间建立适龄的安全依恋关系，与同伴建立友谊。对他人的情绪有所反应，能够采用适龄的社会行为与他人互动。该年龄段的儿童开始学会合作、分享、轮流和帮助，也开始认识必要时必须妥协和磋商。	公民价值	理解社会和政治概念，如民主、公正、公平、公民等。能够尊重、捍卫规则，并根据学校、家庭和集体环境提出适宜的修改意见。	道德伦理价值	建立包括政治、宗教、文化等一系列的信念，并根据自己的信念采取适宜的行动。
自我概念和自我效能	了解自己的喜好、感受、思想和能力。根据自己完成任务的能力建立自信，在不伤害自尊的基础上了解自己的局限，在活动和任务中表现出与年龄相适应的独立性。	精神健康	面对挫折或其他负面影响，能够积极地解决问题。	毅力和抗压性	能够承受失败，克服困难，从失败和错误中积极地吸取经验教训。
同情心	能感同身受，理解他人的感受。			积极的自我和他人观念	对自己、家庭和所在集体满怀热情，追求高质量的生活。

续表

学前阶段(0～8岁)		小学阶段(5～15岁)		初中阶段(10～19岁)	
	学习指标内涵		学习指标内涵		学习指标内涵
情绪意识	了解情绪会影响自己的行为和与他人的关系，能够表达情绪，有能力辨别与控制情绪。			参与公民活动	在集体中或更大的范围内承担社会管理的责任。
解决冲突	能采用非攻击性的合适策略，独自或在成人、同伴的干预下解决人际冲突问题。			领导力	能够决策，并采用自主或合作的方式执行决策。
道德价值	建立自己评估人类行为的道德体系，认识到道德价值对每个人的决策都有影响，能够反思自己和他人对与不对的行为，并能思考各种行为背后的动机，了解行为可能带来的后果。			社会意识	能够理解并根据社会环境做出适宜的反应。
艺术创作	能通过音乐、戏剧、舞蹈、视觉、媒体、文学等艺术活动自我表达，促进儿童认知、身体和社会情绪的发展。刚出生时，婴儿就能通过观察、听和回应来感受艺术活动，到小学入学时，儿童能通过讨论、分享，对艺术活动做出自己的评判。	艺术创作	理解不同的艺术过程，学会创作、表演、回应或评论不同的艺术形式，如舞蹈、音乐、戏剧、视觉艺术、媒体艺术等；并学会如何运用这些艺术活动来促进自我语言、数学、科学、创造性思维等方面的学习和发展。	艺术创作	在个人、社会、文化和历史的情境中能够理解、表达、创作、感受并评价相应的艺术活动。

续表

学前阶段(0～8岁) 学习指标内涵		小学阶段(5～15岁) 学习指标内涵		初中阶段(10～19岁) 学习指标内涵	
自我认同和群体认同	能认识到自我的个性和特征(包括身体、年龄、性别、文化等)；能将自己视为群体中的一员，并认识到群体的共同文化、宗教、价值观等。	了解文化	了解更多有关自己和他人的文化，学会欣赏自己文化和他人文化中的相同与不同之处，学会尊重并与不同文化背景中的人和平共处。	学习研究文化	从认识到认同社会与文化之间的关联，将艺术活动与文化、历史和环境联系起来。
多元意识和对多元的尊重	能认识到个体之间的不同，也能认识到群体之间的不同。儿童能够适龄地尊重不同人的特点，并认识到即便每个人都不同，大家也有共通之处。				
接受语言	听懂口头语言，为日后口头表达技能奠定基础。	口语流畅	能使用生活环境中常用的语言，流畅地表达自己的想法。	听、说	运用适宜的语言有效地理解和表达思想。
表达语言	会说话，在整个幼儿阶段儿童的表达性语言会越来越流畅。	口语理解	能理解生活环境中的常用语言。	写	能根据不同的目的，撰写有意义的文章。
词汇	能用越来越复杂的方式理解和表达自己的需要、想法、情绪和观点。	阅读流畅	能轻松阅读，在阅读速度、准确性、音韵等方面能通过评判。遇到生词，能采取解码来认识字形结构，运用情境线索或背景知识来认识生词。	读	理解书面文章的内容、结构及其试图表达的意义。这里的书面文章包括书本、其他阅读材料，以及电子媒体材料。
认识图标	了解印刷图标所表达的含义，为日后的识字奠定良好的基础。	阅读理解	能回答有关文字的问题或复述某段文字，从而检测学生是否真正理解了所阅读的材料。		

续表

学前阶段(0～8岁)		小学阶段(5～15岁)		初中阶段(10～19岁)	
	学习指标内涵		学习指标内涵		学习指标内涵
		感受词汇	在读到或听到某一词汇时，能够很好地理解该词汇的意思。		
		表达词汇	能自如地运用词汇进行说和写。		
		书面表达和写作	能通过写作表达自己的思想，练习书写语言符号，而后练习撰写短小的、自己原创的文章，再学会写不同目的的文章，如小说、非小说等。		
好奇与参与	通过问很多问题，对各种话题和活动都表现出浓厚的兴趣，渴望学习新东西，充满想象力。	坚持与专注	在活动中，特别是挑战性的活动中能够善始善终。	合作	能够与他人合作，解决大家共同关心的问题。
坚持与专注	在活动中，特别是富有挑战性的任务中，能够善始善终。包括在活动中能够逐步思考，并执行活动步骤。	合作	在各种集体情境下表现出互动行为，包括与他人合作完成任务，也包括向成人或大孩子学习。	自我指导	能够自主地收集并理解相关信息。
独立与主动	能够独立完成任务，也知道何时及如何寻求资源来完成任务。	独立自主	能独立完成任务，也知道何时及如何寻求资源来完成任务。	学习导向	愿意通过学习来满足日益进步的社会需求。

续表

学前阶段(0～8岁) 学习指标内涵		小学阶段(5～15岁) 学习指标内涵		初中阶段(10～19岁) 学习指标内涵	
合作	指儿童与成人、同伴之间的互动，如儿童有兴趣参加集体活动，能认识到某些任务必须与他人合作才能完成，并能策划和发起一些集体活动，或者加入他人的合作游戏之中。	知识	包括事实性知识、程序性知识和概念性知识。儿童能够回忆以往学过的事实、问题解决程序，并由此得出他们对某一问题的概念性理解。	坚持	指学生集中注意力来完成学习活动的能力。
创造性	能突破常规来解决问题，提出创造性解决方案。创造性有时通过艺术作品，如视觉艺术、音乐等来得以表现。	理解	能够根据数据和材料建构意义，包括解读、分类、归纳和比较。	问题解决	能够研究问题，并找到创新、有效的问题解决之道。
推理与问题解决	运用已有的新的信息来得出新的结论，是一项智力活动(有时也是一项体力活动)，包括演绎推理和归纳推理。	运用	能够将以往的知识用于解决新的或富有挑战性的问题。	批判性决策	通过寻找证据，权衡利弊，对问题可能的解决方案做出选择和决策。
早期批判思维技能	能够清楚地理解并批判他人的观点和结论，是一项元认知技能。能够跳出当下任务，思考什么才是适当的行为和解决方法，能反思以往的结论，并将思考的结果运用到当下问题的解决之中。	批判性思考	通过解读、分析或推理得出结论，是一项元认知技能，包括问题解决策略、演绎、推广、根据已有知识生成新知识等。	灵活弹性	能够分析并应对不断变化的生活环境，具有较强的适应性，努力取得成功。

续表

学前阶段(0～8岁)	学习指标内涵	小学阶段(5～15岁)	学习指标内涵	初中阶段(10～19岁)	学习指标内涵
符号陈述	儿童能够使用符号指代事物，通过角色扮演或艺术作品指称人、地方、事物时会有所表现。			创造性	能打破常规思维，认识环境，并最终找到满意的答案，既考虑美感，同时兼具实效性。
数字意识与运算	能够正确数数是日后计数的必要基础。儿童最终会将这些数字和事物意义对应。能够了解数字的顺序，能完成加减计算。	数字概念与运算	了解数字能够代表大小，能够排序和计算。可以归为不同的类型，如自然数、整数和有理数等。能熟练地计算不同类型的数字，并判断计算结果是否合理。掌握加、减、乘、除运算。	数字	理解数字与数字之间的关系及数字系列之间的关系，掌握整数、分数、小数、百分比等数字运算的技能。
				代数	能够运用代数符号来表示数字关系，解决线性方程，并用代数模型来解决现实生活的问题。
空间意识与几何	能认识图形并说出图形的名字，了解不同形状图形的属性。能判断自己所在的位置、距离并判断方向，包括下面、那边、远处等方位。	几何与类比	能认识几何图形，能够发展类比技能。如儿童能将不同数字、形状和事物进行排序，能画出二维或三维图形。	几何	理解不同几何图形的属性，并能运用这些属性来解决问题，理解并运用几何测量。
类比与分类	分类、观察并做出预判，能帮助儿童认识事物之间的关系和背后的结构，这些技能是日后代数的基础。	数字运用	能够运用数字计算解决不同情境下的问题。能够用数字沟通对问题的理解、进行数据分析，阐明问题解决的根据。	日常运算	在各种类似的情境下能够有效运用对数字的理解。

续表

学前阶段(0～8岁) 学习指标内涵		小学阶段(5～15岁) 学习指标内涵		初中阶段(10～19岁) 学习指标内涵	
测量与比较	测量就是能将连续数字指派给特性事物的过程。幼儿会使用非标准化的测量工具来测量事物的属性，如长度等，之后会逐步采用标准化工具来精确测量事物的数字属性。			个人财政	能够通过非正式的方式管理个人和家庭的财政。
				知情消费者	能够根据数字信息选择商品，并判断收益。
				数据和统计	理解数据和统计的概念，能够用图形组织并呈现数据，了解平均数、中数、众数等，能读懂统计表格。
提问技术	能够提出与问题解决有关的问题，能认识到要解决问题还缺乏哪些知识并获取这些知识。	科学提问	能提问，能认识到解决问题还缺乏哪些知识并获取这些知识。了解问题解决基本的科学方法，以及如何运用这些方法。	生物	理解生物体的结构、生命过程、多样性及相互依赖的关系。
认识自然和物理世界	对自然和物理世界有初步的了解，包括时间、速度、温度、重量等。这些知识都是通过儿童日常与物理世界的互动得知的。	生命科学	有关生物、生物圈、繁殖、遗传及交互作用等内容的学习，生命科学通常与环境科学和生态系统有关，也包括健康科学。	化学	理解物质分类、构成相关的概念，理解物质的属性和化学变化。

续表

学前阶段(0～8岁) 学习指标内涵		小学阶段(5～15岁) 学习指标内涵		初中阶段(10～19岁) 学习指标内涵	
技术意识	广义上指儿童使用工具来解决问题或完成任务。儿童时期的技术范围很广，包括使用铲子、简单的玩具、电脑、手机、笔记本等各种工具。	物理科学	关于物质、运动和能量的学习，了解事物是由什么构成的，物质与物质之间是如何相互作用的，能量又是如何转化的。	物理	理解事物状态、能量及转化、热、温度、声、光、电、磁、力、运动等相关概念。
		地球科学	有关天文、地质、海洋、气候和资源方面的学习。	地球科学	研究地球及地球在太阳系和整个宇宙中的地位。
		数字技术的意识与运用	指儿童与各种信息通信技术互动的不同方式。能使用手机、电脑和笔记本等。	科学方法	了解问题解决基本的科学方法，以及如何运用这些方法。
				环境意识	了解生态和其他环境因素，并能对此做出回应。
				数字化学习	在学习过程中能有效运用电子通信技术。

从表 2-4 中我们可以看到，三个不同年龄段具体所涵盖的学习指标内容是有所不同的，表述和分类的逻辑也不尽相同。不过，虽然具体的表述因年龄不同而有所差异，但总体而言各子领域还是基本统一的。

（三）联合国教科文组织核心素养研究的启示

1. 人本主义的理念先行，重构教育本质观

从 1972 年《学会生存》的发布开始，联合国教科文组织一直致力于转变已有的工具主义教育目的观，从以人为本的视角出发，重构教育的本质观。自 1996 年《学习——财富蕴藏其中》这一报告的颁布起，实现以人为本的终身学习理念就正式得以创生，并推动着全球的教育朝着人本化的方向发展。在这个报告中，"学习"这一概念并非传统意义上的学习，而是取代"教育"一词，标志着以学生发展为根本教育目的的新时代教育本质观的确立。正是在此基础上，联合国教科文组织才提出、发展和描绘出了 21 世纪的学习图景，要求全面回归教育的人本属性，关注学生的终身发展，进而开启了全民教育运动。学习指标体系的研究正是基于这一背景而启动的。以理念更新来引导教育的改革，提升教育的质量，这一思路是值得我国借鉴和学习的。

2. 学习领域先导，年龄分段明晰

与其他组织或国家所提出的核心素养不同的是，联合国教科文组织的核心素养研究从一开始便与学习紧密联系在一起，因而它的核心素养体系是由学习领域、学习子领域及学习结果的具体表征和描述三部分组成，综合构成核心素养。这样做的好处就是将核心素养与学习内容（即课程）直接关联起来，有利于核心素养的落实与推进。与此同时，联合国教科文组织所发布的核心素养指标体系具体化为不同的年龄阶段，关注到了儿童发展的阶段性，从而更加符合教育的规律，更有利于推动核心素养的培育与发展。

3. 以能力为导向，以评价促发展

在推进全民教育的过程中，联合国教科文组织提出了能力发展为本的实施模式。这里的能力概念是广义的，既包括个人的能力，又包括组织、制度层面的能

力。在这个意义上，“能力”在此可以被理解为行动力或执行力。基于这一概念，联合国教科文组织与联合国开发计划署共同发起了“能力发展为本的全民教育”，从而增强了落实核心素养的实践力量。与此同时，针对全球教育质量全面提升这一国际性任务，联合国教科文组织倡导“以评促学”的理念。基于此，“学习成果衡量特设工作组”下一步工作就定位于如何指导各国、各组织在测评学生学习结果的基础上来发展教育、提升教育质量。

二、经合组织的核心素养研究

经合组织目前是由34个国家（主体为欧洲国家）组成的政府间国际性经济组织，旨在通过国际间的合作来共同应对全球化带来的经济、社会和政府治理等方面的挑战。同时，也在教育领域内开展了各种形式的国际教育合作项目，进一步推动了组织内，甚至是世界范围内各国对教育事业的重视与投入。

（一）经合组织启动核心素养研究项目的缘起

1. 提高国家竞争力与学生发展的时代诉求

作为国际性经济组织的经合组织，其重要的目的就是要促进国际间的合作，为经济的发展提供合作渠道与共享信息。处于全球化的各个现代社会既具有互相依赖性，同时又具有冲突性，而且在变革加速、知识膨胀的时代背景下，各个国家与地区都把对青少年的教育作为国家未来发展的关键保障。作为通过国际合作来应对全球化发展的经合组织，经过对各国教育政策的调查之后发现，当前各国间经济的合作与发展都在一定程度上需要通过教育的路径来为其提供更好的保障。特别是在20世纪80年代中后期，国际上越来越多的国家都对教育的产出指标进行了系统的讨论与研究，同时也把本国的教育与世界他国的教育质量进行了对比研究。实际上，关于如何测定与评价教育产出的质量，以及教育对经济与社会发展的作用程度，都没有科学、具体的指标体系来作为标准进行测评。所以，各个国家关于教育对经济与社会的贡献率的讨论也一直从未停歇。因此，在全球化背景下的国家竞争就使得各个国家开始研究如何提高学生的能力，并为此提供了重要的经费与政策支持。

与此同时，对于学生的发展，什么素养才是最重要的？这是经合组织提出开展核心素养研究的直接原因。学生在学校主要习得的能力（skills）有阅读（reading）、写作（writing）及计算（calculating）等。但是，仅仅拥有了这些能力并不代表学校已经完成了教学任务，更不能把学生定义为已经获得了在将来社会生存竞争中所必需的素养。因此，对学生核心能力与素养的追问就摆在了研究者的面前。

由此可见，提高国家竞争力以应对全球化经济发展的需要，促进个体为适应全球化社会而获得自身完满发展的这一诉求，共同推动了经合组织展开关于学生核心素养的研究。

2. 提升教育质量研究的发展与推动

由于教育质量受到了各个国家政府部门的重视，为此，经合组织为了满足各个成员国对各国教育质量与产出等相关信息的需求，于 1987 年启动了“国家教育系统发展指标”（Indicators of National Education Systems，简称 INES）项目。此项目设置了五个工作组，每个小组负责一个特定的教育领域，并形成自己的研究报告以便为社会提供可靠的教育信息。而其中负责学生学业产出（student outcome）的小组就是于 1991 年成立的“学生学业成就工作组”（Student Achievement Outcomes Network）的前身，其重点关注的是学生学业成就的评价指标体系的建构，为不同文化背景下的学生学业成就评价提供普遍适用的指标体系。另外，经合组织的相关研究还提出了“解决问题的能力”（problem-solving）是每个国家教育的中心议题。同时，也对解决问题的能力进行了具体的阐释，具体内容如图 2-4 所示。

对于解决问题能力的具体阐释是 INES 工作组在排除不同语言的限制而得出的结论，其在不同的文化情境中具有普遍适用性，可以为各国教育政策与评价提供一定的理论依据。

到了 20 世纪 90 年代，经合组织把教育研究的重点放在了教育产出的领域。同时，也在 INES 的框架之外组织开展了多种形式的相关学业成就的研究。如在

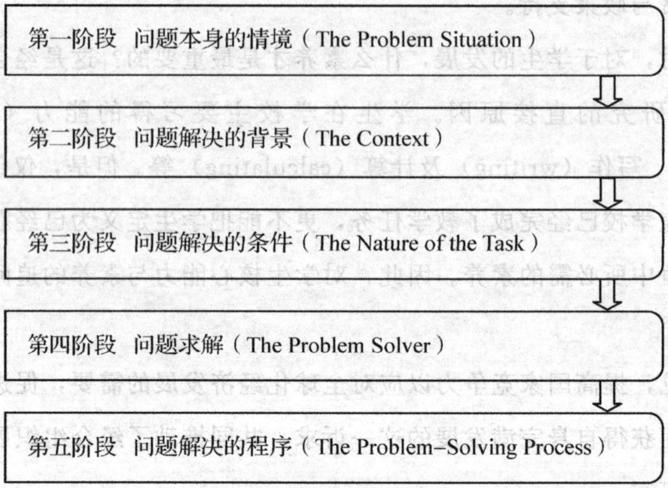

图 2-4　INES 工作组提出的解决问题能力的内涵

20 世纪 90 年代初开展的跨学科素养项目（Cross-Curricular Competencies Project，简称 CCC），国际成人素养调查项目（International Adult Literacy Survey，简称 IALS），国际生活技能项目（International Life Skill Survey，简称 ILSS），以及之前所提到的 PISA 项目等。

这些关于教育产出的研究项目都在不同的层次，从多学科的角度进行着学生素养的相关研究。但是，这些项目关于核心素养的概念并没有形成统一的认识，而都是在各自的项目内拥有自成体系的理论基础与概念体系，使得它们之间的研究成果与操作应用未达到协调一致。为了解决之前相关研究的弊病，统一相关概念，特别是对教育产出中核心素养概念进行系统的界定与鉴别，1997 年秋，经合组织又在 INES 的框架下启动了“素养的界定与遴选”（DeSeCo）项目，并最终于 2002 年完成了项目研究，2003 年发布了研究成果报告。需要说明的是，由于目前对“素养”概念没有统一的认定，所以本书将经合组织的相关文献中出现的“skill”“competence”“literacy”都定义为“素养”，而“key competences”“core skills”等都被认为是“核心素养”。

DeSeCo 项目主要是在国际间跨学科的环境下集合不同国家的文化理念，利用不同学科的智慧对学生的核心素养进行基本理论与概念基础的探索，选择出核心素养的内容，并在此基础上探索性地形成面向21世纪的核心素养基本概念，以及学生核心素养与经济、社会发展之间的关系脉络，完善学生应对未来社会变革发展的需求，为各个国家与地区的教育发展提供可借鉴的指标体系。

（二）经合组织核心素养的基本框架

在多个学科专家的研究和12国所提交的国别研究报告的基础上，DeSeCo项目最终对核心素养进行了理论模型建构、概念界定、指标体系三个主要方面的论证报告。其主要的思路可见图2-5。

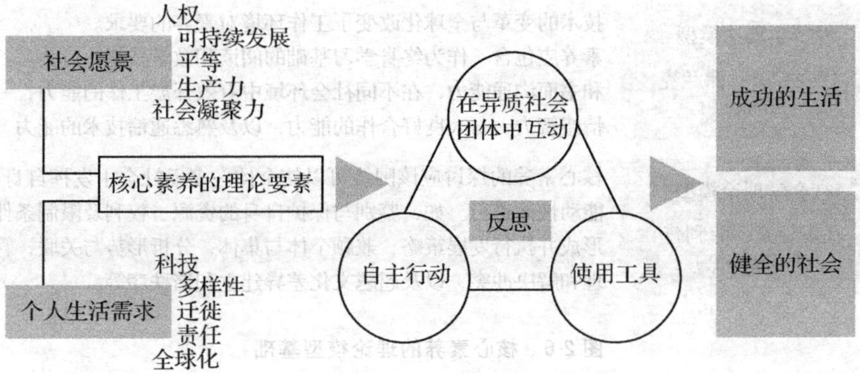

图2-5 DeSeCo核心素养概念参照框架图

1. 核心素养的理论模型

由于DeSeCo项目邀请了众多不同学科专家对核心素养进行了探讨，所以，从不同学科的角度建构了不同的理论模型，具体如图2-6所示。

哲学理论模型 代表专家：斯佩伯，皮埃尔（Canto-Sperber M.; Jean-Pierre D.）	美好生活需要的能力有：复杂性的能力、感知能力、规范的能力、合作的能力及叙事的能力等。
人类学理论模型 代表专家：杰克（Jack G.）	应该在特定的实践情境下探讨核心素养。核心素养是如何在个体的生活框架下帮助个体更好地工作与生活。
心理学理论模型 代表专家：海伦（Helen H.）	强调要在特定的文化、社会和语言环境下研究个人的核心素养。应该包含：管理模糊及不确定性的能力，拥有效能感及自主性，寻找并且维持自己所在团体位置的能力，管理和整合情绪的能力，以及管理与应对科学技术变化的能力等。
经济学理论模型 代表专家：弗兰克（Frank L.）	技术的变革与全球化改变了工作环境对素养的要求。 素养应包含：作为终身学习基础的阅读和数学技能，口头和书面沟通能力，在不同社会环境中有效开展工作的能力，情绪智力，与人良好合作的能力，以及熟悉通信技术的能力。
社会学理论模型 代表专家：菲利普（Philippe P.）	核心素养的探讨应该围绕可以使个体在多元社会中发挥自身能动性而进行。如，鉴别与保护自身的资源、权利及限制条件，形成并执行发展策略，兼顾个体与集体，分析形势与关联，管理和解决冲突，以及超越文化差异建立和谐秩序等。

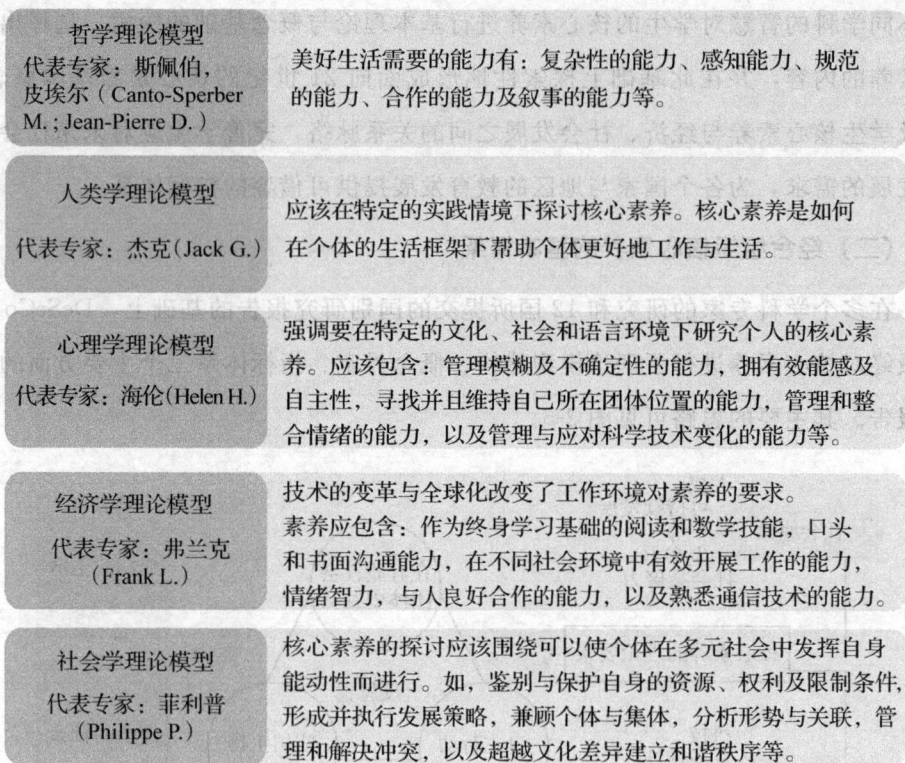

图 2-6　核心素养的理论模型基础

2. 核心素养的指标体系

DeSeCo 报告中指出了促进成功的生活与健全的社会的核心素养的三项基本类型：能互动地使用工具，能在异质社会团体中互动，能自主地行动。

(1) 三项核心素养的指标体系

在以上三个一级指标体系之下，每个一级指标又包含三个二级指标，具体指标体系如表 2-5 所示（OECD，2005）。

表 2-5　经合组织核心素养指标体系

一级指标	二级指标	具体内容
能互动地使用工具	1. 互动地使用语言、符号与文本的能力	有效运用口头和书面语言，计算及其他数学能力。
	2. 互动地使用知识与信息的能力	鉴别自身未知领域，识别信息的来源，并对其进行个人评估，整理知识与信息。
	3. 互动地使用科技的能力	在平时生活与学习中注意使用技术手段，运用信息与通信技术获得信息。
能在异质社会团体中互动	1. 与他人建立良好关系的能力	从他人角度思考问题，有效控制自己的情绪。
	2. 合作的能力	善于表达自己的观念，倾听他人的观点。建构持续发展团体的能力，协调的能力，综合信息做出决定的能力。
	3. 控制与解决冲突的能力	在危机中分析问题与利益，识别共识与分歧，重新认识问题，按照需求与目标对问题进行排序解决。
能自主地行动	1. 在复杂大环境中行动的能力	分析形势，定位自己所处的情境，明确自身行为的可能后果，通过思考与集体的关联对自己的行动做出选择。
	2. 设计人生规划与个人计划的能力	制订计划，设立目标，鉴别已有及所需资源，平衡资源以满足不同目标，通过反思来预测未来，监控过程，时刻准备调整。
	3. 维护权利、利益、限制与需求的能力	了解所有权益，清晰社会规则，为获得认可的需求与权利建立个人论点，提出建议或替代方案。

(2) 三项核心素养的关系

DeSeCo 指出三项核心素养是一种相互依存的关系，虽然它们各有自己的焦点内容，但是由于素养的社会复杂性与联结性使得它们依然彼此相互关联，共同地描绘出了核心素养的概念，如图 2-7 所示（OECD，2005）。

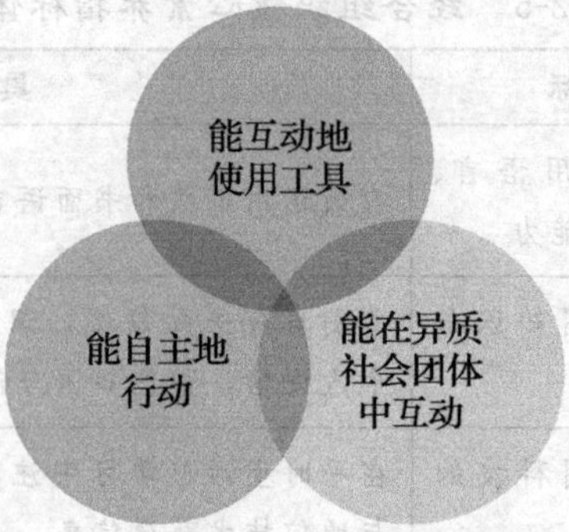

图 2-7　三项核心素养相互关系示意图

同时，由于环境的差异影响着不同核心素养的发挥，因此，在不同的情境下，三项核心素养各自发挥着不同的作用，具体如图 2-8 所示（OECD，2005）。

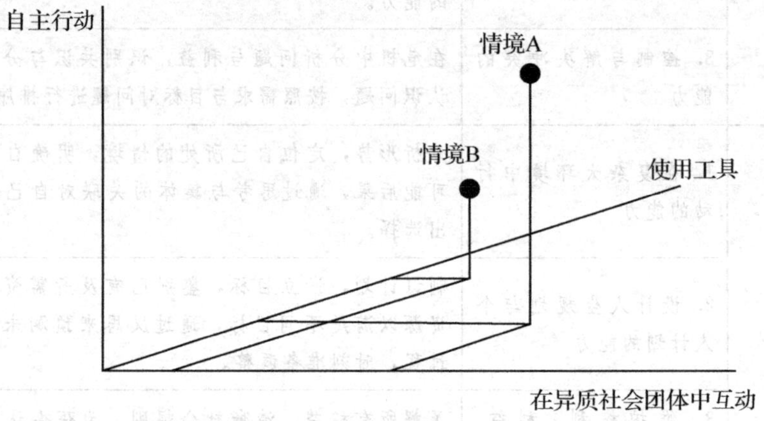

图 2-8　差异境况下三项核心素养发挥作用示意图

在情境 A 中，自主行动的素养发挥的作用最大，其次是在异质社会团体中互动，使用工具的素养作用最小。在情境 B 中，作用的大小顺序依次为：使用工具的素养，自主行动的素养，在异质社会团体中互动的素养。

（三）经合组织核心素养研究的启示

1. 开展跨学科的研究

DeSeCo 项目在最终的报告中明确指出，课堂习得的技能与能力不是核心素养。核心素养的获得不仅仅是在学校中完成的，还有在与同伴、社会的交流过程中自己习得的。所以，不能把核心素养的研究囿于学校的教育研究中，特别是对课堂的研究。

2. 综合考虑各方面的因素

在不同的社会环境中核心素养的概念具有不同的解释方式，而且它还受到整个社会的愿景、个体发展的目标、政治生活方式等因素的综合作用。通过研究异质社会团体中核心素养的具体表现形式，综合分析其概念，才能建构起适合自身社会的，具有一定普遍意义的核心素养体系。

3. 对核心素养的结构进行了理论建构

核心素养的结构论证得到了来自哲学、人类学、社会学及心理学等多学科专家的阐释。他们以各自学科的理论作为出发点，运用自身的学科逻辑与学科知识建构了核心素养的结构体系，为核心素养的分析提供了理论基础。此外，他们的报告还作为咨询报告在国际讨论会中进行了讨论，各个学科互相借鉴，形成了综合性的研究报告。

4. 以评价的方式来促进核心素养的落实

由于 DeSeCo 项目只是对核心素养的定义与选定进行了全方位的研究，重点强调了其建构的核心素养指标体系在现代社会中对学生个体的重要作用，却没有对其如何测定进行研究，这就造成了其建构的核心素养指标体系需要由其他项目来实施评价。而经合组织开展的 PISA 项目就是对学生素养的评价，在 DeSeCo 项目结束之后，PISA 项目又依据 DeSeCo 的指标体系对阅读、数学及科学素养的评价进行了发展性的界定，具体如表 2-6 所示（OECD，2005）。

表 2-6 PISA 对阅读、数学与科学素养的阐释

阅读素养	为了实现个人目标、发展个人知识与潜能、增进社会参与而理解、运用和反思文本的能力。
数学素养	认识和理解数学在现代生活中的地位，做出有充分根据的判断，有效地运用数学以满足一个具有建构性、反思性的热心公民的生活需求。
科学素养	运用科学知识，发现科学问题并得出有证据的结论，从而帮助我们理解自然界，对其做出决策，并通过人的活动对其进行改造。

另外，经合组织在提出核心素养之后，还强调了素养的评价需要在终身教育(lifelong learning)的环境中去实施。DeSeCo核心素养的指标不能仅仅从学校教育中获得，还需要整个社会对个体的贡献。而且，核心素养是随着社会的变革而发生改变的，因此，终身教育的评价方式就显得更有必要了。

三、欧盟的核心素养研究

（一）欧盟核心素养研究的背景

1. 欧盟目标

欧盟的格言是“多元一体”（united in diversity），其宗旨是在尊重成员国各自不同的语言及传统的大前提下，降低边界管制、保护环境与可持续发展、人员物资交流、设置单一货币、提供更多就业机会使经济繁荣，形成一个更公平的社会，保障公民的自由、安全与正义，以及对外施予人道救援，维护世界和平与稳定等。

2. 现实问题与终身学习

欧盟意识到在教育领域与美国等竞争对手相比较，欧盟各成员国还普遍存在着人力资源投入不足、接受高等教育者的比例较低、对顶尖人才的吸引力不够等问题。以上问题会导致大量边缘化的、无法投身社会的公民产生，减少教育支出的回报收益，增加国家的直接成本，使得国家的所得税减少，并增加健康看护、犯罪矫治及公共援助等社会福利的成本支出。由此可见，人力资本问题会直接影响国家未来的经济。为此，欧盟2000年在里斯本（Lisbon）举行的高峰会中，确立了要立足于终身学习，建构一套核心素养体系作为欧盟各成员国共同的教育目标，于2010年达成世界上最具竞争力的知识经济实体的目标。会后，欧盟发布了《多样化体系与共同的愿景：2010年欧洲的教育与培训》（Education and Training in Europe：Diverse Systems，Shared Goals for 2010），指出“核心素养”将直接影响公民素质及欧盟未来的竞争力。为了实现该目标，欧盟在2004年提出了整合各行动方案的“教育与培训整合计划”（An Integrated Programme for Education and Training)，从更全面、宏观的角度规划终身教育，以促进全民更好地生活，进一步提升欧盟在世界上的整体竞争力。

由以上欧盟官方对教育现代化及建构核心素养的背景的论述可知，欧盟对教育与培训体系的态度相当务实稳健，强调教育培训必须兼顾社会与经济两种功能，而且所有公民皆应通过终身学习获取，并持续更新他们的知识与技能，具有特殊需求、濒临社会排斥者更应受到特别帮助，因为这将有助于提高就业率，促进经济发展，同时增加社会凝聚力。

（二）欧盟核心素养的基本框架

1. 核心素养的维度

究竟什么是核心素养？欧盟首先精简、务实地定义：一个人要在知识社会中实现自我、融入社会，以及具备就业时所需的能力（包括知识、技能与态度）。核心素养的确定是政策决定者在创造终身学习机会时的必要参照。欧盟对核心素养的定位是在义务教育与培训阶段结束之前，年轻人应该具备这些素养，以使他们能过好成年生活，并以此作为终身学习的基础。同时，从终身学习的角度，强调需将所有教育与培训系统及成人教育部门均纳入其中，希望成年人在整个生涯中都应该不断地发展、维持与更新这些素养。

《终身学习的核心素养：欧洲参照框架》对每项核心素养进行了定义，并界定和描述了每项素养所包含的知识、技能和态度。欧盟指出，所提出的八项核心素养同等重要，因为它们中的每一项都有益于人在知识社会中成功地生活。而且，其中的很多核心素养都是相互交叉或重叠的。欧盟终身学习核心素养及其内涵见表 2-7 和表 2-8。

表 2-7 欧盟终身学习的核心素养及其内涵

一级指标	内涵
母语交流 (Communication in the Mother Tongue)	以口头和书面的方式表达和解释概念、想法、感受、事实和意见（听、说、读、写），以及在各种社会与文化场合以适当的及创造性的方式进行语言上的互动。

续表

一级指标	内涵
外语交流（Communication in Foreign Languages）	个人根据自己的愿望或需求，在工作、家庭、娱乐、教育与培训等社会背景下，通过口头和书面形式（听、说、读、写），运用母语之外的语言来理解、表达和解释概念、想法、感受、事实和意见。还要具有跨文化的理解力。
数学素养和科技素养（Mathematical Competence and Basic Competences in Science and Technology）	数学素养强调发展与运用数学思维解决各种日常问题：包括过程、活动和知识。科学与技术素养指的是掌握、使用和运用有关自然界的知识与方法论，它包含对人类活动造成的变化的理解，以及作为一个公民应担负的责任。
数字化素养（Digital Competence）	个人能充满自信并采取批判性的态度去使用信息社会的各种技术，具备信息通信技术（ICT）方面的基本技能，例如，使用计算机查找、获得、存储、展现和交换信息，通过网络交流并参与团队合作。
学会学习（Learning to Learn）	个人根据自身需要以独立或小组合作的方式开展与组织自身学习的能力，具有学习的方法及机会意识。
社交和公民素养（Social and Civic Competences）	包括个人、人际和跨文化的素养，它涵盖了促使个人有效地和建设性地参与到社会和职业生活（尤其是日益多元化的社会）中，同时能够在冲突出现时予以解决的所有行为。基于对社会政治的概念结构的了解及对民主的参与承诺，公民素养使个体能够充分地参与到公民生活中。
主动与创新意识（Sense of Initiative and Entrepreneurship）	是将思想转化为行动的能力，包括创造性、创新和冒险精神，以及基于目标的项目计划与管理能力。每个人要意识到自己工作的背景，并能把握机会，要掌握社会与商业活动所需的一些具体的技能与知识，包括道德价值观和良好的治理意识。
文化意识与表达（Cultural Awareness and Expression）	能够在各种媒介（音乐、表演艺术、文学和视觉艺术）中认识到创造性的思想、经验和情感表达的重要性。

表 2-8 欧盟终身学习核心素养的指标体系

一级指标	二级指标	具体描述
母语交流	知识	具备词汇、功能性语法和语言功能知识，知道言语交流的主要类型（文学文本和非文学文本）、不同风格和记录形式的语言特征，了解不同情境下的语言和交流的变化。
	技能	在不同的交流情况下以书面或口头的形式交流，并依照具体情况的要求监控或调整自身的交流；能阅读与理解不同文本，实现不同的阅读目的，在不同的文本类型中采用适当的策略；能搜索、收集和处理信息，会使用各种帮助手段；能以适合情境的、具有说服力的方式，书面或口头地形成及表达自己的看法。
	态度	培养对母语的积极态度，将其作为个人和文化财富的潜在资源。用开放的观念来理解他人的观点，进行建设性和批判性的对话；重视并努力追求表达的美感。知道语言对他人的影响作用，理解语言的需求，以积极的、具有社会责任感的方式去使用语言。
外语交流	知识	具备词汇知识、功能性语法和语言功能知识，知道言语交流的主要类型，了解社会习俗，理解文化和语言的变化性。
	技能	能倾听和理解口头信息，能发起、维持和总结谈话，能依个人需要阅读、理解和生成文本，并适当地使用帮助。
	态度	理解文化的多样性，对各种语言和跨文化交流感兴趣、好奇。
数学素养和科技素养	知识	数学知识：具有数字、度量和结构，以及基本的运算、数学表征方面的知识；正确理解数学术语与概念，理解各类问题，用数学来寻找答案。基本的科技知识：了解自然界、技术界及技术产品与技术过程的基本原理；理解科学理论、应用和技术的进步、限制和风险，及其与决策、价值观、道德问题或文化等的关系。
	技能	数学技能：在工作与家庭的日常生活情境下，应用基本的数学原理和过程；能跟上和评价他人提出的观点是否具有逻辑；能用数学进行推理；理解数学证明；用数学语言交流；能使用适当的辅助手段。基本的科技技能：能使用和操作技术工具、仪器，能用科学数据和科学观察实现目标或达成基于证据的决定或结论；能把握科学研究的必要特征；能交流结论及其推导过程。
	态度	尊重事实，寻求原因并评价其效度。对科学技术保持批判性的理解和好奇心，对科技伦理问题感兴趣，重视安全和可持续性；关心科技进步与自身、家庭、社会和全球的关系问题。

续表

一级指标	二级指标	具体描述
数字化素养	知识	知道主要的计算机应用功能，例如文字处理、电子表格、数据库、信息存储、信息管理等；理解通过电子媒介对工作、休闲、信息分享、团队合作和学习研究的网络交流机会和潜在风险；理解信息技术如何支持创新；知道所获取信息的信度和效度，了解在运用信息技术互动时需要遵守的法律和伦理原则。
	技能	能搜索、收集和处理信息，并能批判性地、系统地使用；能使用适当工具来生成、展示或理解复杂的信息；能获取、搜索和使用基于互联网的服务；能使用信息技术来进行批判性思考和创新。
	态度	能批判性和反思性地看待所获取的信息；负责地使用互联网；有兴趣投身于社区和网络中，以实现文化、社会交往和专业目的。
学会学习	知识	了解适合自己的学习方法及个人能力与资质的优势与不足；能够寻求各种可利用的教育与培训机会、指导或支持。
	技能	首先要具备基本的技能，为未来的学习打基础，例如语言、算术和信息通信技术等技能；基于这些技能，个体应该能够获取、加工和同化新的知识和技能。这要求个体能够有效地管理个人的学习、职业生涯、工作模式，尤其是在学习上坚持不懈，能长期或短时间专注于学习，能批判地反思学习目的。学习中能花时间进行自主学习，保持自律和毅力及进行信息管理，能把团队合作视为学习的过程，从异质团队中获益，并与他人分享个人所学；能够组织自己的学习，评价自身的工作，在合适的情况下寻求建议、支持和信息。
	态度	在个人的一生中具有追求和持续学习的动机和自信心；在学习过程中以问题解决的态度克服困难，迎接挑战；愿意把先前的学习、生活经验和好奇心运用到寻求机会中，愿意在各种生活情境下学习。
社交和公民素养（一）	知识	理解不同社会和环境中普遍接受的行为方式和行为准则，了解个人、群体、工作组织、性别平等、不歧视等社会文化概念，理解欧洲社会的多元文化和社会经济维度。
	技能	能在不同的环境中进行建设性的交流；能够包容、表达和理解不同的观点；在协商中具有建立信任的能力和同理心；能够应对压力和挫折，并以建设性的方式表达出来；能将个人领域与职业生活两者区分开来。
	态度	具有合作、自信和诚实的态度；对社会经济发展和不同文化间的交流感兴趣，重视多样性和尊重他人；愿意克服定式与偏见；善于妥协。

续表

一级指标	二级指标	具体描述
社交和公民素养（二）	知识	理解民主、正义、平等、公民、公民权利的概念及其在国际重要条约中的相关表达（如欧盟基本权利宪章及欧盟条约），理解地方、区域、国家、欧洲与国际各层级主导政策制定的机构组织是如何体现这些概念的；知道当前欧洲的局势，了解自己国家、欧洲及世界历史上的重大事件与变革；知道社会和政治运动的目的、价值观和相关政策；知道欧洲共同体及欧盟的结构、主要目标和价值观，以及欧洲的多样性和文化认同。
	技能	积极投身公共领域服务，展现对社区或更广范围的社会问题的兴趣；批判性和创造性地思考，建设性地参与到社区和相邻区域的活动及各个层面的决策中，包括地方的、国家的或者整个欧洲的，尤其是通过选举的方式。
	态度	具有对本地、本国、欧盟与欧洲整体及世界的归属感；愿意参与各层次民主决策；具有责任感；理解和尊重那些确保社区融合的价值观，例如民主的原则；志愿参与公民活动，支持社会多元性、社会凝聚及可持续发展；愿意尊重他人的价值观与隐私。
主动与创新意识	知识	必要的知识，包括找出适合于个人、专业或企业活动的可利用性机会，具有大局观，能够从人们生活和工作的大环境来思考问题，广泛理解经济的运行情况，以及员工或组织面临的机遇和挑战，知道企业的道德定位和如何成为一种为善的力量。
	技能	能计划、组织、分析、交流、实施、汇报、评价和记录；能有效地表达与协商；具备独立工作和与人合作的能力；能了解个人的优势与不足；能在合适条件下评估和承担风险。
	态度	在个人、社会生活和工作中，主动、积极、独立和创新；有实现目标的动机和决心，无论个人目标，还是与其他人共同确立的目标，也包括工作中的目标。
文化意识与表达	知识	了解所在地区、国家和欧洲的文化遗产及其在世界上的地位；大体了解作为人类历史重要组成部分的主要文化作品，包括流行的当代文化；理解欧洲及世界其他地区的文化和语言的多样性，了解审美要素在日常生活中的重要性。
	技能	包括欣赏与表达：能欣赏与享受艺术作品及表演，并借助与个人天赋相一致的手段来表现自己的艺术才华；能向他人表达自己创造性的观点，并能把握和实现文化活动中的社会和经济机会。
	态度	对自身所处的文化具有深厚的理解及认同感；对文化表达的多样性持开放态度；具有创造性的积极态度，愿意通过艺术上的自我表达和对文化生活的持续兴趣来培养审美能力。

（三）欧盟核心素养研究的启示

1. 欧盟核心素养是针对知识经济的理念而提出的

为适应全球化的知识社会与知识经济、个人自我实现、社会融入与就业，欧盟提出了八项关键能力。其重要目的之一便是为决策者在创造学习机会时提供依据。核心素养一开始是针对知识经济而提出的，因此核心素养与知识是互相结合的，八项中的前四项：母语交流、外语交流、数学素养和科技素养，以及数字化素养，均与基本学科知识技能有关。核心素养具有易与中小学校现有学科架构搭配整合的优点，若再辅以跨学科的课程活动，培养核心素养的方式将更加系统完整。此外各能力所需的知识、技能与态度均做整体考量，叙述架构简洁。最后，因适用于整个教育与培训体系，故未再区别不同学段的基本或进阶能力。

2. 核心素养充分体现欧洲价值观

欧盟强调欧洲价值观是基于对欧洲文化、历史及社会关系的认知，以及在共享的民主价值之上所建立的，欧洲价值观将使得每个人自我认同为一个欧洲公民，拥有充分就业、参与决策，以及富足的生活。核心素养必须能够使个体基于自身的兴趣、愿望和渴望去追求个人的生活目标，这是文化资本的体现。核心素养应该使每个人作为一名积极主动的公民参与社会事务，这是社会资本的体现。核心素养还应该使个体能够在劳动力市场中获得一份体面的工作，这是人力资本的体现。因此，核心素养实质上是文化资本、社会资本和人力资本三方面的共同体现。欧盟通过核心素养的提出重在强化各成员国在人力资本方面的投入，同时也兼顾文化资本和社会资本。将主动与进取意识纳入核心素养，并赋予其丰富的内涵就是这一思想的集中体现，甚至在文化意识与表达中，还强调了“能把握和实现文化活动中的社会和经济机会”。

3. 强调对科技运用的批判与反省

除了强调发展科技素养与数字化素养来增进就业外，欧盟更注重运用信息时正向而批判的态度，分辨真实与虚拟世界的差异，有意识地尊重伦理原则，对隐私权与文化差异、安全与伦理等议题的积极态度与敏锐性，这些均显示他们在科技与数字化领域的反省态度已相当成熟。除此之外，欧盟并未个别标举独立思考能力，因为它已融入每一核心素养中。

第二节　主要国家的核心素养框架

一、美国 21 世纪核心素养的研究

随着全球化时代的到来，世界各国都面临着如何全面提高国际竞争力的问题与挑战。对于一直处于国际领先地位的美国而言，回应这一问题更是迫在眉睫。基于此，美国于 2002 年正式启动了 21 世纪核心素养研究项目，这一项目旨在促进美国教育系统能够培养出具备适应时代挑战的知识与技能的学生，即完成受教育经历后的学生必须满足美国职场对人才的最新需求。

（一）美国 21 世纪核心素养研究的缘起

美国 21 世纪核心素养研究项目的主要动力来源于两个方面：其一，经济全球化推动美国的职场发起了技能标准化运动；其二，以能力为本的教育改革在新时代的延续与发展。

1. 外部动因：职场素养标准化运动的推动

21 世纪的经济全球化、信息化、技术化推动美国的就业市场发生了变化，一系列新型产业，包括节能环保、生物科技、媒介与信息技术、新能源、新材料等，都对劳动者提出了较之前更高的能力和素养标准，这一现实状况直接推动了美国劳工部启动职业素养标准的研究。

1990 年，美国劳工部组织成立了一个专门委员会——职场基本素养达成秘书委员会（Secretary's Commission on Achieving Necessary Skills，简称 SCANS），以专门探寻和确立青年人在职场中获得成功所必需的技能。基于调查研究，1991 年，职场基本素养达成秘书委员会发表了第一份报告——《职场对学校教育的要求》（What Work Requires of Schools）。报告中提出了美国职场基本素养的五大指标，具体的结构及其内涵如表 2-9 所示（SCANS，1991）。

表2-9 美国SCANS提出的职场基本素养指标体系

一级指标	内涵	二级指标	内涵
资源管理	辨别、组织、计划、分配	时间管理	确定活动目标，排序，分配时间，做准备并按计划执行。
		金钱管理	使用或安排预算，做出预测，保留使用记录及根据目标做调整。
		物质资源管理	获得、存储、分配、有效利用材料或场地。
		人力资源管理	评估技巧，工作匹配，绩效评估并提供反馈。
人际素养	与他人合作	参与团队	作为团队一员，为团队做贡献。
		教导他人	教给他人新的技能。
		为客户服务	服务客户或顾客，满足客户的需求。
		领导能力	以恰当的身份与他人交流想法，给他人建议并肯定他人。
		协商能力	按协议工作，化解利益分歧。
		工作适应能力	与来自不同背景的男女同事较好地协作。
信息素养	获得信息和应用信息	获取与评判	获得信息并判断信息。
		组织与保持	组织并保持信息。
		解释与交流	解释和交流信息。
		处理和加工	使用计算机处理信息。
系统化素养	理解复杂的内部关系	了解系统	了解社交、组织及技术系统的运作方式，并有效地加以利用。
		监控与修正系统	辨识趋势，预测系统运转的影响，诊断系统的偏差并予以矫正。
		改善与设计系统	对已有系统提出修改建议，或开发新系统以提高效率。
技术素养	有效使用各种技术	选择技术	选择程序、工具或设备，包括计算机和相关技术。
		运用技术	为了解设备的配置和操作，而整体了解互联网和常见的程序。
		维护与检修	阻止、辨别或解决设备产生的问题，包括计算机和其他设备。

如何才能达成上述的五大职场基本素养？它必须依赖于学生个人的心智素养和个性素养。因此，SCANS还提出了相应的作为职场素养基础的、三大学生基

本素养（与传统的读、写、算三大基本技能相对照）：基本技能（skills）、思维素养和个人特质，它们包含在五大职场基本素养之中，其具体成分与内涵如表2-10所示（SCANS，1991）。

表2-10　美国SCANS提出的学生基本素养指标体系

一级指标	内涵	二级指标	内涵
基本技能	听、说、读、写、算术/数学	读	能定位、理解和解释文学作品或实用文档（如指南、图表等）中的文本信息。
		写	能以书写的形式交流思想、观点和信息，能创作文档（如信、指南、报告等）。
		算	会基本的计算，能选择合适的数学技巧来解决实际的问题。
		听	能接受、参与、解释和反馈言语信息及其他提示。
		说	组织观点和口头交流。
思维素养	创造性思考、做决策、问题解决、知道如何学习、推理能力，等等	批判思考	产生新的观点、想法。
		制订决策	将目标和条件具体化，在风险评估基础上选择最佳更替方案。
		解决问题	发现问题，设计和实施行动方案。
		想象能力	在脑海中组织和形成符号、图画、图表，以及对象或其他信息。
		学会学习	采用有效的学习技巧来实践和应用新知识和新技能。
		推理能力	在两个或多个对象的关系中发现规律或原则，并应用于解决问题。
个人特质	负责任、自尊感、社交能力、自我管理、正直/诚实	责任感	为了达成目标付出艰辛的努力，坚持不懈。
		自尊感	相信自己的自我价值并保持积极的自我概念。
		社会性	在群体中能表现出理解、友善、适应、同情和有礼貌。
		自我管理	正确评价自己，设立个人目标，监控过程并表现出自控力。
		正直诚实	选择富有伦理性的行动路线。

SCANS在1992年就完成了这一项目，对此后的教育和职场发展中的个人或组织都产生了重要的影响，为之后所启动的21世纪核心素养研究奠定了一定的基础。

1994 年，美国国家素养研究院（National Institute for Literacy）又启动了“为未来而准备”（Equipped for the Future，简称 EFF）项目。这一项目旨在为成人学习开发内容标准的基础框架。这些内容标准旨在提高成人教育机构开发合适教育项目的能力，从而更好地满足成人学习者及更广泛的社会团体的需要。1996 年，EFF 基于调研资料，整理出成人在担任公民、家长及就业者时的角色画像，并提出每一个角色所需要的核心技能。在三种角色基础上，EFF 进一步进行转化和提炼，最终形成并提出了包括 16 个指标的内容标准，具体内容如表 2-11 所示。

表 2-11 EFF 提出的成人核心素养指标体系

技能	指标
沟通技能 (Communication Skills)	1. 阅读理解（Read With Understanding） 2. 通过写作表达观点（Convey Ideas in Writing） 3. 有效的语言表达（Speak So Others Can Understand） 4. 积极地倾听（Listen Actively） 5. 批判地观察（Observe Critically）
决策技能 (Decision-Making Skills)	1. 解决问题和做决定（Solve Problems and Make Decisions） 2. 计划（Plan） 3. 使用数学来解决问题并与他人沟通（Use Math to Solve Problems and Communicate）
人际技能 (Interpersonal Skills)	1. 与他人合作（Cooperate With Others） 2. 引导他人（Guide Others） 3. 提倡和影响（Advocate and Influence） 4. 解决冲突和协商（Resolve Conflict and Negotiate）
终身学习技能 (Lifelong Learning Skills)	1. 对学习负责任（Take Responsibility for Learning） 2. 研究性学习（Learn Through Research） 3. 反省和评价（Reflect and Evaluate） 4. 使用信息和通信技术（Use Information and Communications Technology）

资料来源：http://eff.cls.utk.edu/fundamentals/eff_standards.htm.

上述职场基本素养研究及成人核心素养研究项目的成功运作，直接推动了美国 21 世纪核心素养研究项目的启动。

2. 内部动因：能力为本的教育改革的延续与发展

事实上，直接推动 21 世纪核心素养研究的是教育改革。自 1958 年《国防教育法》的颁布与实施之日起，美国便悄悄开启了“能力为本”的教育改革。到 20 世纪 70 年代后，美国教育又发起了“回归基础教育运动”（back to basics），旨在加强普通学校的“读、写、算”基本知识和基本技能的教育，并要求各州制定最低学业标准和最低能力测试。在回归基础的教育运动中，作为学生核心素养的读、写、算（Reading，Writing，Arithmetic，简称 3Rs）成为教育目标和引领整个美国教育发展的指向标。20 世纪 80 年代后，《国家在危机中：教育改革势在必行》报告的发布，再次引发了美国国内对基础教育质量的担忧与重视。紧接着，美国各州便以设定内容标准（content standard）与表现标准（performance standard）的方式来着力改善和提升基础教育的质量和水平。

然而，随着时代的变迁，人们的“能力观”在逐渐地发展，基于传统基本素养而发展起来的能力标准其局限性渐渐得以暴露，传统的知识与技能目标显然无法囊括新时代对学生学习结果的期待与要求。因此，美国在 20 世纪 90 年代后，教育评价指标做了相应的调整和改革，学生的学习成效指标内涵也得到了拓展，从基础的知识技能目标转向了“掌握核心内容、培养态度倾向、运用整合推理”三者整合统一的综合性指标。这就为 21 世纪核心素养指标体系的建构奠定了现实的基础。

与此同时，进入 21 世纪后，美国在参与国际化教育质量测验中的表现令人担忧。在 2003 年 PISA 的测验结果中，美国 15 岁学生在 40 个参与国家中排名第 29 名，这让美国多数民众感到失望。同时，这一现实也让美国政府意识到，尽管美国对数学、阅读与科学等基本能力投入了相当大的精力，但同时也忽略了全球快速变迁下所需技能要求的变化，从而导致学生的核心素养未能得到有效提升。这更进一步地推动了 21 世纪核心素养指标体系的建构与美国新一轮的教育改革。

（二）美国 21 世纪核心素养的基本框架

1. 以核心素养为中轴的 21 世纪学习体系建构

与世界上其他组织（包括经合组织）和国家不同的是，美国 21 世纪核心素养项目从一开始就建构了以核心素养为中轴的学习体系，包括学习内容的科目与主题、学习结果的指标，以及强大的学习支持系统（见图 2-9）。

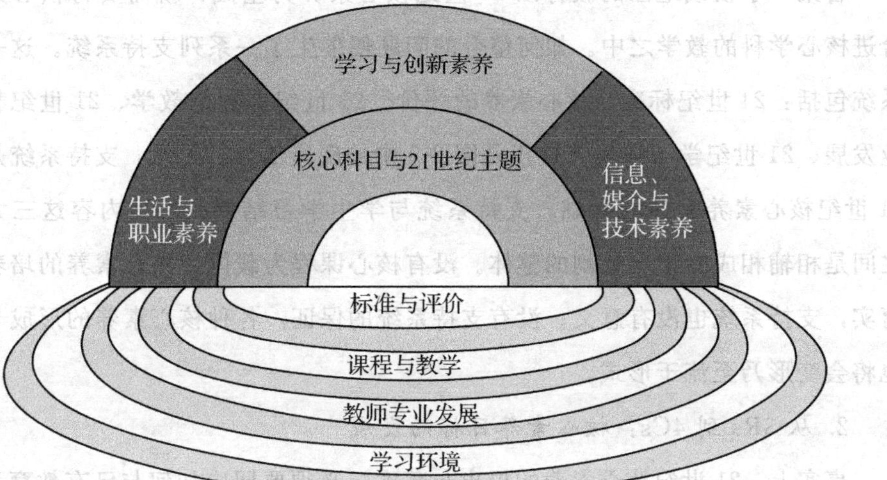

图 2-9　美国 21 世纪学习体系（学习结果与支持系统）

如图 2-9 所示，21 世纪学习体系主要包含三部分。图中彩虹部分的外环呈现的是学生学习结果的内容，即核心素养的指标成分，主要包括“学习与创新素养”“信息、媒介与技术素养”“生活与职业素养”三个方面（具体指标内容及内涵见表 2-12）。这三个方面主要描述的是学生在未来工作和生活中所必须掌握的技能、知识和专业智能。我们将其称为“核心素养”，它是内容知识、具体技能、专业智能与素养的融合。

然而，每一项 21 世纪核心素养的落实都需要依赖于核心学科知识的发展和学生理解，因为批判地思考与有效地交流都必须建构在核心学科知识的基础之上。因此，也就有了上面框架的第二部分，即彩虹的内环部分。它阐释的是培养核心素养的内容，包括“核心科目与 21 世纪主题”。核心科目主要包括英语、阅读与语言，外语，艺术，数学，经济，科学，地理，历史，政府与公民等。同时，在保留传统核心课程的基础上，还增加了5个21世纪主题，其目的在于帮助学生进一步学会应对现实生活的具体问题。但是其教学活动不以独立学科存在，而是需要融入核心科目中。21世纪主题是跨学科的，其内容包括全球意识、理财素养、公民素养、健康素养、环保素养。

若某一学校或地区的教育以21世纪核心素养为基础，就需要将核心素养整合进核心学科的教学之中。如何整合的问题便催生了一系列支持系统。这一支持系统包括：21世纪标准与核心素养的评价、21世纪课程与教学、21世纪教师专业发展、21世纪学习环境。这正是图2-9中的底座部分。显然，支持系统是保证21世纪核心素养实施的基础。支持系统与学生学习结果、学习内容这三大系统之间是相辅相成的不可分割的整体。没有核心课程为载体，核心素养的培养难以落实，支持系统也没有意义；没有支持系统的保证，各种核心素养的形成与落实也将会变形乃至流于形式。

2. 从3Rs到4Cs：核心素养目标的发展

事实上，21世纪核心素养的提出与落实，必须要回应如何与已有教育系统相衔接的问题。因此，针对已有的3Rs教育目标，21世纪核心素养联盟专门提出和发展了“超越3Rs”的项目。

首先，这一项目在全国范围内开展了民意调查。调查结果显示，99%的受调查者认为发展学生的21世纪核心素养是非常重要的；66%的受调查者认为，学生应该学习比传统的三大基本素养更多的素养，因此学校需要将更多的核心素养整合进核心学科的教学内容之中。当然，受调查者始终都认为，传统的读、写、算三大基本素养依然是很重要的，尤其是阅读素养。

紧接着，该项目在综合各方调查的基础上，提出了“4Cs”的新教育目标体系，以超越传统的读、写、算这一基本素养目标。2011年，21世纪核心素养联盟与FableVision联合发布了动画片，借助媒体来更为广泛地宣传和推动核心素养的实施，其宣传海报如图2-10所示。

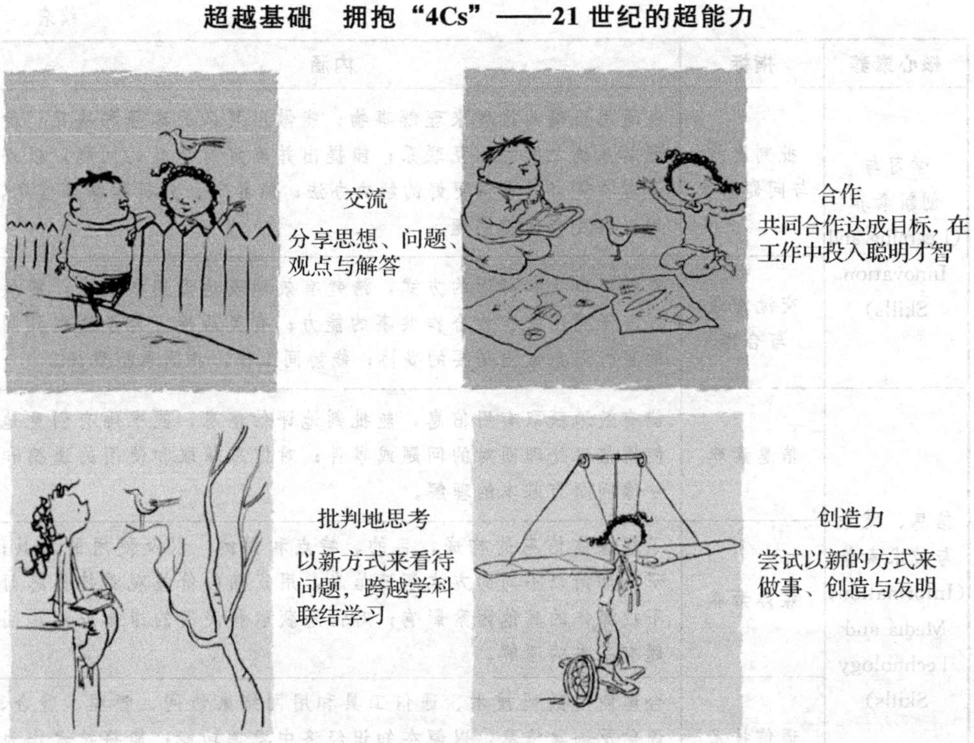

超越基础　拥抱“4Cs”——21 世纪的超能力
交流
分享思想、问题、观点与解答
合作
共同合作达成目标，在工作中投入聪明才智
批判地思考
以新方式来看待问题，跨越学科联结学习
创造力
尝试以新的方式来做事、创造与发明

图 2-10　四大核心素养的宣传海报

总而言之，美国 21 世纪的四大核心素养并非完全与传统的读、写、算三个基本素养脱节，而是基于传统的基本素养之上，并努力实现超越，以帮助学生适应时代发展的需求。

3. 21 世纪核心素养具体指标及其内涵

在 21 世纪学习框架体系中，构成学生学习目标的主要内容有三个方面：学习与创新素养，信息、媒介与技术素养，生活与职业素养，如表 2-12 所示。

表 2-12　美国 21 世纪核心素养的指标体系

核心素养	指标	内涵
学习与创新素养 (Learning and Innovation Skills)	创造力与创新	在工作中展现创造和发明才能；能提出和实施新的想法，并把新想法传播给他人；对新的、不同的观点持开放的态度并积极回应；能实施有创意的设想，为发生革新的领域做出具体的、有益的贡献。

续表

核心素养	指标	内涵
学习与创新素养 (Learning and Innovation Skills)	批判思维与问题解决	能运用正确的推理来理解事物；能做出复杂的选择和决定；能理解系统之间的相互联系；能提出并确定有意义的问题，以澄清各种观点，求得更好的解决办法；能界定、分析和综合信息，用以解决与回答问题。
	交流沟通与合作	能够用口头和书面的方式，清楚有效地表达设想和观点；能展现与不同团队有效合作共事的能力；有灵活性，为了达到共同的目标愿意做出必要的妥协；能协同工作，共同承担责任。
信息、媒介与技术素养 (Information, Media and Technology Skills)	信息素养	能有效地获取有用信息，能批判地评估信息，能准确有创意地使用信息处理面对的问题或事件；对信息获取和使用的道德和法律问题有基本的理解。
	媒体素养	了解媒体信息的构成、目的、特点和惯例，以及使用的工具；研究如何以不同的方式解读信息，用正确的价值观看待信息而不被媒体的其他因素影响；对信息获取和使用的道德或法律问题有基本的理解。
	通信技术素养	合理使用数码技术、通信工具和用网络来访问、管理、整合、评估及创建信息，以便在知识经济中发挥功能；能将技术作为一种工具用于研究、组织、评估和沟通信息，并对围绕信息获取和使用的道德或法律问题有基本的理解。
生活与职业素养 (Life and Career Skills)	灵活性与适应性	能适应不同的角色和职责；能在复杂和多变的环境中有效地工作。
	主动性与自我导向	能监控自己的理解和学习需求；不满足于对基本技能和课程的掌握，探索和扩大自己的学习机会以获得专业知识；展现想要提高技能以达到专业水平的主动性；在没有直接监督的情况下，能（独立自主地）界定任务、确定其优先顺序，并完成任务；能有效利用时间，合理安排学习；展现对终身学习的信奉。
	社会与跨文化素养	能与其他人和谐高效地工作；能适时地利用集体的智慧；能接受文化差异、使用不同的视角，提高创新性和工作质量。
	创作与责任	能设定并努力达到高标准、高目标，按时完成高质量的工作；展现勤奋和积极的工作态度（如准时和信誉）。
	领导与负责	通过人际交往和解决问题，影响和引导他人朝着目标努力；利用他人所长，实现共同的目标；表现出诚信和道德的行为；行动富有责任心，铭记社会的总体利益。

必须指出，这些关键素养的实现必须依赖于核心学科与21世纪主题等具体内容的学习。因此，21世纪核心素养联盟对核心学科及21世纪主题也进行了具体的界定和说明，如表2-13所示。

表2-13　21世纪核心素养学习内容体系

学习科目	具体内容	
核心学科	英语、阅读与语言；外语；艺术；数学；经济；科学；地理；历史；政府与公民。	
21世纪主题	全球意识	1. 运用21世纪核心素养理解和重视全球化问题； 2. 以互相尊重、开放对话的态度，在个人生活、工作或社会中，能与代表不同文化、宗教和生活习惯的人合作并向其学习； 3. 理解异国文化，包括学会应用外语。
	理财素养	1. 懂得如何做个人的理财选择； 2. 理解经济在社会中的地位； 3. 运用创业素养来提高职场的生产力，以及增强职业选择。
	公民素养	1. 通过了解和理解政府的工作流程来有效参与公民的生活； 2. 行使地区、州、国家和国际等层面上的权利和义务； 3. 理解公民决策在本土与国际上的应用。
	健康素养	1. 获得、解释和理解基本的健康信息和服务，并懂得运用这些信息和服务来增进个人健康； 2. 懂得身体和心理的保健措施，包括合理节食、营养、锻炼、躲避危险和释放压力； 3. 运用可用信息做出恰当的确保健康的决策； 4. 建立并监控个人与家人的健康目标； 5. 理解国家与国际上公共卫生与安全的问题。
	环保素养	1. 了解和理解有关环境及其影响因素的知识，尤其是与空气、气候、土壤、食品、能源、水和生态系统等有关的条件； 2. 了解和理解社会对自然世界的影响（如人口增长、人类发展、资源消费率，等等）； 3. 调查和分析环保问题，并提出有效的解决方案； 4. 为了应对环境危机而采取个人和集体层面的行动（如参与全球化行动，设计鼓励环保行动的方案，等等）。

（三）美国 21 世纪核心素养研究的启示

1. 整合政界、教育界、商界等各界的力量，成立专门的核心素养研究组织

如前所述，美国 21 世纪核心素养研究项目得以顺利推动，一方面依赖于美国教育部及两党国会的政策与财政支持，更重要的是有大型公司和企业的参与和支持，当然还有专门的研究团队与组织的成立。这一成功经验值得我国借鉴，由政府倡议和领导，组织和建立强大的专门研究团队和机构，适当吸纳有志于发展教育事业的企业公司加盟，从而为核心素养项目的顺利开展提供强有力的支撑。

2. 从教育者、企业、普通民众等多群体的调查中遴选核心素养

结合职业技术教育、企业、民众的调查结果，21 世纪核心素养联盟最终确定了 4 项核心素养：交流、合作、批判地思考、创造力。在此基础上，结合信息时代的特征，提出了信息、媒介与通信技术素养，以及适应时代的生活与职业素养。当然，考虑到与知识学习的关系，联盟又提出了核心学科与 21 世纪主题作为主要的学习内容。在确定各项核心素养的过程中，联盟主要采用调查的方式来展开。这一方法的优点是调查对象数量多，数据回收、整理和分析易操作，值得借鉴。

3. 核心素养研究在推进落实中不断深化

联盟提出的 21 世纪核心素养并非是等到十分完善后才进行推进的，而是一边推进一边深化。毕竟 21 世纪核心素养是较为抽象和概括的，它的落实必须要与具体的学科与主题学习结合起来。因此，这一研究思路也值得我们借鉴和参考，在素养基本指标体系确定后应该和具体的学科、学习议题等结合起来进行深化。

4. 以核心素养为旨趣的学习内容拓展

除了三大方面的核心素养外，为了帮助学生更好地适应 21 世纪的生活，21 世纪核心素养联盟专门提出了五大世纪议题：全球意识、公民素养、理财素养、健康素养、环保素养。这些议题实质上也是 21 世纪学生必须培养和发展的基本素养。如何落实这些基本素养，一方面，学校教育中有独立而专门的主题学习活动；另一方面，它也渗透进核心学科的内容学习中得以实现。这一点也值得我们借鉴，在建构核心素养的指标体系过程中，我们有必要考虑这些指标体系可以通

过哪些学习内容来得以落实。

5. 注重在继承传统的基础上创新

随着核心素养项目的推进，21世纪核心素养联盟更加注重21世纪核心素养与传统基本素养之间的关系，坚持在继承传统的基础上进行创新和超越。因此，在推进21世纪核心素养的过程中，始终都坚持以“融合3Rs与4Cs”作为工作的主题。这一点也是值得我们借鉴的，适应和满足时代需要的核心素养研究绝不可能是无根基的，必须建立在已有的教育改革成果基础之上。

二、法国的核心素养研究

21世纪的社会是知识的社会，经济全球化、政治民主化、社会信息化等趋势给新世纪的法国教育提出了种种挑战。置身于教育系统的内部，种种问题与矛盾成为推动法国教育改革的内部动因。高科技产业的发展、社会的变革等对劳动者提出了更高的要求，需要具备各种基础知识、核心能力和正确态度的现代化人才。这正是推动法国核心素养研究及相应的教育改革的根本动因。

（一）法国核心素养研究的兴起

1. 问题与挑战

近年来，一些全国性或国际性评估研究结果显示，法国的中小学生没有很好地掌握相应的知识和能力，尤其是公立学校学生的学业不容乐观。1998年6月，法国国民教育部的一份报告证实：根据各年情况，刚刚进入小学三年级的学生中有21%～42%不能掌握阅读或运算，或两方面均处于能力的最低水平。小学阶段的学业失败给以后的中等教育带来了严重的困难。一些研究证明，5年按时完成学业的小学生在未来的中学阶段会有比留级生高五倍的机遇获得成功。与此同时，法国无资格与无文凭的青年数量也有所增长。所谓无资格的青年，是指未能进入职业高中的第二年级或毕业年级之前便离开学校的学生，他们未能达到最低的职业资格，即获得职业高中毕业文凭。这一类青年占同龄人口的比例略高于7%。所谓无文凭的青年，是指未能完成高中学业而中途辍学者，即在离开普通高中或技术高中时无高中毕业会考文凭，以及那些虽然进入职业高中的第二年级，但未能获得职业高中毕业文凭者。这一类青年的数量在近10年间一直徘徊在15万至16万人之间。2002年，法国共有无资格与无文凭的青年15.8万人，这意味着他们中间将有大量的人进入失业队伍。据2000年统计表明，近45%的25岁以下的无文凭青年为失业者，大大高于获得文凭的青年的比例。简言之，评估结果表明，法国的中小学生及完成基本学业后的青年并没有很好地获得使其成功生活与工作的关键知识、能力与态度，即核心素养。

另外，时代的变革也催生了21世纪的人才观。能适应未来变化的公民，不仅需要培养读、写、算等传统的核心素养，更重要的是能够发展起与人共处、进行国际化沟通与交流、掌握信息通信技术等新型的核心素养。这一转变也为21世纪的法国教育提出了新的挑战。

2. 继承与发展

自20世纪90年代以来，法国继续坚持对中小学课程进行改革。法国国家教学大纲委员会（CNP）经过调查研究，发现中小学课程存在大量问题。主要表现在：教育质量水平降低，学业失败严重，教学大纲结构混乱、缺乏指导性等。法国国家教学大纲委员会认为，在义务教育阶段，学校应保证所有的学生掌握共同的文化，使他们成为法兰西共和国的合格公民，因而提出了此次课程改革的新理念——共同基石，即面对所有学生，在尊重各学科本身逻辑的同时，认识到学生作为人在学习，而学科的多重性应该在学生身上得到统一。

1990年，法国教育部公布了“小学新政策”，阐述了小学学科教学、教学组织和课程改革的具体措施。小学新课程的总目标是：为培养未来能适应21世纪生活的成人，教授现代化知识与技能、社会与职业所需的基本常识和工作方法；培养儿童继续接受更多教育的意愿和探索精神，奠定从事高深研究的基础。1993年，法国教育部发表了《普及初中》（Collège pour Tous）的白皮书，围绕初中阶段的任务、学生、环境、学校、学习节奏、教师、课程和教学法、班级、方向指导9个主题，提出了40条建议，并广泛征求师生、家长及社会各界的意见。1994年6月，法国教育部提出了“学校合同”计划。这一计划旨在建设一个为了所有人的初中的新学校观，并以此为契机改革初中教育。

1995 年 7 月，法国通过《教学大纲法》，主张中小学教学依据教育部长贝鲁提出的“关于学校 155 条建议”的精神，简化内容，突出重点，让每一个接受完义务教育的青少年具备必不可少的基础知识和能力，主要包括法语、四则运算和比例、分析简单系统和组织信息、伦理价值的实际启蒙、体育、扩展视野和适应环境的能力、批判精神和解决问题的能力、交际能力、认识当今世界和社会的能力、表达自己的判断和完成任务的能力等。

基于已有的基础教育改革成效与经验，在经合组织的推动下，法国又启动了新一轮基于学生核心素养的教育改革。当然，这一改革是建立在核心素养的遴选、界定和评价等一系列研究基础之上的。

（二）法国核心素养的基本框架与内容

《为了所有学生的成功》法案中规定学校的首要任务是育人、教书，让学生融入社会和促进其发展。为此，第一，必须让学生掌握那些奠定人一生必不可少的共同基础——知识、能力和行为规范。所谓必不可少的共同基础，传递着一个民族希望其后代掌握的重要信息，是指学生 16 岁完成义务教育时应该获得的东西。它不一定是小学初中所教的全部，但却是 21 世纪成功人生不可缺少的。

“学校未来全国讨论委员会”为讨论“共同基础”（即核心素养）这一概念时确定了五条原则：第一，学校不是学生获得知识的唯一场所，人们只能要求学校做好它能做的事情；第二，人的一生中紧随初次教育的是终身教育，“共同基础”不能认为是终身受用的，而应是对今后不断学习有用的东西；第三，“共同基础”应确保学生能适应今天和今后几十年，并能坚定地面向未来；第四，为培养 21 世纪的自主的人、共和国公民和有能力的职业人士，知识、能力和行为规范教育，是重中之重；第五，已确定的重点和做出的选择，应符合现实，并能操作。

正是基于这一认识，《共同基础法令》立足于学生的立场，规定了学生在接受完学校教育后所获得的基本知识与技能，这赋予了学校文化以意义，并成为沟通连接起各个科目与课题之间不可或缺的桥梁。

在法令中，核心素养被规定为当今时代关键知识的组合，是将知识运用于不同情境中的能力的组合，而且还是一生中不可缺少的态度的组合，例如，以开放的心态面对他人，有追寻真相的渴望，自重与尊重他人，有好奇心与创造力。简言之，《共同基础法令》中的核心素养是个体知识、能力与态度的综合，掌握核心素养就意味着学生有能力将所学知识运用到学校与社会生活中复杂的任务与情境，意味着学生拥有必不可少的工具，可以不断充实自我从而适应社会的变化；意味着学生能够理解人类的巨大挑战、文化的多样性及人权的普适性、发展的必要性与保护地球的迫切需要。在《教育指导法》所提出的五种基本能力基础上，《共同基础法令》提出了七大核心素养，各大核心素养的内涵描述如下（见表2-14）。

表2-14　法国的核心素养指标体系

核心素养	内涵	具体描述
法语素养	知识	掌握词汇、语法、拼写知识并适当背诵文学作品。
	能力	掌握阅读、写作、口头表达和使用工具书的能力。
	态度	培养学生在书面和口头表达中力求准确、词汇丰富、表达流畅的态度，培养其对阅读的兴趣和参与交流、辩论的意愿。
数学和科学文化素养	知识	掌握数字、运算、数据管理、几何和测量基础知识。 了解宇宙的构成（微观世界的原子、分子、生物细胞，宏观世界的行星、恒星、星系）；认识地球、物质的各种存在形态、生物的特点（细胞结构、生殖方式、生物机体的发展与运转、遗传与物种）；宇宙、物质和生物的相互依存相互作用关系；各种能量的存在和转化方式；人类对物质与能量的逐渐了解与控制；对人的认识（人种、基因、生殖、人体的构成和功能、人对生态系统的影响）；熟悉日常生活中的技术。
	能力	建立数学模型；逻辑推理、演绎、演算；使用适当的数学语言进行书面和口头交流；计算（简单数字的心算、笔算或使用计算器进行四则运算和乘方、开方的运算）；使用工具作图；制作表格；使用数学工具；在日常生活中利用数学知识分析解决问题；使用地图坐标等在空间中定位。 能够运用科学方法（观察、提问、假设、证明、推断）；能够动手操作和进行实验；能够对自然现象进行模拟；懂得某种现象是由多种已知和未知的因素引发的；表现和开发测量或研究的结果；运用学过的知识理解身体功能、饮食和体育锻炼对身体的影响，避免潜在的危险。
	态度	使学生保持好奇心，拥有开放和批判性思维，增强对科技进步的兴趣和道德意识，以及对自然环境、生命和健康的责任感。

续表

核心素养	内涵	具体描述
人文文化素养	知识	地理坐标（自然地理与人文地理知识、欧盟地理特点、法国国土特点）；历史坐标（人类历史的不同阶段，欧洲历史发展，法国历史中的重大时代、重要事件和重要任务，以及与世界史和欧洲史的关系）；欧洲文化（古典时期重要的文学历史作品如《伊利亚特》《奥德赛》等，古代、现代与当代具有代表性的文学、美术、戏剧、音乐、建筑作品）；世界的复杂性（人权、文化与宗教的多样性、生产与交换的基本原则、世界化、世界的不平等和相互共存、可持续发展、政治文化因素、政治经济与社会的主要组织方式、国家的地位与角色、全球范围的冲突与防御）。
	能力	能够阅读和使用不同的语言和图像；能够确定某一事件、文学或艺术作品、科技发现产生的时间；能够使用地图确定某一空间；能够区分文化消费产品和艺术品；对现实敏感，能通过所掌握的知识理解现实事物的意义。
	态度	使学生愿意享受文化生活，同时培养他们对艺术品、法国和外国文化遗产、人类历史、文明和现实始终好奇和热爱的态度。
外语素养	知识	掌握足够的词汇、基本的语法规则、发音规则和拼写或书写。
	能力	能够进行日常交流，能听懂并能够口头表达简单的信息，理解简短文章的意思。
	态度	通过外语的学习促进对文化差异及多样性的敏感度，愿意与外国人交流，使思维更加开放，能够理解他人的思想和行为方式。
信息通信技术素养	知识	对信息通信领域基本知识的学习，包括硬件组织构成、日常应用软件、信息处理和交流、文档文件整理、多媒体课件的使用。
	能力	很快适应数字化工作环境；创造、处理和开发数据；查找信息和文献；沟通与交流。
	态度	培养对信息加强识别、批判和思考的审慎态度，在应用互动式信息工具时培养自己的责任感。
社会交往与公民素养	知识	了解集体生活规则和人类社会行为准则，知道什么行为是被允许的，什么行为是被禁止的；理解职业、公共和私人空间之间的区别；接受基本的性教育、健康教育和安全教育，学习基本的自救知识。 学习法国和欧洲的历史，了解国家的象征（国旗、国徽、国歌），民主生活的基本规则（法律、选举、投票、拥护和反对权），共和国的基本价值观念，基本的法律概念，重要的国际组织，欧盟的组织机构和特点，以及法国社会、政治的基本特点（宪法原则、世俗原则、法国人口经济的基本数据、公共财政的框架、社会服务的运转）。

续表

核心素养	内涵	具体描述
社会交往与公民素养	能力	遵守规则，特别是学校内部的规则；能够在团队中进行沟通交流和合作，知道如何倾听、阐述、谈判、取得共识、完成任务；能够衡量自己行为的后果，表达和控制自己的情绪，以建设性的方式表现自我；能够在危险的情况下自救。 具有判断力和批判精神，即能够分辨讲话或报道的主观性和片面性；能够分辨论证的合理性和武断性；学会对信息进行辨识、整理、分类和批评；懂得虚拟与现实之间的差别；认识大众媒体在社会生活中的地位与影响；能够提出、质疑和修改自己的观点。
	态度	懂得社会生活是建立在一系列原则的基础上，即尊重自己、尊重他人、尊重异性、尊重私人生活的原则，和平解决一切争端的原则；他们还要懂得任何人都不能脱离他人而独立存在，每个人都应该对集体有所贡献，具有对他人的责任感和帮助他人的团结意识。 有权利和义务意识，对公共生活和社会重大问题感兴趣，意识到公民选举和民主决策的重要性，愿意参加公民活动。
独立自主和主动进取精神	知识	了解科学的学习过程，知道自己的优势与劣势；学习有关社会经济环境和各种职业、行业的基本知识。
	能力	能够运用科学的工作方法（合理安排时间、制订工作计划、记笔记、使用工具书、记忆、起草文件、口头陈述与汇报）；懂得遵守指令；能够严密思考，逻辑推理（辨识问题，提出解决方法，搜寻有用信息并加以分析、分类、组织、综合，对不同学科的知识加以灵活运用，辨识、解释和修改错误，尝试多种解决问题的方式）；懂得自我评估、自我培养；坚持不懈。 能够在艺术、体育、文化或社会经济领域中设想、实施和实现个人或集体的计划，有能力界定计划实施步骤、寻找沟通与合作伙伴、吸取他人建议、交流信息、组织会议、做出决策、确定重点、承担风险。
	态度	自信，渴望成功，愿意承担责任并开发自己的潜力；有在学习和工作中投入自我和寻求机会学习提高的意识；在价值观和各种选择中愿意接受他人的有益影响；用开放性思维面对不同职业，意识到从事各种职业的人都有平等的尊严。 培养在私人和公共生活以至未来工作中的独立、好奇、勇于开创、主动出击和坚决果断的态度。

如表 2-14 所示，《共同基础法令》提出了七种核心素养，其中五种核心素养与现有教学大纲中的目标是一致的：掌握法语、掌握一门外语、基本的数学能力和科学技术素养、掌握常用的信息技术和沟通技术、人文素养。另外两种尚未引起学校制度足够的关注：社会交往与公民素养，学生的自主性与主动性。

如《共同基础法令》中所声明，核心素养涉及一整套价值观、知识、语言与实践，发展核心素养是建立在对学校的整体动员之上，并且需要学生的努力与坚持。这一法令已经成为法国所有教育相关利益者及所有教师们开展工作的共同参照，也成为评估学生的重要标准。

（三）法国核心素养研究的启示

1. 政府的高度重视与支持

2003年，由拉法兰直接倡导并授意组织成立了“学校未来的全国讨论委员会”。这一委员会有两项基本使命：其一，组织全国性的讨论，收集所有关于学校问题的思考和建议；其二，为未来 15 年法国教育系统可能或期望的变革进行原则性描述，使政府能够清晰地选择决策并准备一项新的指导法。随后，由委员会通过直接面对面的座谈会或者网络意见征询等方式，在全国范围内进行讨论和咨询，于 2004 年 10 月完成总结报告，并上交给教育部，再到国民议会与参议院进行讨论，最终以《教育指导法》的形式进行颁布和推行。整个研究阶段仅历时一年多，速度快、效率高。

2. 基于草案的大范围意见征询

与联合国的核心素养研究过程很相似，法国主要采用全国范围的讨论与意见征询来展开研究。除了前面所论述的全国性大讨论外，委员会还直接与 76 个团体组织举行了座谈会，访问了 200 余名专家学者，对法国教育系统进行了深入思考，于 2004 年 10 月 12 日向教育部提交了题为《为了全体学生的成功》总结报告。这样的研究方法对于开展面向全国人民的大型研究项目来说，是比较合适的。因为公众在参与大讨论和意见征询的过程中，既体现了教育改革的民主性，更是一种提高国民对该项目参与度的一种途径，值得借鉴。

3. 与义务教育进行融合

2006 年颁发的《共同基础法令》作为核心素养最关键的文件，其中不仅明确规定了法国教育必须培养学生的七大核心素养，更重要的是它将这七大核心素养与义务教育已有的课程内容、教学方式进行了整合。在此基础上，开发和提供了新的评估工具——个人核心素养评估手册。这些举措都为进一步深化和落实核心素养起到了重要的推动作用。

三、英国核心素养的研究

英国是一个传统的资本主义工业国，也是一个有悠久教育传统的国家。英国是一个教育自成体系的国家，它的教育体系经过几百年的沿革，相当的完善和复杂，且具有非常大的灵活性。2012 年英国教育出版公司皮尔森集团公布了最新的全球教育系统排名，英国的教育系统排名第六。同年，高等教育调查机构 QS 公布 2012—2013 年全球大学排行榜，在前六名中有四所是来自英国的大学。

作为一个有着独立教育体系的国家，英国非常早地启动了核心素养调查研究工作，并将研究成果广泛应用于教育的各个领域，如课程改革、学制的修改和职业教育的发展等。可以说英国的核心素养相对于其他国家和地区有较强的前瞻性和成熟性。

（一）英国核心素养兴起的背景

1. 社会经济的发展推进

在第二次世界大战之后的国际新秩序中，英国与欧洲其他资本主义国家一样面临着国家建设、恢复经济和生产发展等重大社会问题。进入 20 世纪 70 年代后，英国发生了严重的经济危机，出现了严重的通货膨胀问题，失业数量骤增，国内经济社会形势日益严峻，英国的经济增长速度和人均 GDP 都已经降到了西方国家的最低水平。英国经济落后于美、德、法等欧美发达国家，这几个国家工人每小时的产出量比英国高出四分之一到三分之一，英国的国民经济生产率明显低于几个主要的竞争对手。政府收支入不敷出的情况使人们日益对政府工作效率产生怀疑，导致英国政府的公共权威削弱，报纸充斥着英国处处运转不良的轰动性消息。

进入 21 世纪以来，英国政府在上述问题中虽然有所作为，但是仍旧面临严峻的问题。金融危机的余波还未平息，次贷危机又给刚刚复苏的全球经济以沉重的打击。大范围的失业潮席卷整个西方资本主义国家，各国政府纷纷重拳出击来重新振兴国家。随着全球化脚步的加快和经济社会的发展，以及经济状况逐渐好转，英国社会对日渐增长的求职者提出了更高的要求，越来越多的企业和雇主们呼吁全面发展且具备多种技能的高素质人才。所有的这些问题最终落脚到英国现行的教育制度不能很好地适应目前英国经济社会的发展。

2. 以能力为本教育的深化和推进

面对严峻的社会问题，20 世纪 80 年代中期，英国政府、教育界及其他各界人士就如何改革教育体制，教育如何适应市场经济、为经济建设服务等问题展开了激烈争论。在基础教育方面，1981 年，教育和科学部发表了《学校课程》文件，比较全面地阐述了政府有关学校课程的政策。1988 年，该议案被批准为具有法律效力的教育立法，即《1988 年教育改革法》。本次“教育改革法”的颁布被视为英国教育改革的里程碑，它在很大程度上改变了英国政府的办学思想及管理模式。1999 年，英国政府针对“教育改革法”实施过程中的弊端，提出了新的国家课程，推行学生在能力上的不同阶段发展，使英国教育体制发生了一场深刻的变化。

作为英国教育的另外一块重要组成——职业教育，英国政府也不遗余力地针对现存社会问题不断推进和深化核心能力在职业教育的发展。最早可以追溯到 1979 年的《选择的基础》，在以后的 20 多年中，无论操作部门还是所规定的关键能力内容都发生多次变化。从最初强调交流、数字运用、自我提高和管理，到 20 世纪末强调信息技术的运用、学习和业绩提高及合作能力等。1999 年，英国资格与课程署参照这种分层模式，再一次对核心技能进行了调整，这就形成了目前英国职业教育所规定的核心技能结构。

（二）英国核心素养的内容与指标体系

1. 核心素养内容的发展

在英国，核心素养内容的发展具有深厚的历史基础。1989 年 11 月，英国产业联盟（Confederation of British Industry）发表了《通向技能革命》文件，具体的内容如图 2-11 所示。

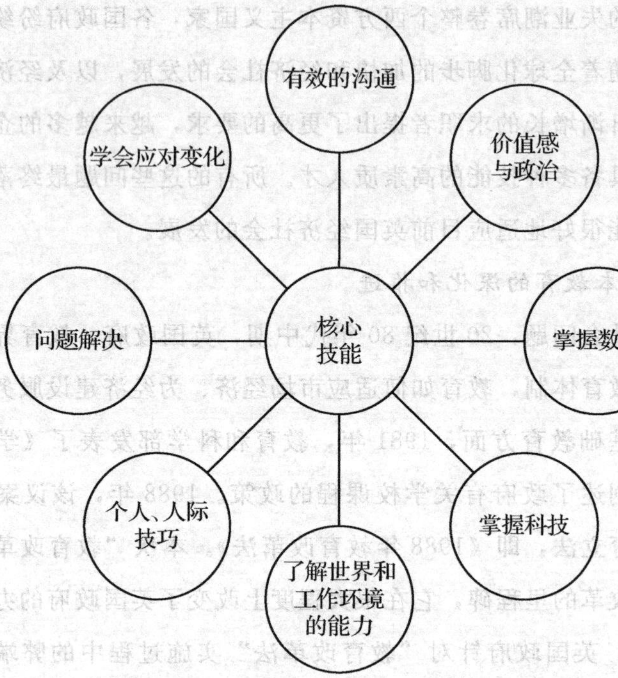

图 2-11　《通向技能革命》的核心技能内容

1996 年的迪林报告（Dearing Report）对关键能力的演变产生了很大的影响。它将社会政治哲学、经济需求与课程改革联系在一起，既强调社会经济需要，也强调个人要求，具体内容见图 2-12。

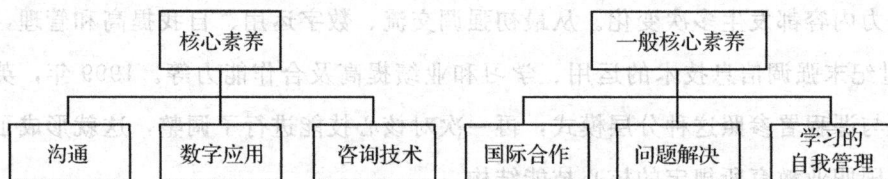

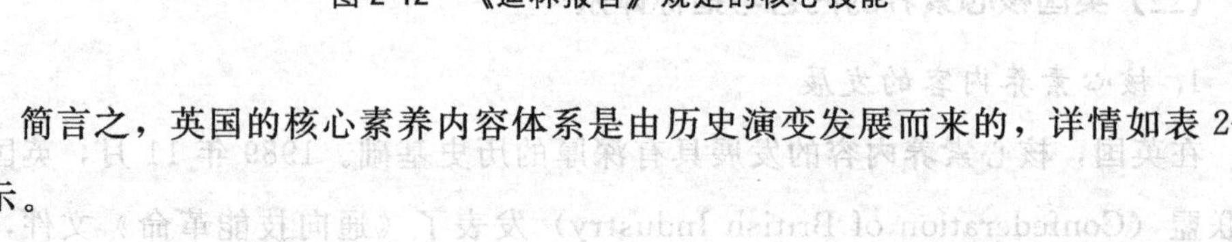

图 2-12　《迪林报告》规定的核心技能

简言之，英国的核心素养内容体系是由历史演变发展而来的，详情如表 2-15 所示。

表 2-15　英国核心素养能力内容变化概况

年份	执行部门	关键能力
1979	继续教育部	读写能力；数理能力；图表能力；问题解决；学习技巧；政治和经济读写能力；模仿技巧和自给自足；动手技巧；私人和道德规范；自然和技术环境
1989	英国工业联盟	交流能力；数理应用；信息应用；问题解决；价值与正直；理解工作；个人技巧；处理变化
1989	教育与科学部	交流能力；数学应用：熟悉技术；熟悉系统；熟悉变化；个人技巧
1990	国家课程委员会	交流能力；数学应用；信息技术；问题解决；个人技巧；外语
1991	商业与技术教育委员会	交流；数理应用；信息技术应用；问题解决；与他人合作；自我提高和管理；设计与创造力
1992	国家职业资格委员会	交流能力（强制性）；数理能力（强制性）；信息技术（强制性）；问题解决（非强制性）；个人技巧（非强制性）；外语（非强制性）
1993	伦敦城市与行会协会	交流能力；数字应用；信息技术；问题解决；个人技巧（学习和业绩的自我提高）；个人技巧（与他人合作）
1996	学校课程与评价当局	交流能力；数字应用；信息技术；问题解决；自我学习管理
1999	资格与课程当局	交流能力；数字应用；信息技术；问题解决；学习和业绩的自我提高；与他人合作
2003	英国教育与技能部	交流；数字运用；信息技术；改善学习与成绩；解决问题；与他人合作

2003 年，英国发布的《21 世纪核心素养——实现潜力》，对高中生应该掌握的核心素养进行了详细的界定，具体包括六个方面：交流、数字运用、信息技术、改善学习与成绩、解决问题、与他人合作。每种素养也分为不同的级别水平，具体的内容见表 2-16（汪霞，2003）。

表 2-16　英国 21 世纪核心素养指标体系

交流	一级水平——运用交流技能处理简单的问题和书面材料	参与讨论	抓住主题，发表相关的见解，准确判断发言的时机和表达的方式。
		阅读并获取信息	从所读中获得启示，可借助查阅字典掌握所读内容，不管是文字材料还是图像资料，浏览后均能抓住要点。无法理解所读内容才能向他人请教。
		书写	运用不同的格式表述信息，发挥图表的作用，使之为读者加深对要点的理解提供帮助。筛选符合需要的信息。拟定、校对、修改文本，清楚、准确地表情达意。
	二级水平——运用交流技能处理简单的问题和主题广泛的材料	积极投入讨论	讨论时所用词汇、语句丰富多彩。根据不同情况及时调整自己的位置、作用。向别人表明自己认真倾听的态度，对所听给予适当的反馈。
		阅读和概括信息	一方面，利用各种资源获取相关信息，浏览资料了解内容概要。另一方面，把握作者的意图、内容的要点、理解的线索，并概括出服务于不同目的的信息。
		书写	用不同的文体表达书面信息。书写的内容结构严谨，易于读者跟上思路和理解。
	三级水平——运用交流技能处理复杂的问题和主题广泛的材料	在讨论中发挥作用	讨论中随自己的意图、场景的改变而改变参与讨论的方式和时机，反应敏锐。善于提出不同的看法或新的观点。学会抛砖引玉，鼓励人人为讨论做贡献。
		进行陈述	设计语言和格式，使之符合主题的性质、场合的特点和听众的兴趣。陈述时，重点突出、表达流畅、语言精练、体态得当。巧妙运用演说技巧，吸引和打动听众。
		分析和综合信息	借助于特定的参考资料资源，加深对复杂性推论及某些文本和图像的理解。比较各种陈述，梳理观点和可能存在的偏见。根据特定目的，分析、综合信息。
		拟定不同类型的文本	书写时根据意图恰当地选择表述信息的方式，根据场合的正式程度和主题的性质，选择不同的风格。协调一致地组织各种资料。
	四级水平——能运用交流技能满足工作和学习的需求	有策略地应对	策略方面包括建立在较长时间内运用交流技能的机会。辨别希望取得的结果，了解相关信息源。为达到一定的目的而研究信息。规划和设计自己的运用行为。

续表

交流	四级水平——能运用交流技能满足工作和学习的需求	检验、反思进步	评价从与别人讨论中和参考资料中获得的信息，区分可能存在的偏见和不准确的信息。在了解各种论点的基础上，对信息进行综合。以符合自己意图的方式就复杂的问题交流相关信息，在小组讨论中起领导的作用。加强监控和批判性反思。
		评价策略，展示成果	明确地提供相关的信息，用比较、举例、图表等形式提升自己发言的效果。用丰富的词汇和多种语法手段达到更好的效果，对策略的效果进行评估。
	五级水平——以已有的知性才能为基础，综合地应用各种技能，高质量地完成复杂的学习和工作	探索学习、工作要求	需要学生为自己的学习、工作奠定反思性的基础。明确区分要求的结果。选用各种不同的策略，根据不同的资源去探索问题。
		活动的管理	发挥领导作用，使自己和别人都能履行职责。有效地支配时间，维持参与者的积极性。分析、处理活动中出现的矛盾和阻力，维持有效的交往关系。
		评估行为和展示成果	能综合来自相关资源的信息，识别不同的观点，发展自己对信息的阐释能力。选择行之有效的方法组织信息。增加敏锐性，评价总的活动方式。
数字运用	一级水平——运用数字技能完成简单的任务	信息的解析	阅读并理解简单的统计表、曲线图、图表和直线图。阅读并理解以不同方式运用的数字。用常规单位进行测量，选择合适的计算方法。
		计算	用整数和简单的小数进行加减乘除，正确使用分数及百分数，算出长方形的面积、长方体的体积，用尺度标示图表，理解比率和比例，采取不同的方法检验结果。
		解释结果	学会使用恰当的方式提供信息，正确使用单位，表明计算结果与预期任务的差距。
	二级水平	信息解析	善于从各个方面获取相关信息，阅读并理解统计表、曲线图、图表和直线图，估算数量和比例，精确地读出各种测量工具的刻度，选择合适的计算方法。
		计算	明示所采用的计算方法，计算结果精确化。进行分数、小数、百分比之间的换算，进行不同度量单位之间的换算，理解并运用所给的公式，严格检查计算方法。

续表

数字运用	二级水平	解释结果	选择有效的方式提出自己的发现，善用图形、表格，突出自己发现中的要点，介绍所用的方法，解释计算结果如何达到了学习活动的要求。
	三级水平——在真实的、复杂的活动中运用数字	组织活动、分析信息	设计真实的和复杂的活动，将其分解为一系列的任务，从各个方面获取相关信息。进行长时间的准确、可靠的观察。运用不同的测量手段。选择合适的方法获取所需结果。
信息技术	一级水平——能运用信息技术达成不同的目的	发现、开发信息	从信息技术资源（如光盘）和非信息技术资源（如书面记录）获取不同类型的信息，判断哪些信息符合自己的目的，以文本、图像、数字等形式开发信息。
		呈现信息	设计、安排多种呈现信息的方式，包括文本的、图像的、数字的，信息的呈现须连贯、一致，保证呈现活动准确、清楚，保留信息以备日后之需。
	二级水平——能寻找、筛选信息，探索、开发信息，并从中衍生新的信息	寻找、筛选信息	识别合适的信息源，依据多种标准搜寻、分析信息，选择与目的、任务相关的信息。
		探索、开发信息	能记录、汇总各类信息，用不同的版本、格式开发信息，探索与完成学习活动相关的信息，开发文本、图像和数字形式的信息，导出新的信息。
		呈现信息	精心选择、科学安排，提供综合的信息，信息呈现须连贯、一致，采用适合自己目的和任务的呈现方式和不同的信息类型，信息呈现准确，周到地保存信息。
	三级水平——运用不同的资源搜集、筛选信息，探索、开发、交流信息，派生、呈现新信息	计划和筛选信息	设计真实和复杂的活动，将其分解为系列任务，比较来自不同方面信息的优点和局限性，选择最具相关性的信息，采用得当的技术搜寻信息，如数据库咨询技术、互联网搜索引擎、多元标准等，依据与学习活动的相关程度决定取舍、判断质量。
		开发信息	借助自动化的程序，连贯一致地综合各类信息，调整信息的结构和程序，开发文本、数字、图像等各种形式的信息，设计、改变咨询的思路，评价来源不同的信息，借助一定的设施、设备计算结果或推导结果，派生出新的信息。
		呈现信息	制订呈现信息的程序，广泛接纳别人的观点，进一步提高文本、数字、图像等各种形式信息的质量，提供的信息既需表明意图又能满足听众，确保呈现活动准确且富有意义。

续表

改善学习与成绩	一级水平——计划、评价学习和行为，努力改善自学与自做	明确目标	与自己认为合适的人一起制订目标，确保制订的目标是自己所期望的，清楚如何才能知道目标是否实现了，确定由谁来评价自己的进步，何时评价、怎样评价。
		执行计划	依据行动要点，及时完成任务，寻求别人的帮助，为实现目标助一臂之力，采取不同的学习方法参加实际的活动，根据指导者的建议做出改进或调整。
	二级水平——计划和评价学习，进一步改善行为，评价自己的进步	有帮助地制订目标	提供准确的信息，以便制订几周内能达到的实际的目标，举例说明自己以前所做的工作、取得的成绩，今后希望达到什么样的目标，明确需要的帮助。
		实施计划	利用行动要点帮助安排好时间，需要时及时调整计划，知道何时求助比较恰当，并借助这样的帮助实现目标，选用不同的学习方法，摆脱依附式的指导。
		评价进步和成绩	了解已经学习了什么、是如何学习的，提供成功与否的信息，认识已经达到的目标，用证据说明自己的成绩，提出进一步改善行为的方法。
	三级水平——认定目标，实施计划，寻求别人的反馈和帮助，并为自己的成绩提供确定的证明	认定目标	利用各种信息源识别实现自己期望的目标的途径，分析、概括影响计划实施的因素，认定的目标具有可测量性。预先估计可能出现的问题，明确其他的行动方案。
		实施计划	为达成目标，知道需要优先采取一些什么样的行动，克服一切困难，在规定的时间内完成任务，随情况的变化而调整实施计划。接纳并积极地运用来自有关方面的反馈和支持，用适合于不同学习类型的方法和适应新需求的方法。
		评价进步和成绩	介绍自己的学习和行动的质量，包括内容、方法等方面，概述影响学习结果的因素，认识已经实现的目标，从相关资源中获取信息，为自己的成绩提供证明。提出自己的观点，倾听别人的评价，对今后如何进一步改进自学与自做取得一致的看法。
解决问题	一级水平——在该级水平，每个问题的解决不需要很多的方法，学生可以得到明确的指导	确定问题，选择方法	与自己认为合适的人一起检查所给的问题是否清楚，知道在解决问题的过程中，若成功了如何给予说明，了解处理问题的不同办法。
		制订计划，尝试不同的方法	就自己的选择听取有经验者的意见，如有必要重新选择，制订行动计划，实施计划，在此过程中重视别人的建议，寻求他人的帮助。

续表

解决问题	二级水平——识别问题，提出解决方案，有计划地组织和尝试各种可能性并说明结果	明确问题和可选方案	辨别是否存在问题，描述其特征。了解如何知道问题已经得到解决，提出处理问题的不同方法，判断哪一种方法有可能成功。
		计划和尝试各种可能	就自己的选择，听取过来人或有这方面经验者的意见，如有必要，可重新选择，制订行动计划，组织和实施相关的任务，根据具体情况的变化，调整自己的计划。
		检查结果	理解采取的检查问题解决的方法，解释处理问题各步骤的策略，说明解决问题过程中，所采取的方法有何利弊，今后若碰到类似的问题有什么不同的解决方案。
	三级水平——探索问题，比较解决问题的不同方法并选择策略，制订计划并实施。运用认定的方法检查已经解决的问题，评价处理问题的措施		
与他人合作	一级水平——在合作的过程中，明确要做什么和由谁去做，与他人合作达到既定的目标	明确做什么、由谁做	检查自己对与人合作达成的目标是否心中有数，思考这些目标，提出自己能给予的帮助，如搜集信息、查询资料，确定对自己承担的职责明确无误。
		共同达到既定目标	获取完成简单任务所需要的各种条件：资料、工具、设备、支持，以不会伤害自己及他人的方式开展工作，遵循要求的工作方法，向合适的人求助。
	二级水平——理解合作的目标，成功地进行简单的一对一或在群体中的合作。了解并妥善安排计划	计划、明确安排	清楚共同合作的目标，明确达成目标所需完成的任务、条件、时间，交换信息，细化责任：提出自己能给予的帮助或发挥的作用，询问别人乐意做些什么，确定自己和别人都已明确各自的职责，使合作伙伴了解工作安排。
		共同合作达到一致的目标	组织好所需完成的任务，以便有效地履行自己的职责，包括获取需要的条件，如材料、工具、设备、别人的支持，按时完成工作。运用合适的工作方法帮助自己达到规定的质量，并能准确、安全地完成任务，支持合作式的工作方法。
		交换信息	及时提供相关的信息，表明合作过程中的成功与不成功之处，以及自己工作的质量，倾听别人所做的关于工作进展的报告，并给予必要的反馈，就如何进一步改善合作关系达成一致，推动既定目标的实现。

续表

与他人合作	三级水平——与他人合作达成一致的目标，成功地进行复杂的一对一或在群体中的合作	制订良好的计划	提出自己的建议，表明自己倾听了别人的见解，以便大家就合作中实际的目标取得一致，明确实现上述目标的条件、时间和活动，分享职责，包括个人以什么样的方式发挥作用才能取得成功，与合作伙伴协商制订最佳的工作安排。
		共同合作达到一致的目标	有效地、高质量地履行职责，建立和保持最佳的工作关系，相互协商，就如何克服困难取得一致的看法，就怎样按时完成工作，广泛地交换信息。合作过程中，为提高工作效率或工作积极性，经协商，及时调整工作安排。
		评价已有的工作	共同分析成功的合作经验及目标的达成度，找出影响合作成效的因素，协商制订今后的改进措施。

上述表格中对每一项核心技能都进行了极为详细的阐述，并且在每一项关键能力上都有极为具体的操作内容。因此，在关键能力的推行和实施上能够有明确的掌握标准，这也为以后的教育课程改革夯实了基础。

（三）英国核心素养研究的启示

1. 与时代和世界接轨

纵观英国关键能力的演变，无论哪个时期对关键能力的界定和推广，都紧密结合当时的时代背景、社会发展和全球变化。以时代发展为导向，使得核心素养极富有前沿性和预测性。针对社会变化对教育提出的要求，不断对核心素养的内容和要求进行调整和修订。

2. 沟通职业要求与教育目标

英国政府在推进关键能力时，紧扣本国的教育特点和教育课程。不同年龄阶段和不同教育层次的能力不同，成为核心素养研制和调整的重要参考指标。同时，核心素养也成为反映各种学校和社会能力的重要文本。职业教育的发展与学校的课程改革相融合，能使核心素养渗透到每次课程的改革创新中，同时又推动社会的发展。

3. 核心素养发展的灵活性和连贯性

英国政府研制核心素养的过程，充分考虑并结合了学生在不同年龄阶段的成长和发展。从人类发展的阶段性上看，每一年龄阶段针对个体的不同发展情况，提出不同的要求和标准，体现出共性与个性的辩证关系；从人类发展的连续性上看，全面考虑人一生的教育发展，尊重了个人成长的教育心理规律，大大增强了核心素养的科学性。

四、日本核心素养的研究

为应对人类社会面临的新挑战，日本从 20 世纪 90 年代后期就提出要培养孩子适应信息化、国际化社会的核心素养，即生存能力（生きる力）。以“生存能力”为教育目标，日本掀起了新一轮的教育改革。随着时代的发展与社会的变化，跨入 21 世纪后，又出现了更多的世纪问题，这也对 21 世纪的人才提出了更高的要求。如日本国内遭遇了地震、核事故、资源短缺等困境。因此，基于已有的教育改革成果，借鉴和汲取国外的经验，日本从 2009 年起又启动了新一轮的课程改革基础研究，以期为适应 21 世纪发展的教育改革奠定基础。

（一）日本 21 世纪型能力研究的背景

1. 日本教育改革的延续

教育并非经济与社会的附属物，它必然有自己独有的理念。但不可否认的是，教育理念的实施必然与社会的变化是紧密相连的。因此，随着社会的发展，日本在不同的时期启动了不同的教育改革，大致历程如表 2-17 所示（国立教育政策研究所，2013）。

表 2-17　日本现代教育改革中教育目标的变革历程

时间	改革目标	改革内容
20 世纪 80 年代	从“完成教育”变成“自我教育”	以培养学生的终身学习能力为目标。
2005 年	追求“人格的完整”与“人格的尊严”	培养以德、智、体全面发展，实现自我为目标的个人。
		尊重公共精神、参与社会与国家建设的具有主体性的公民。
		继承与发扬本国传统文化，培养在国际社会中生活的日本人。

续表

<table>
<tr><th>时间</th><th>改革目标</th><th colspan="2">改革内容</th></tr>
<tr><td rowspan="6">2006 年</td><td rowspan="3">培养“生存能力”</td><td>坚实的学力</td><td>切实掌握基础性的知识，以及自己主动发现问题，自己主动学习，进行自主性判断和开展行动，从而更好地解决问题的素质及能力。</td></tr>
<tr><td>丰富而充实的内心</td><td>自我约束，与他人合作，拥有体谅他人之心和感动之心，人性丰富。</td></tr>
<tr><td>强健的体魄</td><td>为坚强地生活所不可缺少的健康和体力。</td></tr>
<tr><td rowspan="3">提升学力</td><td colspan="2">掌握基础性的知识和技能。</td></tr>
<tr><td colspan="2">灵活运用所学知识和技能解决问题时所需的思维能力、判断能力、表现能力等。</td></tr>
<tr><td colspan="2">学习热情。</td></tr>
<tr><td>2007 年</td><td>培养“生存能力”</td><td colspan="2">集德、智、体于一体，即发展坚实的学力、丰富而充实的内心、强健的体魄。</td></tr>
<tr><td>2012 年</td><td>培养在社会上生存下去的能力</td><td colspan="2">以“自立”“协作”“创造”作为终身学习社会的基础。培养具有多样性的、自立的“个人”，通过“协作”的方式来创新和推动社会发展。</td></tr>
</table>

日本正处于一个急剧变化的时代、知识激增的时代，因而更需要培养能够适应社会变化、应对全球性挑战、人格完善、继承和发扬传统文化、创新文化的国家主人（主体）。因此，日本现代的教育改革始终都以培养学生“生存能力”为主要目标来展开。

2. 日本的国情

在自然资源逐渐枯竭、环境恶化、老龄化等国际性问题日渐突出的今天，日本也面对着诸多问题。地震、海啸、核事故，再加上东日本大地震的经历，让日本人的社会共同体意识得以觉醒，同时也使日本人认识到了“纽带”的重要性。地震当天日本的秩序，普通市民和非营利组织（NPO）的支援活动等都表现出日本人的协调性和宽容性。国立教育政策研究所就未来应该培养学生什么素质和能力这一问题对教师们进行访谈时，他们普遍都把“人际关系的力量”“与他人合作”放在首位。可以说，建立“协调合作的创新型社会”成为日本人的共识，这样的社会强调以合作的团队力量为基础，加强社会成员之间的情感联系，并能以灵活解决问题为目的的组织，不断创造出新成果。在这一背景下，从新的视点重新构建社会，以及进行基础教育改革，显得非常重要。这一切都催生了新的教育课程改革，它被期待成为建设 21 世纪崭新日本的“日本重生的蓝图”。

（二）日本 21 世纪型能力的基本框架

日本“教育课程编制基础研究”项目组首先调查和分析了各国际组织和国家教育改革中所提出的核心素养指标体系，经过比较分析后发现，这些核心素养大致可以分为三类：基础素养、认知素养和社会素养。日本内阁府、福利劳工部、经济产业部、文化教育部分别从各自的角度对人才的核心素养进行了研究，提出

表 2-18　日本的公民素养与大学生素养指标体系

<table>
<tr><th colspan="2">完整的人
（内阁府 H15）</th><th colspan="2">职业素养
（福利劳工部 H16）</th><th colspan="2">公民素养
（经济产业部 H18）</th><th colspan="2">大学生素养
（文化教育部 H20）</th></tr>
<tr><td rowspan="6">知识素养</td><td>基础学力</td><td rowspan="3">沟通能力</td><td>理解沟通</td><td rowspan="3">行动力</td><td>主体性</td><td>知识基础</td><td>理解各科的知识</td></tr>
<tr><td>专业知识与技术</td><td>协调性</td><td>号召力</td><td rowspan="5">一般技能</td><td>沟通技能</td></tr>
<tr><td>专业发展</td><td>自我表现</td><td>执行力</td><td>量化技能</td></tr>
<tr><td>逻辑思考力</td><td rowspan="3">职业意识</td><td>责任感</td><td rowspan="3">思考力</td><td>发现问题</td><td>信息</td></tr>
<tr><td>创造力</td><td>上进心</td><td>计划能力</td><td>逻辑思考力</td></tr>
<tr><td>交流表达能力</td><td>勤劳观</td><td>创造力</td><td>问题解决能力</td></tr>
<tr><td rowspan="3">社会与人际关系素养</td><td>同理心</td><td rowspan="2">基础学力</td><td>读、算</td><td rowspan="6">团队协作力</td><td>表达能力</td><td rowspan="4">态度倾向</td><td>自我管理、伦理观</td></tr>
<tr><td>规范意识</td><td>社会常识</td><td>会倾听</td><td>合作</td></tr>
<tr><td>尊重他人</td><td>职业规范</td><td>职业礼仪</td><td>灵活性</td><td>社会责任感</td></tr>
<tr><td rowspan="3">自我管理素养</td><td>积极性</td><td rowspan="3">获得资格</td><td>ICT 技术资格</td><td>理解力</td><td>生涯学习力</td></tr>
<tr><td>意志力</td><td>工商管理资格</td><td>规律性</td><td rowspan="2">综合学习经验与创造力</td><td rowspan="2">综合运用所学知识确立问题与解决问题</td></tr>
<tr><td>自我生存能力
追求成功的能力</td><td>语言资格</td><td>抗压力</td></tr>
</table>

了具体的人才遴选标准，如表 2-18 所示（国立教育政策研究所，2013）。

在此基础上，“教育课程编制基础研究”项目组还对相关的教育和学习理论进行了梳理，包括综合上述三个方面，项目组一致认为，必须超越以教授读、写、算为内容的基础性教育目标，设立更高层次的教育目标。基于社会变化的特征和各国的实际发展情况，以及日本的教育政策变化动向，项目组提出了日本人必须具备的“能在 21 世纪生存下去”的能力，即 21 世纪的生存能力。这种能力被命名为“21 世纪型能力”，具体结构如图 2-13 所示。

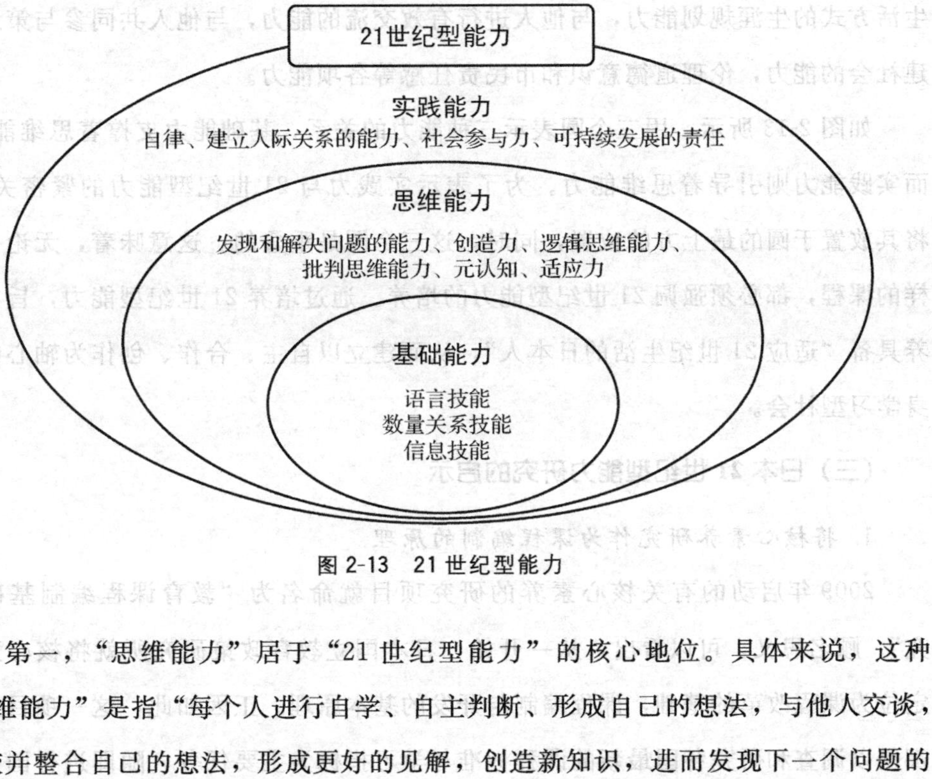

图 2-13　21 世纪型能力

第一，“思维能力”居于“21 世纪型能力”的核心地位。具体来说，这种“思维能力”是指“每个人进行自学、自主判断、形成自己的想法，与他人交谈，比较并整合自己的想法，形成更好的见解，创造新知识，进而发现下一个问题的能力”。思维能力是由发现和解决问题的能力、创造力、逻辑思维能力、批判思维能力、元认知、适应力等构成。

第二，支撑“思维能力”的是“基础能力”，即“通过熟练使用语言、数字、信息等来实现目标的技能”。在信息化程度日益加深的今天，为了更有效地参与到社会中，除了读、写、算，获取和处理信息的技术也是不可或缺的。获取和处理信息技能甚至可以代替计算、记忆能力，补充读写算的不足之处。“基础能力”的一个重要作用就是起到强大的支撑作用，促进思维能力。

第三，在“21世纪型能力”的最外层是“实践能力”，它限定了思维能力的使用方法。所谓的“实践能力”就是指“在日常生活、社会、环境中发现问题，并运用自己掌握的知识，寻找出对自己、社会共同体和社会有价值的解决方法，然后将这种解决方法告诉社会，与他人共同协商讨论这种解决方法，通过这种方式认识到他人与社会的重要性的能力”。这里包含着调整自我的行动和自主选择生活方式的生涯规划能力，与他人进行有效交流的能力，与他人共同参与策划构建社会的能力，伦理道德意识和市民责任感等各项能力。

如图2-13所示，用三个圆表示三种能力的关系，基础能力支撑着思维能力，而实践能力则引导着思维能力。为了表示实践力与21世纪型能力的紧密关系，将其放置于圆的最上方的位置，同时，这三个圆是重叠的。这意味着，无论什么样的课程，都必须强调21世纪型能力的培养。通过培养21世纪型能力，旨在培养具备“适应21世纪生活的日本人”，从而建立以自主、合作、创作为轴心的终身学习型社会。

（三）日本21世纪型能力研究的启示

1. 将核心素养研究作为课程编制的原理

2009年启动的有关核心素养的研究项目就命名为“教育课程编制基础研究”。顾名思义，可以看出，从一开始，日本国立教育政策研究所就将核心素养定位为课程改革的基础，课程编制与开发的基本原理。正因如此，这一项目最初都是以调查和研究各国最新的课程标准与学习指标为主要任务，随即进行国内的课程开发案例分析，最后才在结合国内外经验的基础上，正式提出21世纪型能力，即所谓的核心素养。这样一来，核心素养既吸取和借鉴了国外的经验，又有了本国实践的基础，因而就更快地与课程、教学挂起钩来。日本根据核心素养而重新建构出来的课程方案，包括课程目标的调整、课程内容的修订，以及教学活动的改革都已经提交了草案或案例。显然，这种研究路径对于以核心素养为目标来推动教育课程改革是十分快捷有效的，值得我们借鉴。

2. 重视实践经验，开展案例分析

在“教育课程编制基础研究”项目中，课题组十分重视中小学校课程开发的经验。基于此，课题组下设了“开发案例工作组”，该组主要是由各县市的教育局领导、研究人员及中小学校领导组成。首先，课题组要求各案例实践组根据核心素养去开发课程，并根据课题组所提供的案例分析工具来进行资料整理和分析。在此基础上，整个项目组在全国一百多个案例中再进行筛选、分析和总结提升，最终从中提炼出适合未来教育及培养21世纪人才的课程方案。案例分析的方式很值得我们在今后落实和推进核心素养的过程中借鉴和学习。

3. 核心素养先导，年龄分段明晰

与联合国教科文组织有所不同，日本是以核心素养作为课程目标来引领课程改革的。因此，日本进行课程方案的建构时，都是将核心素养作为课程的目标，而后一步一步地细化，最后再通过具体的课程内容分配来进行落实。同时，各个年龄段的核心素养目标是有所不同的，这就为下阶段的核心素养培育工作奠定了基础。

第三节 核心素养研究的国际比较

一、核心素养内容维度的国际比较

尽管各国际组织和国家在建构核心素养指标体系时，其价值取向有所差异，其建构的方式也各有不同，但总的来说，他们所提出的核心素养指标体系是具有许多共通之处的。下表择取部分国际组织和国家的核心素养体系予以对比和分析（具体内容见表 2-19）。

表 2-19 核心素养内容维度的国际比较分析

	UNESCO	OECD	欧盟	美国	日本	新加坡	新西兰
与文化知识有关的素养	文字沟通 数字与数学	互动地使用语言、符号与文本的能力	母语交流 外语交流 数学素养	交流沟通与合作	语言技能 数量关系技能		运用语言、符号与文本的能力
	文化艺术	互动地使用知识与信息的能力	文化意识与表达				
	科学与技术	互动地使用科技的能力	数字化素养 科技素养	信息素养 媒体素养 通信技术素养	信息技能	信息沟通技能	
与自我有关的素养	学习方式与认知		学会学习	创造力与创新、批判思维、问题解决	发现和解决问题的能力 创造力 逻辑思维能力 批判思维能力 元认知	批判与创造性思考	思维能力
	身体健康	设计人生规划与个人计划的能力	主动与创新意识	主动性与自我导向 健康素养	自律	自我意识 自我管理	自我管理
		维护权利、利益、限制与需求的能力		理财素养			
		在复杂大环境中行动的能力		灵活性与适应性	适应力	适应力 自我决策	
与社会有关的素养				全球意识 环保素养	可持续发展的责任	全球意识 跨文化素养	
	社会情绪	与他人建立良好关系的能力	社交和公民素养	社会与跨文化素养 公民素养 创作与责任	建立人际关系的能力	尊重、关怀 社会性意识 人际关系	人际关系
		合作的能力			社会参与力	正义、责任 公民素养	参与和贡献
		控制与解决冲突的能力		领导与负责		和谐	

二、核心素养具体指标描述的国际比较

在比较了各国际组织和国家的核心素养指标体系内容维度后，我们对指标体系中的具体指标内容也做了比较分析，具体分析情况如表 2-20 所示。

表 2-20 核心素养具体指标的国际比较

指标	表述字段	经合组织	欧盟	联合国教科文组织	日本	新加坡	美国	芬兰	英国	加拿大	法国	澳大利亚	新西兰
沟通与交流能力	与他人建立良好的关系，以书面或口语的形式交流，学会共处，交流能力，交流沟通，交际能力，交流表达，沟通能力，社会交往能力，交流信息，沟通表达，交流者	√	√	√	√	√	√	√	√	√	√	√	√
团队合作	团队合作，在团队中与人合作，合作能力，合作，与他人合作，在团队合作与工作的能力，与他人合作及在团体中工作的能力，和谐	√	√	√	√	√	√	√	√	√		√	
信息技术素养	互动地使用信息、技术，数字化素养，收集和使用信息，信息素养，信息与技术，使用技术的基本知识和能力，掌握咨询与通信的常规技术，信息和通信的技术，运用符号的能力，使用科技信息	√	√		√	√	√	√	√	√	√	√	√
母语能力	有效运用口语和书面语言，母语交流，阅读和写作能力，英语，口语表达、书面表达，陈述解释的能力，掌握法语，运用语言、文字符号的能力，阅读理解	√	√		√	√	√		√	√	√		√
学会学习	学会学习，学会求知，学习能力，学习技能，个人学习能力，独立进行学习的能力，学会如何学习，求知		√	√			√	√	√	√			

续表

指标	表述字段	经合组织	欧盟	联合国教科文组织	日本	新加坡	美国	芬兰	英国	加拿大	法国	澳大利亚	新西兰
独立自主	自主行动，独立，自我导向，独立的公民，独立的调查者，独立自主，自主，自立	√	√		√		√	√	√		√		
数学素养	数学能力，数学素养，掌握各科（包括数学）知识内容，使用数字，掌握数学基本知识，通过数字表达和理解知识信息，数的概念和应用	√	√		√	√			√	√	√		√
外语能力	有效运用语言，外语交流，使用外语，世界语言，运用一门外语，外语能力，使用语言（包括外语）	√	√			√	√				√		
计划、组织与实施	形成并执行个人计划，基于目标的计划与管理能力，执行任务的能力，计划与组织，组织、计划活动，制订个人计划并严格执行，规划、组织与执行，组织与规划能力	√	√			√			√			√	√
自我管理	认识自己的能力、促进自我精神，自我管理，对自我能力的元认知评价，管理自我，了解自我，为自己发声			√	√	√	√		√				√
创新与创造力	创新意识，创新进取，创造力与创新技能，创造性的思考者，创造力与批判性精神，创造能力，创新思考，敢于冒险		√	√	√		√		√				√
问题解决能力	问题解决能力，问题解决技能，问题解决，思考者（解决复杂问题）				√	√	√		√	√		√	
主动探究	主动意识，主动性，进取心，主动进取的精神，主动参与的积极性，主动探索与研究，探究者		√				√		√		√		√

续表

指标	表述字段	经合组织	欧盟	联合国教科文组织	日本	新加坡	美国	芬兰	英国	加拿大	法国	澳大利亚	新西兰
社会参与和贡献	富有责任心，铭记社会的总体利益，积极参与的公民，社区参与，理解欣赏本国政治体制及市政，参与和贡献，社会参与和责任				√		√	√	√			√	√
公民意识	公民素养，生产力和社会义务，行使公民权利的能力，公民意识，道德判断和社会正义伦理的观念，保护、维护权利，展现人类的整体价值并建构文明的能力	√					√	√			√	√	
尊重与包容	尊重，重视多样性和尊重他人，尊重他人，尊重自己和他人，尊重与关怀，富有同情心的人，包容	√	√	√							√		
可持续发展意识	可持续发展的责任，可持续发展观，节约精神				√			√	√				
反思能力	反思性，回顾与评价，反省能力，反思者				√				√	√			
适应能力	适应改变，适应性与灵活性			√			√						
情绪管理能力	情绪智力，情感能力	√				√							
环境意识	环境意识，理解并关心自然环境的管理、生态维持与发展							√				√	
审美能力	欣赏与表达，审美能力（欣赏、美感、表达）		√										
法律与规则意识	保护及维护权利、限制与需求，有原则的人	√			√								
安全意识与行为	安全与交通							√					

通过比较我们发现，各国的核心素养指标体系的选取呈现出国际化的趋势：面向未来，以终身学习与发展为主轴。具体来看，沟通交流能力是所有国际组织和国家都重视的核心素养。此外，团队合作、信息技术素养、语言能力（包括母语能力和外语能力）、自主发展（如独立自主、自我管理）、数学素养、问题解决与实践探索能力（如计划、组织与实施能力，创新与创造力，问题解决能力，主动探究能力）等方面也是多数国家都强调的核心素养。与此同时，各国际组织和国家在核心素养的选取上都反映了社会经济与科技信息发展的最新要求。无论国际组织，还是各国，核心素养的选取既涉及能力、知识技能、态度和价值观等跨学科的方面，同时又兼顾教育阶段的课程，包括学科指向的核心素养。当然，各国的核心素养体系也表明，各国不仅重视国际教育的接轨，也重视本国的历史文化特色，多数国家核心素养的选取体现出本土化的道德及价值观念。

在此基础上，我们对各国际组织和国家所提出的核心素养指标体系的指标名称、内涵界定方式也做了比较和分析。

（一）指标命名的方式

各国际组织和国家在对核心素养的指标进行命名时，大致可以分为以下几种类型，如表 2-21 所示。

表 2-21　核心素养指标命名的取向与类型

类型	特征	举例
功能型	素养是建立在某一技能或某一学科上	日本的“语言技能” 欧盟的“母语交流”
专题型	素养是建立在社会重大问题或个人素质上	美国的“理财”“环保” 日本的“可持续发展”
目标型	素养是对学习结果的描述	欧盟的“学会学习”
混合型	功能型与专题型的综合	美国的“创作与责任”

具体分析各核心素养体系中对于一级指标或二级指标的命名，大体上存在以下特点。

第一，各国际组织和国家在对指标进行命名时并没有要求完全一致。这里的一致包括命名方式的一致性与各指标逻辑水平的一致性。无论英语国家还是非英语国家，在同一个核心素养指标体系中，其指标名称可能同时存在动宾短语、动名词或偏正短语。例如，在欧盟的核心素养体系中，就包括了以“素养”（competence）作为主题词的指标，如数字化素养（digital competence）。同时，也包括了动名词形式的指标，如学会学习（learning to learn）。还包括以偏正结构的名词短语命名的指标，如主动与创业意识（sense of initiative and entrepreneurship）。

第二，各国际组织和国家在对指标进行命名时，大多还是采用“能力”来描述。例如，经合组织对指标的命名，都是以“ability”作为主题词来命名的，如互动地使用语言、符号与文本的能力（the ability to use language，symbols and text interactively），等等。而日本也主要是采用能力模式来命名指标，如语言技能、数量关系技能等。

（二）内涵界定的方式

分析各个核心素养指标体系中对内涵界定的取向与方式，归纳起来，大致可分为以下两种类型。

第一，行为结果描述式。大部分的核心素养指标体系中，在对指标进行具体阐释时，大家基本上都采用对指标所期待的行为结果进行描述。例如，美国对“媒体素养”的界定：“了解媒体信息的构成、目的、特点和惯例，以及使用的工具；研究如何以不同的方式解读信息，用正确的价值观看待信息而不被媒体的其他因素影响；对信息获取和使用的道德或法律问题有基本的理解。”这样的描述方式以学生为主体，能够较为明确地将核心素养的目标以行为的方式表达出来，使得对核心素养的评估会更具可操作性。

第二，整合知识、技能、态度的能力描述式。有些国际组织和国家基于对

“核心素养”概念的定义，认为核心素养是知识、技能与态度的整合，因而在描述每一项核心素养指标时也是将其区分为三个层面来展开。比较典型的代表就是欧盟及其部分成员国，如法国等。在他们的核心素养体系中，只有一级指标，而后从知识、技能与态度三个方面对一级指标进行具体的阐释和说明。不过，在具体说明中，他们也是采用对行为结果进行描述的方式。

三、核心素养国际比较的启示

通过对各国际组织和国家核心素养内容体系进行比较，包括从价值取向、内容维度，以及指标描述等方面进行比较，可以得到如下启示。

（一）价值取向：个人发展、社会发展与国家发展相统一

已有的核心素养研究均表明，未来的教育应该致力于如何更好地将个体的发展与社会的发展相统一。因此，一方面，我们要坚持以个体的发展，使其成为完整的人作为核心素养研究的根本价值取向；另一方面，我们也要看到社会发展对个体发展所提出的挑战与要求，因而需要通过核心素养内容体系的建构来协调教育培养目标与社会人才需求之间的差异。当然，在全球化、国际化的时代，培养具有民族精神、具有本土文化特质的新一代国民也是核心素养所应关注的焦点。因此，理想的核心素养内容体系应该兼顾个人发展、社会发展与国家发展，使三者融为一体，最终体现在个体核心素养的培育与发展上。

（二）内容维度：兼顾传统基本素养与现代关键素养

尽管各国际组织和国家出于不同的价值立场，所建构的核心素养内容维度也各不相同，甚至差异显著。但是，综合比较各个核心素养的内容体系后可以看到，传统的基本素养（读、写、算）仍然是 21 世纪核心素养中的重要组成部分，日本直接将其确定为基础能力。与此同时，伴随着时代发展与全球化进程的推进，产生了许多新的关键素养。例如，全球意识、国际理解、跨文化素养、信息技术素养等。因此，在建构核心素养内容体系时，不管是基于哪种理论框架，我们都需要兼顾到传统基本素养与现代关键素养。

（三）指标命名与内涵界定：实践取向与行为结果描述

在各国际组织和国家所提出的核心素养指标体系中，尽管同一体系对指标命名的形式并未要求达到一致，但其在价值取向上却均体现出了核心素养的“实践”特质，也充分体现了“核心素养”的综合性特质。因而，各核心素养指标体系在界定内涵时大多采用行为结果描述的方式。

第三章

从传统文化中发掘核心素养

我国传统文化思想与观念主要表现为以儒、释、道为主流的文化传统，其中孔子所开创的儒家思想居于核心和主干的地位，关注的核心主题是理想人格、人的价值、自我实现等问题。针对这些问题，古代思想家们提出了系统、完整的理论学说，即关于何谓理想人格、如何达成理想人格及个人修身成德的思想。这些思想不但在有效引导人如何调节自我（自我调适），正确对待自己、他人与社会等方面发挥了重要作用，而且其“仁”“义”等核心价值观念，也成为主导中国传统社会的主流价值观。时至今日，这种价值观念仍以文化心理积淀的方式，深刻地影响着当代中国人价值取向与生活方式，这对于建构中国特色的（民族的）学生核心素养指标体系具有重要启示。

在数千年的历史发展过程中，我国传统教育形成了独具特色的教育内容和人才选拔方式，不同历史时期的各类学校都制订了详细的学规要求。系统梳理与分析我国各个历史时期传统教育的内容、人才选拔方式及人才培养的规定与要求，能够揭示传统教育中关于人才（学生）培养的独特且具传承价值的重要思想，这对建构我国现代学生核心素养指标体系有着重要的借鉴价值。

基于对中国传统文化思想与传统教育的分析，本章将重点系统梳理我国传统文化中关于个人修身成德和自我完善的思想，厘清传统教育所重视的关于人才培养的内容与要求，为建构民族的、科学的、现代的学生核心素养指标体系奠定基础。

第一节　我国传统文化中修身成德的主要思想

以儒家文化为核心与主干的中国传统文化，本质上是一种“人学”，其关注的核心是“人”的问题，旨在解决什么是理想的人、人的价值是什么、人如何与他人相处、如何实现自我等问题。由此形成了一套经由道德修养培养理想人格，进而在社会中实现自我价值的理论学说，即所谓修身成德之学。无疑，传统文化中所蕴含的修身成德思想，对于理解当今人的素养架构、提升人的素养具有重要的借鉴意义。通过系统梳理与分析中国先秦、两汉、魏晋南北朝、隋唐、宋明清几个时期的主要学派和代表思想家的相关学说，可以发现，在不同历史时期薪火相传、至今仍然具有强大生命力的传统修身成德思想，主要包括五方面的内容，其核心分别是仁民爱物、孝亲爱国、重义轻利、诚信自律、礼敬谦和。

一、主张“仁民爱物”，倡导爱人如己、心怀天下和奉献社会

自孔子提出“仁”之后，“仁”便成为儒家思想乃至整个中国传统文化的基本价值观。孔子的思想体系，即以“仁”为核心建立起来的“仁学”思想体系。“仁”既是人们内在的心理意识（真实性情），又是人的行为所遵循的基本准则和道德规范。在孔子的思想中，“仁”以爱人为基本规定，“樊迟问仁，子曰‘爱人’”。成就仁德是人生追求的最高价值。“爱有差等，施由亲始”，爱人从爱亲（孝）开始，然后向外扩大，最终实现“泛爱众”。行仁的方式有多种，因而“仁”有多个具体德目，如忠、恕、信、恭、宽、敏、惠、智、勇等。其中以忠、恕最为重要，忠即“己欲立而立人，己欲达而达人”；恕即“己所不欲，勿施于人”。“忠恕”即基于人同此心的原则，要人从切己的情感出发，将心比心，真诚地对待他人。在孔子思想中，“忠恕”之道是实践“仁”的基本方法（“行仁之方”），也是处理人我关系的基本准则。

孟子发挥孔子的仁学思想，明确提出“仁者爱人”，并将孔子的忠恕之道具体化为“老吾老以及人之老，幼吾幼以及人之幼”和“亲亲而仁民，仁民而爱物”。同时，他强调人人皆有“不忍人之心”，这种“恻隐之心”是“仁”的端绪。因而“仁”是人人固有的天赋道德本性，从人性论的角度论证了“仁”的来源。汉代董仲舒以“天人合类”的神学宇宙观将“仁”神圣化，认为天的本性即是仁；同时又把“仁”列为“五常”之一，将其绝对化。唐代韩愈为“攘斥佛老”，把仁义视为圣圣相传的道统，并以“博爱”解仁，主张“一视而同仁，笃近而举远”。

北宋张载提出“民胞物与”的“爱必兼爱”的主张来阐释仁的精神，认为不但要爱一切人，而且爱一切物。程颢和程颐从天理的角度视仁为人的本性，并以“识仁”作为道德修养的根本目标与根本方式，将“浑然与物同体”的天人合一状态视为实现仁的境界；朱熹进而提出“仁包五常”，突出“仁”在五常中的地位。其所谓天理，即以仁为核心内容，并以此作为万世万物的本源和三纲五常之本体，把“仁”升华为宇宙道德本体论的高度。陆九渊和王阳明的心学，则据“心即理”之说，强调“仁”“心”合一，仁是人的本性固有的内容，要人通过反身内省获致良知，从而彰显仁爱之心成为圣贤。

综上可见，在传统文化中，“仁”是人之所以为人的根本，也是一切德行的根源，“成仁”是人的最高价值追求和最高美德。“仁”的基本含义是“爱人”。它虽以血缘之爱为基础，但最终要实现爱一切人甚至推广到爱一切物，体现了一种博大胸怀和崇高的责任担当意识，即所谓“仁民爱物”。“仁民”主要表现在与人交往方面，主张以忠恕之道作为行仁之方，“己欲立而立人，己欲达而达人”“己所不欲，勿施于人”，体现了一种爱人如己的利他精神和平等意识；“爱物”主要体现在与自然万物的相处上，强调人与天地万物一体相通，要爱一切物，与万物和谐共存。只有爱一切人和物，才能体现宇宙人生的真实状态——太和之境（即最高的和谐）。仁民爱物，体现了中国古人的一种宇宙情怀和极高的价值追求。它所要实现的最高境界，就是自身与他人及世界万物各尽其性的一体合一的和谐境界，就自身与他人而言，是各尽其性，和而不同，蕴含着极强的包容精神；就自身与万物而言，是物我平等，天人合一，蕴含着丰富的生态伦理思想。在仁民爱物和心怀天下的意识支配下，会产生强烈的完善自我和奉献自我的动力，从而形成自强不息的精神（生生之谓仁；天行健，君子以自强不息）和责任担当意识（为天地立心，为生民立命，为往圣继绝学，为万世开太平）。这些精神对个体理想人格的培养具有重要价值。

在新加坡，直到今天都把提倡仁民爱物精神作为社会道德建设和人才培养的重要方面。新加坡对中华传统文化中的“忠、孝、仁、爱，礼、义、廉、耻”加以现代诠释，用以培养国民素质。其中的“仁”“爱”都是继承发扬儒家的仁爱精神。

在当代中国社会中，仁民爱物思想是培育社会主义核心价值观、倡导“友爱”精神的重要文化基础。传统文化中仁民爱物的思想，蕴含着“爱人如己”“开放包容”“奉献与社会责任感”“物我和谐”“自强不息”“宽恕”的价值取向。这些价值追求应成为当今学生道德修养中的重要内容，因此，仁民爱物应作为学生核心道德修养体现在学生核心素养体系的架构之中。

二、主张“孝亲爱国”，注重激发个体的乡土情感和家国情怀

在深刻影响传统文化精神、塑造中国人的道德品格方面，“孝”是“仁”之后最重要的一个道德范畴。“孝”原意为对父母的敬重、奉养和服从。自西周至春秋时期，以奉养父母、祭祀先祖为内容的孝道已成为维系国家和家庭生活的重要道德原则。春秋末孔子及其学生提出“孝弟也者，其为仁之本与”，强调孝亲是培养仁德的根本。又引“君子笃于亲，则民兴于仁”“慎终追远，民德归厚矣”加以说明，并突出了“孝”的尊亲之意。人不但在物质上奉养父母，还要在情感上敬重父母，“无违”父志。孟子继承孔子的立场，进一步强调孝对培养人的道德品质、表现仁爱精神的重要意义，认为仁的实质就是事亲，也就是孝（“仁之实，事亲是也”“事亲，事之本也”），“孝”成为人之为人的一个重要标志，不孝即为禽兽。孟子主张“亲亲而仁民，仁民而爱物”，认为将爱亲的心推广出去，才能爱护别人，甚至万物。

自汉代“独尊儒术”之后，历代统治者不断强调孝道，认为孝是“德之本”，奉之为“天之经”“地之义”，倡导“以孝治天下”（《孝经》），把孝提到“百行之首”的地位。两汉、魏晋时期，“孝”成为“三纲”的一大德目，确定为“父为子纲”，并引孝入律，不孝被法定为“十恶之首”。至宋以后，“孝”被理学家进一步绝对化为“天理”之必然，“父子君臣，天下之定理，无所逃乎天地之间”。从此，“孝”与“忠”“节”一起构成了传统道德的三大行为规范。受此影响，后来也出现了“愚孝”“愚忠”的倾向。

由于孝悌（悌——对兄长的敬，是孝的延伸）对于人的德行养成和社会稳定具有基础作用（仁民爱物从孝亲开始），所以古代非常强调进行孝悌方面的伦理思想教育，“谨庠序之教，申之以孝悌之义”（《孟子·梁惠王上》），能使社会长治久安。在传统社会，孝的精神和孝道教育适应了以宗法血缘关系为基础的传统社会，对于维持家庭和睦与社会秩序发挥了重要作用；由孝而形成的重视家庭的观念和热爱乡土的民族情怀也成为中国乃至东亚社会最显著的特色。

在日本、韩国、新加坡等国，孝仍被共同视为重要德目加以提倡，特别是韩国极重视“孝道”精神的弘扬，致力于把本国文化产业打造成“孝子产业”。韩国不仅用孝子产业弘扬传统的儒家文化道德以教育国人，而且还用以出口获得利润，发展形势日趋增长。这些经验值得我们参考与重视。

在今天，虽然社会结构已经发生了巨大变化，传统孝道的一些内涵（如强调绝对服从父母的“愚孝”）已经过时；但剔除其中的糟粕，孝亲仍是维系家庭和睦与社会和谐的重要基础。同时，孝道所体现的通过自幼培养爱父母的普遍的情感心理，去逐渐唤起关爱他人、关爱社会，甚至关爱自然（“亲亲而仁民，仁民而爱物”）的乡土情感和民族情怀，仍具有启发意义。可以说，在当前的学生品德教育中推崇孝亲爱国，是培养年青一代有爱心、会感恩、负责任，以及热爱乡土、热爱祖国等积极情感和行为的有效途径。特别是随着当前中国老龄化社会的到来，“孝亲”的观念应该引起更大的重视。因此，在学生核心素养的架构中，需要体现孝亲爱国的内容，包括孝敬父母、尊敬长辈、感恩、爱国。

三、主张“重义轻利”，倡导明辨是非、见利思义和见义勇为

“义”是中国传统文化中又一占主导地位的价值观。孔子在继承传统的基础上，对“义”做了发展，成为重要伦理范畴。孔子提出“君子喻于义”“君子义以为上”，以义为君子立身之本，又主张“见利思义”，强调做事要遵守义的准则，不该做的不能做，不该得的不能要。“义”有“应该”“适合”的意思。《中庸》即明确说：“义者，宜也。”即合宜、合适的意思。孟子突出了“义”作为道德法则的地位，明确将义列为“四端”（仁、义、礼、智）之一，并强调义与仁一样，都内在于人心，是内心固有的道德法则，所谓“人皆有所不为，达之于其所为，义也”“敬长，义也”“羞恶之心，义也”。孟子强调，人做事必须遵循义的法则，要“居仁由义”，以义为“人之正路”，如果不遵守义的法则，就丧失了做人的资格；他极重视“义利之辨”，主张不能因利害计较影响义的落实，主张重义轻利，甚至提出“舍生而取义”，把维护义看得比生命还重要；人格修养的最高境界，就是通过不断地行义，养成“浩然正气”。在孟子这里，义成了一种刚性的、必须遵守的道德信念和道德法则。可以说，孔子和孟子奠定了儒家道义论的基础。

汉儒董仲舒继承了孔子、孟子的思想，并结合阴阳五行思想，从宇宙论的角度将义视为五种恒常不变的道德法则（“五常”——仁、义、礼、智、信）之一，同时提倡人生应以行义为其价值指针，所谓“正其义不谋其利”。宋明理学家则把义上升到“天理”的高度，将义规定为“天理之所宜”（朱熹《论语集注》），并基于维护“天理”的立场，提出“存天理，灭人欲”的号召，更加凸显了“义利之辨”在道德修养中的重要性。重公义、轻私利成为中国传统文化的重要精神传统。现代的新加坡，仍非常重视提倡“义”的精神，即与此密切相关。

传统文化中，把义规定为行为之所宜、之所当然，以“为义”“行义”为价值的评价标准，并将义与利对举，注重“义利之辨”，不断强化超越私利而维护公义的精神维度，并以此作为实现理想人格和提升精神境界的方式。这对中国传统社会产生了深远影响。在这种价值观的引导下，产生了一批又一批的具有浩然

正气的义士君子，他们明辨是非、见义勇为、舍生取义的精神，为维护社会正义和伦理道义发挥了重要作用。这种精神传统，对于我们培育社会主义核心价值观、形成“公正”的价值观念具有重要帮助。特别是在我们大力发展市场经济的今天，在“义利之辨”原则下形成的见利思义、重义轻利的精神传统，对以逐利为特征的市场经济有重要的矫正功能。因此，建议在学生核心素养的架构中，体现正义的内容，具体包括明辨是非、重义轻利。

四、主张“诚信自律”，倡导诚实不欺、恪守信用和自省自律

“诚信”是儒家伦理思想中的重要德目，对中国传统文化精神的塑造产生了重要影响。孔子把“信”视为“仁”的主要德目，认为“能行五者（恭、宽、信、敏、惠）于天下，为仁矣”。主张“敬事而信”“谨而信”，要人诚信不欺、恪守信用，并引为治民、用人、交友的重要原则。他也以“文、行、忠、信”四科教育学生。孟子进而把“朋友有信”纳入“五伦”规范。汉代董仲舒则正式把“信”列为“五常”之一，确立了信在儒家道德规范体系中的重要地位。到了宋代，理学家二程、朱熹在其理学体系内强调“信”涵盖其他四德（仁、义、礼、智），体现于四德，“信是诚实此四者”“信便是真个有仁义礼智”。

与“信”相关的是“诚”，诚是信的哲学基础，也是做到信的修养方法。《中庸》提出“诚者天之道也，诚之者人之道也”，认为“诚”是天道的本质，是世界万物得以存在的基础。“诚”即物是其自身的意思，亦即真实无妄的意思，“诚者，物之终始，不诚无物”。《中庸》在天道与性命贯通基础上，主张通过“诚之”的道德修养，实现真实的本性，与天道合一。“诚之”的方式，一是通过“慎独”“内省”的自我反思和自我约束，二是通过学、问、思、辨向外学习。孟子继承这一思想并加以发挥，提出“诚身有道”的观念，主张通过“思诚”，即反省和扩充内在的道德良知，达到圣人的境界。《大学》提出“诚意”的修身方法，强调“毋自欺”，即克服自私和不真诚的意念，以此作为正心、修身、齐家、治国、平天下的根本。唐代李翱援佛入儒，发挥《中庸》的思想，主张通过“灭情复性”即克制私心和情欲达到“诚”。宋代周敦颐建构了以“诚”为核心的宇

宙本体论体系，提出“以诚为本”的命题，认为“诚”既是宇宙的精神实体，又是道德的本原，还是道德修养的方式；主张通过“无欲”“主静”的方式达到“诚”的境界。“二程”、朱熹则以“诚敬存之”和“涵养须用敬”作为认同“天理”的道德修养方式，以此做到内心的纯粹专一和毫无私念，这成为整个宋明理学最重要的修身方式。

总之，“信”与“诚”体现了诚实不欺、恪守信用的诚信精神，以及通过自我反省、自我克制以落实诚信的道德修养方式。在传统社会，诚信是保持人际正常交往和维持社会正常运转的一种基础德行；在利益交往日益频繁的现代社会，诚信精神显得越发可贵与必要。党的十八大提出建构社会主义核心价值体系，即明确提出要培育“诚信”价值观。传统文化讲究诚信的价值取向，特别是以“诚”为核心强调自我反省和道德自律的道德修养方式，对培育、落实社会主义“诚信”价值观具有重要借鉴意义。事实上，在当今东亚各国，也仍将传统文化中的诚信精神视为现代伦理道德建设的重要资源。诚信包含着诚实不欺、恪守信用、真实坦诚、自省自律的丰富内涵。我们建议将诚信自律纳入学生核心素养体系中。

五、主张“礼敬谦和”，倡导谦恭礼让、举止文明和遵守规范

在传统社会，中国文化被称为礼乐文化，中国被称为礼仪之邦，可见“礼”在传统文化中的重要地位。在夏、商、周三代，礼已成为整个国家、社会各项活动的典章制度和行为规范。孔子以恢复三代的礼乐文化为理想，以仁补礼，赋予礼以内在的道德心理基础，形成了“仁”“礼”统一的伦理模式。孔子认为，“礼”是人内在道德情感（仁）的表达方式，也是修身提升德行的重要依据与保障（“克己复礼为仁”），从而将外在的道德规范和社会制度（礼）与内在的道德情感（仁、义）结合起来。孔子强调，礼体现了尊敬、节制、谦让的精神，是实现自身与他人、与社会和谐相处的重要保障（“礼之用，和为贵”），是一个人融入社会的重要基础（“不学礼，无以立”）。一个人，必须通过礼义修身，才能成就君子人格（“文质彬彬，然后君子”），因此将礼乐作为对百姓进行教化的重要内容。孟子将礼视为“四德”（仁义礼智）之一，指出礼的精神即是辞让（“辞让

之心，礼之端也”）。荀子则在性恶论的基础上，主张“隆礼重法”，强调了礼、法等社会规范体系对节制人的行为、修身成德和维系社会秩序的重要性，成为封建礼制的理论奠基者。汉代董仲舒倡议“罢黜百家”后，儒学成为国家意识形态，儒家的道德礼仪制度也成为国家的“名教”。至宋代，理学家将“礼”与“天理”结合起来，“礼也者，理也”“礼者，天理之节文也”，为礼提供了本体论根据，论证了礼的合理性。此后，中国社会成为“礼教”社会。

在传统社会中，礼于外代表了一整套的道德规范和社会制度，在内蕴含了尊敬、节制、谦让、和谐的精神。儒家强调仁与礼的结合，努力实现内在的道德情感与外在行为规范相统一，以此为修身成德和实现完美人格的途径。这对于提升人的文明素养和保障社会秩序发挥了积极作用。当然，礼在传统社会中也出现了僵化、形式化和强制化的倾向，产生了种种流弊，受到学者们的猛烈批判，如魏晋玄学家对汉代名教的批判，清代戴震对宋明礼教的批判等。如果过滤掉其中的糟粕，中国传统的礼敬谦和教育对提升人的道德品质，形成文明礼让、举止优雅、行为端方的文明素养具有重要意义，有助于扭转学校教育中礼仪缺失、道德失范的缺陷。我们应该大力挖掘和继承传统文化中礼仪修身的优秀传统，作为培育社会主义核心价值观、形成礼敬谦和的价值观念的重要精神资源。因此，建议在学生核心素养的架构中，体现礼敬谦和的内容，具体包括自我节制、举止文明、谦恭礼让、遵守法律与规则。

综上可知，中国传统文化的修身成德思想蕴含着丰富的道德观念，这些道德观念在中国历代社会不断得到传承和发展，并有效发挥了提升道德、完善人格的作用。而其中有些道德准则，如仁民爱物、孝亲爱国、重义轻利、诚信自律、礼敬谦和思想，在今天仍具有重要的现实意义，对提升当代人的道德素养和文明程度具有重要作用，构成了当代道德建设的重要的精神资源。

中国传统文化修身成德思想中那些历代传承而且至今仍具有现实意义的主要观念及其基本内涵概括如图 3-1 所示。

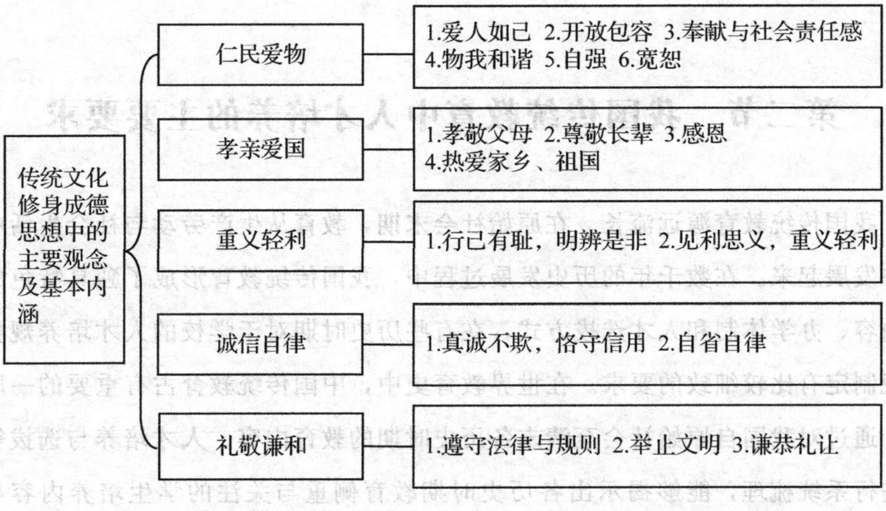

图 3-1　中国传统文化修身成德思想中的主要观念及其基本内涵

第二节　我国传统教育中人才培养的主要要求

我国传统教育源远流长。在原始社会末期，教育从生产劳动与社会生活中独立并发展起来。在数千年的历史发展过程中，我国传统教育形成了独具特色的教育内容、办学体制和人才选拔方式，在有些历史时期对于学校的人才培养规格或学规制定有比较细致的要求。在世界教育史中，中国传统教育占有重要的一席之地。通过对我国自原始社会至清末各历史时期的教育内容、人才培养与选拔等方面进行系统梳理，能够揭示出各历史时期教育侧重与关注的学生培养内容与要求（见表 3-1）。

表 3-1　我国各历史时期的教育所侧重的学生培养内容与要求

历史时期	伦理道德	求学治学方法	生活礼仪与日常行为习惯	人文与历史知识素养	文字表达能力	自然科学技术素养	实践能力	创新能力
原始社会	√		√	√		√		
夏商西周	√		√	√		√		
春秋战国	√	√	√	√		√		
秦汉	√		√	√				
魏晋南北朝	√		√	√				
隋唐	√		√	√	√	√		
宋代	√	√	√	√	√	√		
明代	√	√	√	√	√	√		
清代（鸦片战争前）	√	√	√	√	√	√	√	√
鸦片战争至清末	√			√		√	√	

由表 3-1 可知，各个历史时期的学校教育培养学生的内容与要求存在一定差异。然而，纵观各历史时期，可以发现，我国传统教育在学生培养的内容与要求上也具有一致的方面，这主要包括伦理道德、人文与历史知识素养、文字表达能力（写作能力）、求学治学方法、生活礼仪与日常行为习惯、自然科学技术素养等方面。除此之外，到封建社会末期，一些教育思想家受到西方近代民主思想的影响，提出学校教育应该重视培养学生的实践能力、创新能力。

一、伦理道德

我国传统教育中最突出与核心的内容即关于伦理道德的教育。自夏商西周时期一直到清代末年，伦理道德教育一直是我国传统教育的核心。

在夏商西周时期，在以“六艺”为核心的教育内容体系中，“礼”居于首位，其内容包括国学之礼（吉、凶、军、宾、嘉）与乡学之礼（冠、婚、丧、祭、飨、相见），其根本目的在于使学生了解、掌握和遵守社会伦理习俗或规则。

在春秋战国时期，以孔子、孟子、荀子为代表的儒家学派、以墨子为代表的墨家学派不仅提出了自己独到而深刻的儒家及墨家思想，而且大多亲自办学培养学生。在儒家、墨家等著名学派的思想观点中，伦理道德居于核心地位。如孔子曾整理了六经，即《诗》《书》《礼》《乐》《易》《春秋》，这不仅在当时被奉为经典，也成为后世学校教育的主要教材与读物。在六经中，《书》《礼》均以介绍社会行为规范为主。其中《书》通过汇编历史文献，介绍了符合垂世立教的政治和道德标准，而《礼》则侧重阐述了君子应掌握的礼仪规范。孔子的弟子及再传弟子记录孔子及其学生在教学过程中的言行，形成《论语》一书。关于伦理思想与道德观念的论述也是《论语》一书的主要内容之一。

在汉、隋唐、宋、明、清等历史时期，我国传统官学及私学中的教育内容均以儒家经典（六经或四书五经）为主。儒家经典是中国传统文化的精髓与核心，其中包含大量伦理道德思想，如“仁爱”“仁义礼智信”“父子有亲，君臣有义，夫妇有别，长幼有序，朋友有信”“己所不欲，勿施于人”等。

除儒家经典外，在各个历史时期的蒙学（通常为针对 8～15 岁儿童进行教育的学校，在历史上被认为小学）中，学生学习的内容也以伦理道德规范为核心。如宋代的蒙学教材包括《童蒙训》《三字经》等，在这些教材中也集中体现了我国传统社会中关于学生伦理道德规范及为人处世、待人接物准则等方面的要求，如《三字经》中讲到“为人子 方少时 亲师友 习礼仪 香九龄 能温席 孝于亲 所当执 融四岁 能让梨 弟于长 宜先知 首孝弟 次见闻……三纲者 君臣义 父子亲 夫妇顺……曰仁义 礼智信 此五常 不容紊……父子恩 夫妇从 兄则友 弟则恭 长幼序 友与朋 君则敬 臣则忠”，即做人需要遵守的各种基本伦理道德规范。

在我国古代各个历史时期，统治者或一些著名教育家曾制定了各种学规，对学校教育培养目标、教师及学生需要遵守的规则等做出了规定与要求。历史上著名的学规包括宋代朱熹制定的《白鹿洞书院揭示》（《白鹿洞书院学规》）、明代吕坤撰写的《社学要略》、顾宪成制定的《东林会约》、清代统治者颁布的《卧碑文》和《圣谕十六条》等。这些学规都明确规定学生需要遵守伦理道德规范，其核心内容是所谓的“人伦”，即朱熹所讲的“父子有亲，君臣有义，夫妇有别，长幼有序，朋友有信”五者，此外还包括在处世、接物方面的行为准则与规范要求，如忠信、笃敬、“正其义不谋其利”，以及“己所不欲，勿施于人”。

总之，伦理道德教育是我国传统教育中最突出的内容，无论官学还是私学均以此为教育核心。传统教育中的伦理道德教育主要围绕“父子有亲，君臣有义，夫妇有别，长幼有序，朋友有信”这五个方面。在我国古代、近代的长期历史发展过程中，通过实施伦理道德教育，向学生传授以“人伦”为核心的伦理道德，这不仅在维护社会运行方面起到了重要的调节作用，而且，由于伦理道德规范是我国传统文化的核心内容之一，传统教育侧重伦理道德的内容，这也包含着重要的文化传承价值。而从教育与人才培养的角度来看，德是成人之根本。无论从社会运行、文化传承，还是学生发展的角度，伦理道德教育都理应成为教育的核心内容之一。以现代教育观与学生发展观来审视，我国传统伦理道德教育的内容在今天仍具有重要意义和价值。因而，无论从教育内容、传统文化的传承，还是今天促进学生健康、全面发展的角度看，传统伦理道德教育中的这些内容与要求，都应该包含在学生核心素养指标体系中。

二、人文与历史知识素养

重视文史知识是我国传统教育的第二个特点，这一点在春秋战国之后直至清末各个历史时期的教育中都有突出的表现。

在春秋战国时期，以儒家和墨家为代表的思想家非常重视历史知识，如儒家经典著作《尚书》即是古代（夏商周三代）历史文献汇编，《春秋》则是鲁国的编年史，记录了从鲁隐公元年（公元前 722 年）到鲁哀公十四年（公元前 481 年）的政治、经济、军事、天文、地理等方面的历史资料。儒家其他经典著作，如《诗经》《礼记》《周易》《论语》中亦不乏关于历史的知识内容。这些儒家及其他思想家的经典论著中亦包含丰富的人文知识与思想，包括政治文化、文学艺术等，如《诗经》中包含 305 篇中国古代诗歌，这些诗歌反映了当时平民及贵族社会的风俗习惯、生活状况等。在春秋战国时期之后，尤其自汉代以后，儒家经典著作被列为各历史时期学生学习的经典教材与读物，其中所包含的文史知识与思想也一直作为我国传统学校教育的核心内容之一。

除学习儒家经典外，在我国古代学校中学生也需要阅读和学习其他关于历史或文学方面的著作，如宋代学校要求学生学习前朝历史方面的论著，包括《史记》《汉书》等，明代官学中学生须阅读刘向的《说苑》、明太祖的《御制大诰》等，清代学生需要学习历代正史和《通鉴》（《资治通鉴》的简称）等，在鸦片战争、洋务运动时期中式学堂和西式学堂（教会学堂）中的学生也都需要学习人文与历史知识，包括中国历史与西方历史（如美国史、英国史等）及其他人文历史课程。

我国古代一些著名教育家在其教育理论中都强调人文与历史知识的重要性。在宋代，朱熹曾从经传史籍中选取格言、训诫诗或故事，编成《小学》一书作为蒙学的教材。在清代，黄宗羲既是一位伟大的思想家、教育家，也是一位史学家。在对学校教育内容的论述中，他尤其指出需要学生学习史学知识，认为学者“不为迂儒，必兼读史”，史学同经学一样，都具有经世致用的意义，从阅读经史中能够学习、得到治理国家和社会的学问。

总之，对人文与历史知识的重视是我国传统教育的重要特点，在我国传统文化、古代教育文献中包含了丰富的人文与历史知识及思想。而从学生培养与发展的角度来看，掌握人文与历史知识，并具备相应的思维方式或人文情怀，也是今天的学生所必须具备的核心素养之一。因而，无论从传承我国传统文化、延续我国教育传统的角度，还是从促进学生健康、全面发展的角度，学生核心素养指标体系都应包括人文与历史知识素养。

三、文字表达能力

我国古代教育有重视培养学生语言能力，尤其是文字表达能力的传统。自隋唐开始，我国就开始确立了科举取士的人才选拔制度。科举考试的主要形式之一为策论，即针对有关当时时务的问题（政治或其他领域需要解决的问题）进行分析、论证，并提出对策，这被称为“策论”或“试策”。此外科举考试还包括经义，即以经书中的语句作为题目，考生根据经书中的意思进行发挥、论证，形成短文。对于策论或经义考试，考生的分析、论证需要条理清晰、简洁，同时表达要有力。如在宋代科举考试中即明确指出，“士子通经术，愿对大义者，试十道，以晓析意义为通，五通为中格；三史科取其明史意，而文理可采者”，即强调考生要具备良好的文字表达能力。

我国传统教育的内容以经史辞章为主，即除学习儒家等古代经典著作、史学论著外，学生还主要学习诗词歌赋，在官学、书院、蒙学中都要求学生学习这些内容，如学生需要学习《诗经》，宋代蒙学学生需要学习《训蒙诗》。在一些朝代的科举考试中亦将诗词歌赋写作作为考试内容。

鉴于文字表达能力是我国传统教育与人才培养中侧重的内容，而且在知识经济时代，个人尤其需要具备良好的沟通与表达能力，因此，在学生核心素养指标体系中，理应包括学生的文字表达能力。

四、求学治学方法

在我国古代，无论个人治学还是学生的学习都非常重视良好学习方法或习惯的掌握与养成。在春秋时期，孔子即讲到学生在学习时需要学思并重，并且要经常复习，他指出，“学而时习之，不亦说乎”。朱熹在《白鹿洞书院揭示》中指出学有五序，分别为“博学”“审问”“慎思”“明辨”与“笃行”。明代《东林会约》也认同朱熹所讲的这五种治学方法，而且指出，求学需要谨遵知本、立志、尊经、审己四点，并且需要躬身实践。清代国子监规定，学生在听讲书后需要自学和质疑问难，即对于不懂的知识去向老师求教。清代教育思想家黄宗羲指出，学习要躬身实践以求知、学贵在实用、贵在创新等三点教学方法。虽然我国古代教育中对于学生求学或治学方法的阐释与论述都比较笼统，不够具体、详细，但是仍然表明，在我国古代教育中非常重视学生求学或治学的方法。

伦理道德教育在我国古代教育中居首位，在中国教育史上，很多教育思想家均提出过学校伦理道德教育或个人自身道德修养的方式方法。如孔子专门论述了道德教育的方法，指出在道德修养中需要谨言敏行、言行一致，改过迁善、扬善抑过，自我修养、以友辅仁，以及严以责己、以身作则。孟子提出了道德修养的六种途径，包括存心寡欲、反求诸己、知耻改过、求放心与存夜气、养浩然之气，以及磨炼意志。宋代朱熹提出了立志、居敬、存养、省察和力行五种提高道德修养的方法。明代王守仁、清代王夫之等也提出了道德修养的途径与方法。

总体而言，学生在学习过程中不仅需要学习和掌握伦理道德规范、各种人文历史或自然科学知识，而且同样重要的是需要掌握求知及解决问题的方法，具备良好的求学、求知、解决问题的能力。

五、生活礼仪与日常行为习惯

生活礼仪与伦理道德教育有关，但两者却也是独立的内容。我国传统教育非常重视培养学生的生活礼仪与日常行为习惯。如在夏商西周时期，教育的首要内容为“六艺”中的“礼”，即个体在社会生活中的基本礼仪规范，具体内容包括吉、凶、军、宾、嘉，以及冠、婚、丧、祭、飨、相见等。当然，这一时期的礼之教育不仅包含了日常生活礼仪与规则，而且包含伦理道德及政治、宗教等教育内容。自春秋战国孔子述《六经》后，《礼经》一直是历代官学及私学的重要学习内容，因而其中所包含的礼仪思想与规则一直为后世教育所重视。

除了学生需要学习《礼经》等有关生活礼仪的内容外，在我国古代教育中亦颁布过多种学规，如宋代《白鹿洞书院揭示》提出了教育的目的在于使学生懂得与遵循父子亲、君臣义、夫妇别、长幼序及朋友信五种基本伦理道德规范；在处世接物方面，需要正义不谋利、明道不计功，以及“己所不欲，勿施于人”等。这些规定既涉及基本的伦理道德观念与范畴，也对学生如何对待父母、兄长、朋友，以及在日常生活中如何待人接物等做出了行为规范要求。类似地，宋代蒙学教材《童蒙训》既包含了旨在传授给儿童、使之掌握的基本伦理道德观念，也包含大量关于日常生活礼仪方面的准则与要求。明代吕坤的《社学要略》、清代《卧碑文》《圣谕十六条》、清代颜元的“六行”（孝、友、睦、姻、任、恤）思想等都包含了对于学生生活礼仪与日常行为习惯方面的要求与规定。

概括来说，我国古代教育强调的学生生活礼仪与日常行为习惯主要涉及在对待父母、长辈（老师和兄长）、朋友及陌生人方面的礼仪规范，以及日常行为习惯。其中某一些礼仪规范与伦理道德有关，如尊师敬长、孝悌、诚信等，而另外一些则更多侧重行为习惯，如吕坤的《社学要略》中规定，学生需要“称长者兄，长呼少者名，行则右行，坐则下坐，长者立则立，长者散则散……行步要安详稳重，不许跳跃奔趋……”。我们认为，对于今天学生核心素养体系的建构而言，传统教育中关于生活礼仪和日常行为习惯的内容具有重要借鉴和启示。因为，生活礼仪与日常行为习惯不仅仅是个体的基本行为规范或素养，更重要的是，这其中包含着深刻的伦理道德思想。生活礼仪与日常行为习惯的养成，是培养学生的伦理道德观念的起点与抓手。

六、其他

（一）自然科学技术素养

虽然我国古代教育相对偏重伦理道德及人文与历史知识素养，但是，在我国传统教育中，无论在官学还是私学中，自然科学技术知识也一直是比较受重视的教育内容。早在春秋战国时期，以墨家和农家为代表的思想家们非常重视培养学生的科学与技术知识，其目的在于使得兼士获得“各从事其所能”的实际本领。在当时的历史条件下，他们所创办的私学中教授的自然科学与技术知识达到了很高的水平，主要包括农业生产劳动技术、军事知识，以及自然科学知识，所涉及学科领域包括数学、光学、声学、力学，以及实用科学技术（器械制造）等。

及至隋唐时期，不同层次的系统学校教育制度逐渐建立起来。在这一时期的学校设置包括官学（又分为中央官学与地方官学）和私学。在隋唐时期的中央官学（国子监）与地方官学中开设的自然科学类课程包括算学、医学，其中对于医学尤其重视。唐代已经将医学具体划分为医科、针科、按摩科等，规定医科学生学习的课程包括体疗（内科）、疮肿（外科）、少小（儿科）、耳目口齿（耳鼻喉、口腔科）、角法（拔罐等）。在隋唐之后至明末清初，我国传统官学多采取与隋唐相似的学校设置模式，即除中央官学外，还包括各级地方官学及一些专科学校，其中专科学校包括武学、医学、算学，以及水利等自然科学与技术类课程或专业。

此外，在我国古代教育中，即使在以儒家经典为主要教学内容的官学或私学中，由于在这些经典著作中也通常包含有关天文、农学等知识内容，因此，学生在学习儒家经典等著作时也能够学习和了解到有关天文历法、农业等方面的知识。

对于自然科学技术知识的重视在清代教育中更加明显。在清代，统治者及教育思想家均越来越认识到实用知识的重要性。在清代乾隆年间，国子监曾仿宋代胡瑗的“经义治事分斋”遗法，实施分斋教学，分别设置经义斋和治事斋，其中治事斋学生学习的内容包括水利、天官、河渠、算法等内容。清代黄宗羲、颜元均强调学生应该学习实用知识技能。黄宗羲指出学生除应学习经学、史学、诗文外，还应掌握天文、数学、地理等自然科学知识。他曾撰写了《授时历故》《圆解》《割圆八线解》《今水经》等天文、数学与地理著作，并在教学中向学生传授这些方面的知识。颜元曾主持清代漳南书院，在其中设置六斋，分别为文事斋（课礼、乐、书、数、天文、地理）、武备斋（课黄帝、太公及孙、吴五子兵法，并攻守、营阵、陆水诸战法、射御、技击等科）、经史斋（课《十三经》、历代史、诰制、章奏、诗文等科）、艺能斋（课水学、火学、工学、象数等科）、理学斋（课静坐、编著、程朱陆王之学）和帖括斋（课八股举业），其中文事斋、武备斋、艺能斋的教学内容均涉及天文、地理、数学、水学、工学、火学等自然科学与技术的内容。

鸦片战争后，随着西方殖民主义者的入侵，中国统治者和有识之士均认识到我国在自然科学技术方面的落后与不足。出于富国强兵的目的，为解决我国自然科学技术人才不足的问题，在鸦片战争至清末的教育中，尤其突出侧重自然科学与技术知识，在教会学校、新式学堂等的课程设置中大多将西方学校教育中自然科学技术类课程照搬设置到中国学校中，这些课程包括数学类课程（如算术、几何）、测量学、物理学、天文学、地质学、矿物学、化学、动植物学等。

因此，虽然我国自夏商周到明代的学校教育以让学生学习经史辞章为主，但在这些经典著作中仍包含了一定的自然科学技术知识。此外，我国古代教育也通过专科学校或其他官学、书院中设置治事斋等方式，开设了一些自然科学与技术类课程。及至清代末年，既是由于受到西方近代启蒙思想的影响，也出于抵御外敌入侵的需要，这一时期的学校教育非常重视学生对于自然科学与技术知识、技能的学习和掌握。概言之，虽然长期以来自然科学与技术知识不是我国传统教育的突出内容，但也是我国传统教育内容中不可或缺的重要部分。及至近代，随着科技的发展，自然科学与技术知识更是成为我国学校教育的重要内容。

通过对我国传统教育向学生传授自然科学与技术知识的历史进行梳理与分析，还可以看出，对自然科学与技术知识的重视在一定程度上与我国不同历史时期自然科学与技术领域的发展程度密切相关。在我国古代，虽然教育中一直存在自然科学与技术的内容，但是这一时期的自然科学与技术教育是相对零散、不系统的。直到近代科技发展之后，在我国教育中才出现了比较系统、完整的自然科学与技术教育内容。当今世界自然科学与技术领域的发展与进步迅速，可谓日新月异。因此，从传承我国教育传统，适应教育发展趋势，以及顺应当今世界科技迅猛发展的时代背景的角度看，应该在学生核心素养指标体系中包含自然科学与技术知识素养。

（二）实践能力与创新能力

相对而言，我国传统教育侧重已有知识的传授，要求学生能够记住、复述或阐释所学知识，但是对于如何在实际生活中运用所学知识，在传统教育，尤其是在清代之前的教育中几乎不关注。在我国古代，知识分子抑或读书人作为社会中的巫史之官（夏商西周时期）或士、儒（春秋战国之后），他们具有较为完整但单一的知识结构和强烈的人文精神，重视在国家或社会事务中发挥作用，但是他们相对脱离社会生产劳动与实践，甚至会轻视生产劳动实践。总体而言，我国传统教育忽视了学生实际应用知识的能力与实践能力的培养。

封建社会末期，受到近代启蒙思想影响的教育思想家，如黄宗羲、颜元提出了实学教育思想，其中的一个重要内容即要求学生必须躬行实践，即将所学知识应用于实践，或者将知识学习与实践相结合。颜元还非常重视劳动教育，也反映了他对学生应该将所学知识应用于实践的教育思想。鸦片战争后至清末的学校教育，特别是在洋务派开设的新式学堂中，学生实践能力培养更是成为重要内容。以福州船政学堂为例，学生除学习英文、关于轮船制造或驾驶的基本理论课程外，还学习实践课程，包括船体建造、机械制造与操纵方面，甚至需要下海练船。

五四运动之后的学校教育也表现出强调教育实用性的特点，认为教育要从学生的生活实际出发，要促进个人生活能力、生产能力、创新能力、自主能力和解决问题能力的培养。如受到杜威的“教育即生活、学校即社会”思想的影响，陶行知提出了“生活即教育”“社会即学校”“教学做合一”“在劳力上劳心”等基本命题。他强调教育与社会生活实际密切联系，教育与生活，学校与社会要“血脉相通”，学校的教育要和社会生活实践、生产实践密切结合。

同时，由于我国教育强调学生继承已有的知识体系，尤其是儒家经典思想与观念，在中国传统社会，无论社会政治生活还是学校教育中，均存在强烈的统一与集权的倾向性。因而，在学校教育中，学生只需要记忆或阐释儒家经典或其他经史辞章，无须进行创新与发展。然而，到了封建社会末期，一些教育思想家认识到创新的重要性，如黄宗羲在其论著中多次提到创新。他认为学生贵在创新，应能够提出独立见解，并且提出了达到创新的四条途径，即由博致精（多读书，有渊博的知识，这是创新的前提）、重视“异同之论”、深思与能疑，以及讨论辩难。这也是我国教育与人才培养史上首次明确提出独创与创新。

第三节 传统文化与传统教育对核心素养遴选的启示

我国传统文化包含了丰富的有关个人修身养性（成德立人）的思想观点，而且其中许多内容在今天仍具有重大的借鉴与传承价值，如仁爱思想、孝亲爱国、正义、礼敬谦和及诚信自律等。我国传统教育重视对学生进行伦理道德（包括学生的生活礼仪与日常行为习惯）教育，人文与历史知识传授，文字表达能力培养，以及良好学习方法的养成等。传统教育在学生培养上重视的这些内容在当今的学校教育中仍具有传承价值。在建构中国特色（或民族的）学生核心素养指标体系时，理应继承与延续我国传统文化与传统教育中这些独具特色且仍富有现代价值的内容。

一、建构以道德修养为核心的学生核心素养指标体系

修身成德是我国优秀传统文化思想的核心，伦理道德教育是我国传统教育中最为突出的内容。我国传统文化、传统教育中对于道德修养的重视，与党的十八大报告中强调的“立德树人”思想及《国家中长期教育改革和发展规划纲要(2010—2020年)》提出的“德育为先、能力为重”的要求完全契合。我们认为，从继承我国优秀传统文化与教育思想，落实党和国家的教育政策方针，以及促进学生身心健康、全面发展等多个角度考虑，道德修养是我国基础教育阶段和高等教育阶段人才培养的重要内容，是学生核心素养指标体系的核心。

根据中华优秀传统文化中关于修身成德的思想和我国不同历史时期的学校教育培养学生的内容与要求，建构以道德修养为核心的学生核心素养指标体系，需要以培养学生的仁爱精神为根本，以社会关怀、家国情怀和人格修养教育为重点，引导儿童、青少年学生养成崇高的道德品质、文明的行为方式和深厚的文化修养。

第一，倡导“仁民爱物”精神，使学生爱人如已、心怀天下和奉献社会。引

导学生通过扩充仁爱之心和践行忠恕之道，建立“人我一体”“物我一体”的信念，使学生认识到自我在社会及宇宙中的地位和责任，激发“自强不息”的使命感和“仁民爱物”的社会责任感，最终养成“自强不息”“爱人如己”“奉献社会”“开放包容”“物我和谐”的道德品质，形成心怀天下的责任心、和而不同的包容心、守望相助的友善心、推己及人的同理心，使学生能正确处理个人与他人、个人与社会、个人与自然的关系。

第二，弘扬“孝亲爱国”精神，激发学生的乡土情感和家国情怀。围绕“孝敬父母”“尊敬长辈”“感恩”“热爱家乡和祖国”四个方面，通过培养学生爱父母、敬长辈的道德情感，唤起学生的感恩意识，使其不断知觉到家乡和祖国对自己的养育之恩，从而培养学生的乡土情感和民族情怀，激发对家乡和祖国的热爱，建立家庭、家乡和祖国一体相关的家国情怀，最终提升学生的国家认同感和民族自豪感。

第三，重视人格修养，养成学生“重义轻利”和“诚信自律”的精神。通过培养学生的羞耻感和荣辱心，使学生自幼认识到自私自利、损人利己的思想和行为是可耻的，不断强化学生“见利思义”“重义轻利”的道德观念，做到能不为利益所动，明辨是非、坚持正义，养成行己有耻、见义勇为的道德品格，自觉维护伦理道义和社会正义。大力提倡“诚信”精神，不断培养学生自我反省的能力，强化学生道德自律观念，引导学生善于自我约束和自我管理，严格做到真诚不欺、诚实守信，确保维持个体的正常人际交往和社会的正常运转。

第四，强化礼仪教育，使学生礼敬谦和、遵守规范、举止文明。通过生活礼仪教育，使学生自觉体会到礼仪中所蕴含的尊敬、节制、谦让、和谐的精神，并以礼仪规范行为，养成谦恭礼让、举止文明的君子人格，全面提升学生的文明素养，保障个体成功融入社会，实现自身与他人、与社会的和谐相处。

第五，关注文化修养，重视学生的人文历史知识、求学治学方法和文字表达能力。引导学生系统掌握中国传统文化、历史、文学与艺术知识，具备人文精神和一定的艺术修养，能够初步从事人文历史研究。重视学生文字表达能力的培养，需要着力培养学生的中文表达能力，使学生能够运用汉语进行准确、流畅、清晰的口头、书面表达，与人进行有效的语言沟通与交流。重视学生良好学习方法与能力的培养，需要学生掌握有效的学习方法与策略，养成良好的学习习惯，具备自主学习能力，即学会学习。

二、传统文化与传统教育分析仅是学生核心素养指标体系建构视角之一

我国传统文化和传统教育中包含的丰富思想和优良传统，为民族的、科学的、现代的学生核心素养指标体系的建构提供了重要借鉴。学生核心素养指标体系的建构需要吸收和纳入中华民族优秀的传统文化与传统教育中的重要内容。然而，传统文化与传统教育分析仅仅是建构现代学生核心素养体系时可参照的视角之一。除了借鉴和传承中华优秀传统文化与传统教育中具有启示意义和价值的内容之外，学生核心素养体系的建构还应对现代教育与学生发展理论、国际上教育与学生培养的经验等进行总结与思考，深入分析当今世界教育与人才培养趋势、我国社会历史时代背景与社会需求，并借助实证调查来广泛征询社会各群体的宝贵意见。在这些工作的基础上，通过深刻的理论思考，运用科学的方法，才能建构出系统而科学的学生核心素养体系。

第四章

从现实需求中归纳核心素养

“没有调查，没有发言权”，鉴于世界主要发达国家都分别建构适合自己国家的学生核心素养体系，以及学生核心素养对于我国深化教育改革的重要性，因此有必要广泛调查了解社会各行各业中有突出成就和影响力的人群对中国学生所应具备的核心素养的需求和看法，从现实需求中归纳总结出公众认可的学生核心素养，以期为建构适应我国现阶段社会需要、适应时代发展和具有我国文化特色的学生核心素养体系提供建议。

通过对国际文献的梳理发现，在建构核心素养体系时，不同国际组织和国家基于各自的社会现实采取了不同的研究思路，分别是：自上而下型、自下而上型和二者结合的整合型。整合型研究思路同时吸收前两种思路的优点，既关注核心素养的理论分析，又反映民众的意见和期望，成为当前国际上开展核心素养研究的理想范式。本章将介绍基于整合型研究思路开展的我国学生核心素养的实证研究。研究过程中，我们通过对社会上有代表性的不同专家群体（包括教育与心理学领域、人文社会科学领域、自然科学领域、一线教育工作者、知名企业家群体等）的观点进行访谈和问卷调查，为在充分把握国情的基础上，建构符合我国现实需要的学生发展核心素养体系提供科学依据。

第一节 核心素养的研究思路与方法

一、研究目标

通过向不同领域专家群体征求意见，对学生核心素养的内涵、结构及指标达成最大化共识，为建构学生发展核心素养体系提供建议。

二、研究原则

（一）科学性原则

学生发展核心素养体系的研究必须以人的全面发展为出发点，符合学生身心发展与教育教学活动实践等方面的客观规律。同时，必须采用科学的手段和方法，确保研究过程的严谨性和系统性，使每个研究环节均符合实际，尊重客观事实，确保核心素养指标从界定到遴选，再到总框架的建构，都有充分的科学依据。

（二）时代性原则

学生发展核心素养体系总框架要反映新时期社会对人才的新要求，反映世界教育与经济发展的趋势。当今时代，科技进步日新月异，知识经济迅猛发展，全球化、信息化步伐明显加快。基于此背景下的新型人才观，要求未来的教育应该致力于培养具有国际意识、国际交流能力、国际竞争力，具备创新精神、实践能力及信息素养的21世纪人才。学生发展核心素养体系总框架的建构，必须考虑这一新时代人才观的要求，确保核心素养体系能与社会需求接轨。

（三）民族性原则

各国在遴选学生发展核心素养指标的过程中不仅表现出适应时代发展需求的共同趋势，也都强调核心素养体系的建构必须植根于本民族的文化历史土壤之中。中华民族历史源远流长，民族文化经过一代又一代人民的锤炼与沉淀，已经成为中国人民族特征的一部分，极大地影响了社会运行模式与社会公民观念。因此，学生发展核心素养体系总框架的建构，必须要充分考虑我国国情，对我国当前和未来一段时间内经济、政治、文化和社会发展的人才需要进行科学分析，认真剖析中华民族文化本性并挖掘中华民族的教育智慧，继而建构起真正符合中华民族发展需要，能切实为建设中国特色社会主义服务的学生发展核心素养体系。

三、研究思路与方法

在建构核心素养体系时，不同国际组织和国家基于各自的社会现实采取了不同的研究思路：一是自上而下型，主要由研究团队或项目组基于理论研究与文献分析，提出有关核心素养的理论构想与初步内容框架，再深入实践、广泛征求各界人士的意见和建议，以修改和完善核心素养体系，例如联合国教科文组织。自上而下的研究思路能够在较短时间内提出基于公众意见的核心素养内容体系，是一种历时短、收效快的研究思路。但是，预先提出的方案会在一定程度上影响公众的意见和决策，因而有可能会遮蔽掉一些在预选方案之外的核心素养内容和指标，导致核心素养体系无法全面反映出公众的需求和意见。二是自下而上型，主要通过广泛地征求民众和专业人士的意见来提炼和建构核心素养体系，例如经合组织。自下而上的研究思路可以更好地反映利益群体的意见，使核心素养的体系更为合理，但这一优势是以时间和效率为代价的。三是整合型，主要是把自上而下与自下而上两种思路相结合，在开展理论研究的同时广泛征求公众意见，最后将这两种范式下获得的结果进行整合，例如美国 21 世纪技能联盟。相较而言，三种研究思路各有特色。自上而下的研究思路主要基于演绎推理范式，自下而上的研究思路主要基于归纳推理范式，整合型研究思路则同时吸收前两种思路的优点，既关注核心素养的理论分析，又反映民众的意见和期望，成为当前国际上开展核心素养研究的理想范式。

基于国际经验，立足我国国情，由北京师范大学、华南师范大学、河南大学、山东师范大学和辽宁师范大学五所高校组成联合攻关项目组，围绕研究目标采取自上而下与自下而上相结合的整合型思路，运用定性研究与定量研究的方法，开展学生核心素养实证调研，以期为学生核心素养体系的建构提供建议。

四、研究设计与实施

（一）研究的整体设计

研究在借鉴国际经验的基础上，采用焦点小组访谈（个别访谈）与问卷调查相结合的方式进行。焦点小组访谈（个别访谈）的目的在于获取各领域专家对我国学生核心素养体系建构的意见。即将同一个领域的专家组成小组，按照结构化访谈提纲对他们进行访谈，请他们分享和讨论对于学生核心素养的看法；对于无法参加焦点小组访谈的专家进行个别化访谈，访谈提纲同焦点小组访谈。访谈主要围绕的问题是："为了应对未来社会的发展变化和我国的实际国情需要，通过不同阶段的学校教育之后，在学生进入社会的时候，我们希望他们应该具备什么样的核心素养？在您看来，核心素养在小学阶段/初中阶段/高中阶段/大学阶段有什么表现或特点？"

问卷调查安排在每场焦点小组访谈之后，即在专家结束讨论之后，请他们完成一份调查问卷（见表 4-1）。问卷由两部分组成，第一部分是课题组通过文献分析整理出的各国际组织和国家提出的 32 项核心素养指标，请专家们从中选出他们认为的我国在建构学生核心素养体系时可借鉴的指标。问卷调查的第二部分是一个开放式问题，即请专家填写他（她）认为 32 项以外未被涵盖的重要核心素养。

表 4-1　我国学生核心素养意见征求表

核心素养指标	赞同的，请画钩	其他看法或建议
1. 人际交往与合作	□	
2. 团队合作	□	
3. 信息技术素养	□	
4. 母语能力	□	
5. 学会学习	□	

续表

核心素养指标	赞同的，请画钩	其他看法或建议
6. 独立自主	□	
7. 数学素养	□	
8. 外语能力	□	
9. 计划、组织与实施	□	
10. 自我管理	□	
11. 创新与创造力	□	
12. 问题解决能力	□	
13. 主动探究	□	
14. 社会参与和贡献	□	
15. 公民意识	□	
16. 尊重与包容	□	
17. 科学素养	□	
18. 多元文化理解	□	
19. 健康素养	□	
20. 国际意识	□	
21. 生活管理能力	□	
22. 自信心	□	
23. 生涯发展与规划	□	
24. 冲突解决能力	□	
25. 可持续发展意识	□	
26. 反思能力	□	
27. 适应能力	□	
28. 情绪管理能力	□	
29. 环境意识	□	
30. 审美能力	□	
31. 法律与规则意识	□	
32. 安全意识与行为	□	
除以上各国际组织和国家提到的核心素养以外，您认为我国的学生还应该具备怎样的特征，才能适应现代社会和未来发展？请把您的意见和建议填入下面的方框内：		

在焦点小组访谈（个别访谈）和问卷调查结束之后，我们对部分专家的访谈录音进行文本分析，提出编码方案，再根据编码方案对所有录音资料进行量化分析（详细介绍见下文）。同时，对问卷调查的结果进行统计分析。结合焦点小组访谈（个别访谈）和问卷调查的分析结果，我们将提出对于我国学生核心素养体系建构的建议。核心素养实证研究整体流程图见图 4-1。

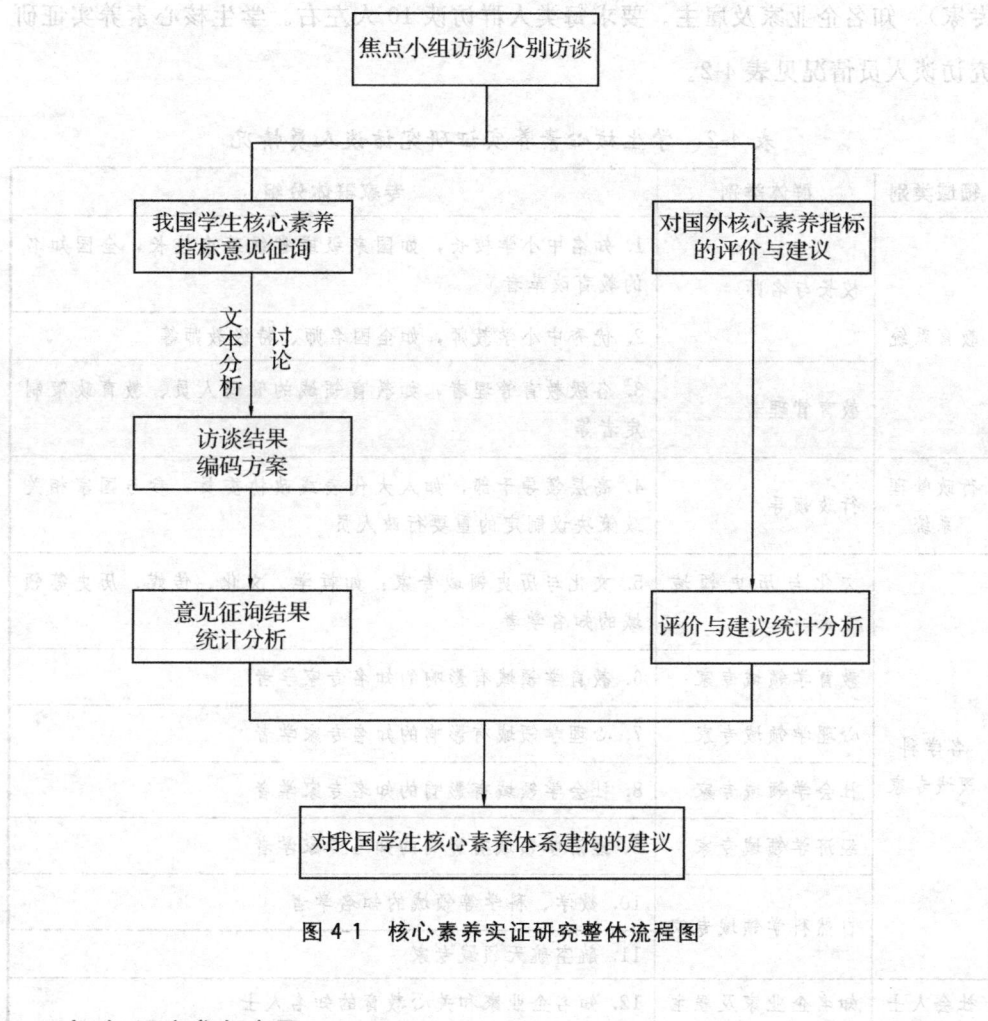

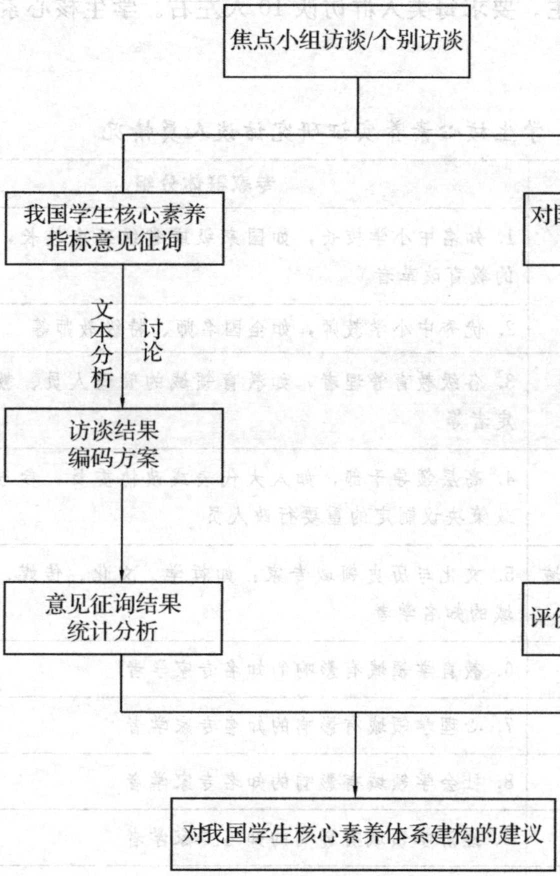

图 4-1　核心素养实证研究整体流程图

（二）调查参与人员

在借鉴各国际组织和国家研究核心素养经验的基础上，我们访谈和问卷调查的对象涉及四个领域的十类群体。四个领域为教育系统、行政管理系统、各学科领域专家和社会人士，群体类别主要涉及校长与名师（分为知名中小学校长和优秀中小学教师两类）、教育管理者、行政领导、文化与历史领域专家（在后期数据处理中，将社会学领域专家同文化与历史领域专家合并为“人文历史领域专家”）、教育学领域专家、心理学领域专家、社会学领域专家、经济学领域专家、自然科学领域专家（又进一步分为数学、科学等领域的知名学者和航空航天领域专家）、知名企业家及雇主。要求每类人群访谈 10 人左右。学生核心素养实证研究访谈人员情况见表 4-2。

表 4-2　学生核心素养实证研究访谈人员情况

<table>
<tr><th>领域类别</th><th>群体类别</th><th>专家群体分组</th></tr>
<tr><td rowspan="3">教育系统</td><td rowspan="2">校长与名师</td><td>1. 知名中小学校长，如国家级或省级著名校长，全国知名的教育改革者</td></tr>
<tr><td>2. 优秀中小学教师，如全国名师、特级教师等</td></tr>
<tr><td>教育管理者</td><td>3. 各级教育管理者，如教育领域的管理人员、教育政策制定者等</td></tr>
<tr><td>行政管理系统</td><td>行政领导</td><td>4. 高层领导干部，如人大代表或政协委员，参与国家相关政策决议制定的重要行政人员</td></tr>
<tr><td rowspan="7">各学科领域专家</td><td>文化与历史领域专家</td><td>5. 文化与历史领域专家：如哲学、文化、传媒、历史等领域的知名学者</td></tr>
<tr><td>教育学领域专家</td><td>6. 教育学领域有影响的知名专家学者</td></tr>
<tr><td>心理学领域专家</td><td>7. 心理学领域有影响的知名专家学者</td></tr>
<tr><td>社会学领域专家</td><td>8. 社会学领域有影响的知名专家学者</td></tr>
<tr><td>经济学领域专家</td><td>9. 经济学领域有影响的知名专家学者</td></tr>
<tr><td rowspan="2">自然科学领域专家</td><td>10. 数学、科学等领域的知名学者</td></tr>
<tr><td>11. 航空航天领域专家</td></tr>
<tr><td>社会人士</td><td>知名企业家及雇主</td><td>12. 知名企业家和关心教育的知名人士</td></tr>
</table>

学生最终都要进入社会，从事各行各业的工作，主要集中在政府、企业和学校等部门。对于学生需要具备哪些核心素养才能适应社会的需求这一问题，只有

不同领域中有突出成就和影响力的专家才能给出正确的答案，因为没有谁比他们更了解某一领域需要什么样的人才。教育系统（一线教育工作者）和各学科领域（文、理科）的访谈人员最了解学生完成学业前的情况，与学生的学业密切相关；各级行政领导和知名企业家最了解学生完成学业进入社会后的情况，与学生的就业及工作发展联系紧密。被访专家来自社会各行各业，且都是在行业内具有较高影响力、具有突出成就的优秀代表，他们对于当今社会需要怎样的人才有着较一般大众更为准确、深刻的认识。

基于上述考虑，我们选取了四个领域中的十类人群进行座谈（访谈）和问卷调查。自 2013 年 5 月 16 日到 7 月 10 日，我们先后在北京、广东、河南、山东、辽宁开展了 48 场专家座谈会和 33 次个别访谈。座谈和访谈的专家共计 608 名，其中包含教授 347 人、院士 6 人、中小学校长 48 人，以及各级行政领导、知名企业家等，是有较强代表性的样本。在接受调查的各界专家中，座谈（访谈）调查共收集了 585 位专家的有效数据，并有 566 位专家完成了问卷。

（三）访谈实施流程

焦点小组访谈（个别访谈）的开展，均按照以下统一规范的流程进行。

1. 发放学生核心素养项目的相关资料

为保证专家在接受访谈之前对所探讨的问题有充分的了解与思考，研讨会开始前，我们向专家发放了相关资料。资料包括：研究说明（包括项目研究要实现的目标，学生核心素养概念的内涵界定，国际上关于核心素养的研究现状综述等），与所探讨问题密切相关的研究文献。

2. 介绍座谈（访谈）的目的和问题

研讨会开始后，主持人或访谈员再次向专家介绍访谈的目标和目的，以及要访谈的主要问题：通过不同阶段的学校教育，在学生进入社会的时候，我们希望他们具备什么样的核心素养?

在研讨会进行前，主持人必须认真研读文献资料，包括国内外相关研究成果、核心素养的概念内涵等，要对核心素养领域内的研究有一个深层次的把握，才能在研讨中更好地引领话题。

3. 围绕访谈的问题，组织专家进行研讨

请专家就要访谈的主要问题自由发言，主持人在适当的时候对发言人进行追问。

4. 发放调查问卷

研讨会完成后，向专家发放《核心素养意见征求表》，请专家们对国外研究得出的核心素养指标进行评价，选出他们认为重要的核心素养指标。

（四）对焦点小组访谈（个别访谈）结果进行文本整理及制订编码方案

在每一场座谈（访谈）中，均对专家意见进行现场录音。会议后将这些录音进行转录和校对，得出每位专家的意见文本。

首先对30名专家的意见文本做文本分析和原始编码，综合考虑国际经验、我国的教育方针政策，以及心理学与教育学的相关理论，我们经过反复讨论确定了编码方案，在此基础上，使用Nvivo软件对访谈结果进行编码和数据处理分析。编码方案体系包含健康与安全、知识基础、学习与发展、与人交往、公民意识五大项，下设一级指标20个，二级指标46个（见表4-3）。

表4-3　核心素养编码方案体系

领域	一级指标	二级指标及内涵界定
健康与安全	健康素养	·身体健康：身体健康，健壮。 ·心理健康：心态平和，情绪稳定，能良好地适应环境，自信，乐观，积极向上。 ·健康的生活方式：健康饮食，运动习惯，自主调节（这里指行为上的）。 ·健康意识：善待自己，了解有关健康的知识等（这里主要指思想的）。
	安全意识与行为	·安全行为：遵守安全规则，拒绝高风险行为。 ·安全意识：了解相关安全知识，有自我保护知识及意识，有防骗意识。
知识基础	语言素养	·母语能力（这里主要指语言能力，交流沟通能力在人际交往部分）：母语口头表达与理解、书面表达与理解，文字、符号运用等。 ·外语能力：外语口头表达与理解，书面表达与理解。
	数学素养	·与数学有关的各种素养。

续表

领域	一级指标	二级指标及内涵界定
知识基础	科学素养	·科学知识：了解和掌握科学知识，可以用科学知识解释日常生活现象，了解生活常识（主要指能力）。 ·科学精神：以科学的态度来解释生活内外的事件，反对迷信。
	信息技术素养	·包含有关信息技术的基本知识，信息收集，信息选择，信息管理能力等。
	艺术素养	·审美，艺术表达。
	人文素养	·人文科学知识，人文精神。
学习与发展	学会学习	·学习方法。 ·学习习惯。 ·学习能力。 ·学习动机。
	问题解决与实践	·提出和解决新问题的能力：偏重对于未知问题（多为科学）的探索。 ·问题的解决与决策：偏重对于普通问题的解决、决策。 ·探究精神：在问题解决中能够深入思考，通过思考、尝试、实验、反复探索等解决复杂问题。 ·实践能力：将已掌握的知识与技能用于实践。
	批判与创造	·批判精神：勇于质疑，提出不同意见、观点等。 ·批判能力：反思与质疑的能力。 ·创新精神：创新意识，勇于创新，敢于冒险。 ·创造能力与创新技能：用创造性的方法解决问题，产生新想法、新问题、新产品。
	自我管理	·客观的自我认识与评价：认识自己的能力，对自己有恰当评价，了解自我。 ·独立自主：独立人格，独立思考，自主行动，自强自立。 ·生活管理能力：生活自理，基本生活能力，金钱管理，日常事务管理，日常行为习惯。 ·生涯发展与规划：职业技能，各种创业方法，生涯规划。 ·计划与实施：制订计划，执行计划，执行力，执行任务的能力。 ·坚持性：毅力、坚忍不拔。

续表

领域	一级指标	二级指标及内涵界定
与人交往	沟通与交流	·沟通与交流能力：沟通，交流，表达与倾听。 ·冲突解决能力：管理与解决冲突，处理冲突。
	合作能力	·与他人合作：合作能力，与人合作，互助。 ·团队合作：在团队中担任工作、承担责任，团队合作。
	道德品质	·诚实守信：诚信，言行一致。 ·尊重与包容：尊重他人，包容，容忍不一样，尊重多样性。 ·公平与正义：公平公正，富有道德感。 ·宽仁慈爱：富有同情心，关怀他人。
公民意识	法律与规则意识	·遵守法律：法律意识，守法公民，依法办事。 ·规则意识：遵守规则，契约精神，理解行为受到规则限制。 ·公民权利意识：维护权利，行使公民权利。
	国家认同	·热爱祖国，了解和热爱祖国的文化，民族自豪感。
	社会责任与公民义务	·责任心：富有责任心，勇于承担责任，对……负责。 ·社会参与：参与社区、社会活动，思考与参与公共事务。 ·社会贡献：铭记社会总体利益，贡献个人力量。
	国际意识与多元文化	·国际意识：全球化思维，国际化，全球化，世界公民，世界规则，进入全球体系。 ·多元文化：跨文化技能，认同和理解多元文化，多元包容，对其他文化的学习、理解与尊重。
	可持续发展意识	·可持续发展意识：节约，可持续发展责任。 ·环境意识：环境保护，生态维持与发展。

第二节　社会与民众对核心素养的期盼与需求

一、不同群体对我国学生核心素养的意见（访谈分析结果）

（一）各地区调查结果的一致性

首先，我们分别对编码方案中各指标在不同地区被提及的人数百分比进行了分析，结果见表4-4。

表4-4　各指标在不同地区被提及的人数百分比

领域	一级指标	百分比				
		北京	河南	山东	辽宁	广东
健康与安全	健康素养	46.84%	48.84%	62.14%	37.10%	49.33%
	安全意识与行为	1.27%	0.00%	3.88%	0.81%	2.00%
知识基础	语言素养	6.33%	4.65%	20.39%	9.68%	8.67%
	数学素养	2.53%	0.78%	6.80%	5.65%	5.33%
	科学素养	7.59%	15.50%	19.42%	8.87%	17.33%
	信息技术素养	5.06%	6.20%	11.65%	8.06%	18.00%
	艺术素养	11.39%	6.20%	10.68%	12.10%	18.00%
	人文素养	25.32%	13.18%	20.39%	24.19%	24.00%
学习与发展	学会学习	39.24%	18.60%	57.28%	32.26%	36.67%
	问题解决与实践	30.38%	24.03%	42.72%	19.35%	24.67%
	批判与创造	25.32%	31.01%	40.78%	22.58%	41.33%
	自我管理	43.04%	59.69%	57.28%	28.23%	38.00%
与人交往	沟通与交流	24.05%	18.60%	36.89%	7.26%	20.00%
	合作能力	29.11%	19.38%	39.81%	19.35%	21.33%
	道德品质	50.63%	64.34%	72.82%	45.16%	48.00%

续表

领域	一级指标	百分比				
		北京	河南	山东	辽宁	广东
公民意识	法律与规则意识	25.32%	11.63%	39.81%	13.71%	22.00%
	社会责任与公民义务	31.65%	34.88%	38.83%	18.55%	22.67%
	国家认同	16.46%	8.53%	12.62%	7.26%	13.33%
	国际意识与多元文化	10.13%	20.93%	13.59%	14.52%	12.00%
	可持续发展意识	7.59%	3.88%	9.71%	10.48%	3.33%

可以看出，不同地区的专家在访谈中涉及各指标的广度略有差别。如山东组专家在访谈中对各指标的提及次数均较高，说明其访谈中涉及的问题范围更加广泛、全面，专家更多地从核心素养体系的完整性方面考虑。但这种差别并不影响各组数据所反映出的趋势一致性（见图 4-2）。

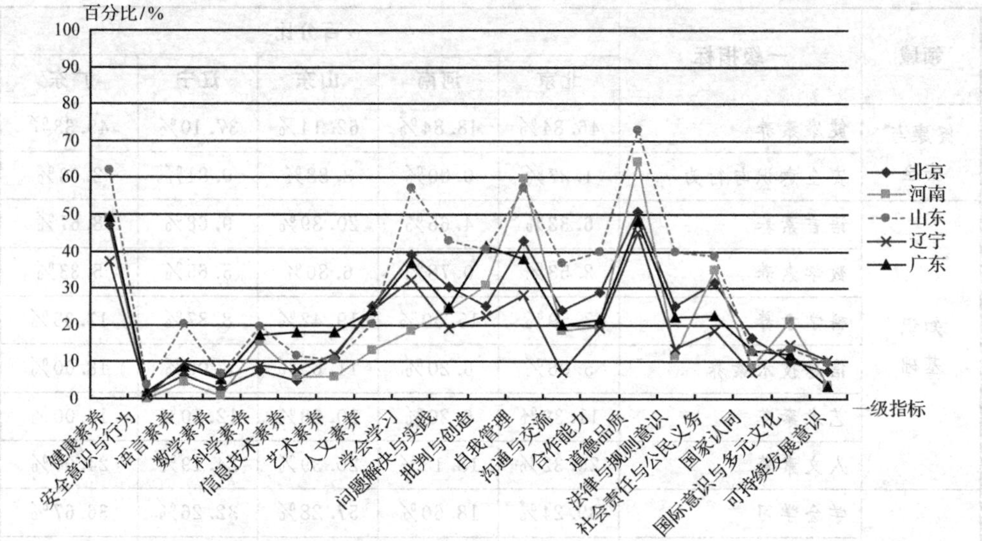

图 4-2　不同地区访谈结果的比较

从图 4-2 中可以看出，不同地区的访谈结果具有高度的一致性。不同地区的专家对学生核心素养表达了相当一致的看法，均在健康素养、学会学习、自我管理、道德品质、社会责任与公民义务五个方面提及频率较高，而对学科知识方面的指标，如语言素养、数学素养、科学素养等，则提及的频率较低。

基于这种较高的一致性，我们在后面的分析中将各地区的数据进行合并。

（二）编码方案中各级指标被提及的人数百分比

将各地区的访谈数据合并，对编码方案中各指标被提及的人数百分比进行分析，其结果如表 4-5 所示。

表 4-5　我国学生核心素养的访谈结果

领域	一级指标	百分比	二级指标	百分比
健康与安全	健康素养	48.55%（11.11%）	身体健康	21.71%
			心理健康	39.83%
			健康的生活方式	2.74%
			健康意识	2.39%
	安全意识与行为	1.54%（0.17%）	安全行为	0.34%
			安全意识	1.20%
知识基础	语言素养	9.74%（1.88%）	母语能力	7.52%
			外语能力	4.27%
	数学素养	4.27%		
	科学素养	14.19%（10.94%）	科学知识	2.56%
			科学精神	4.44%
	信息技术素养	10.43%		
	艺术素养	11.97%		
	人文素养	21.20%		
学习与发展	学会学习	35.73%（12.65%）	学习方法	2.56%
			学习习惯	4.79%
			学习能力	15.56%
			学习动机	13.68%
	问题解决与实践	27.35%（8.21%）	提出和解决新问题的能力	5.81%
			问题的解决与决策	8.03%
			探究精神	4.62%
			实践能力	11.45%
	批判与创造	32.82%（8.38%）	批判精神	2.74%
			批判能力	6.15%
			创新精神	12.82%
			创造能力与创新技能	18.80%

续表

领域	一级指标	百分比	二级指标	百分比
学习与发展	自我管理	44.79%（8.38%）	客观的自我认识与评价	4.96%
			独立自主	11.11%
			生活管理能力	9.06%
			生涯发展与规划	12.65%
			计划与实施	1.71%
			坚持性	22.05%
与人交往	沟通与交流	20.51%（8.03%）	沟通与交流能力	15.04%
			冲突解决能力	2.74%
	合作能力	24.79%（11.79%）	与他人合作	7.69%
			团队合作	15.21%
	道德品质	55.73%（41.54%）	诚实守信	14.70%
			尊重与包容	13.50%
			公平与正义	4.44%
			宽仁慈爱	18.12%
公民意识	法律与规则意识	21.54%（5.30%）	遵守法律	9.23%
			规则意识	11.11%
			公民权利意识	2.91%
	国家认同	11.28%		
	社会责任与公民义务	28.55%（13.68%）	责任心	18.97%
			社会参与	2.56%
			社会贡献	5.13%
	国际意识与多元文化	14.53%（7.35%）	国际意识	6.50%
			多元文化	5.13%
	可持续发展意识	6.67%（1.54%）	环境意识	1.71%
			可持续发展意识	5.47%

注：表中一级指标的提及人数百分比并非其下属二级指标数据的简单加和。在座谈中存在较多同时提及两个同属一个领域的二级指标的情况，也有些专家使用的概念本身比较宽泛，只能编码为一级指标。一级指标的合成考虑到了这些情况。其中一级、二级指标百分比的计算均为提及人数除以总人数，括号内数据为一级指标被直接提及的百分比。

对编码结果进行分析，可归纳出访谈专家对我国学生核心素养的看法有以下几个特点。

1. 重视道德品质、意志品质，具有鲜明的民族特色

由表 4-5 中数据可见，道德品质是被提及频率最高的一个一级指标，在所有专家中的被提及频率为 55.73%。中华民族历来重视“德”，一贯倡导立人要先立德，以德为立人之本。受访专家对道德品质的一致重视再次体现了道德修养在中国人心目中的位置。如北京市建华实验学校李金初校长在访谈中谈道：“做人的根本是道德的问题……”也有不少专家是从肯定《国家中长期教育改革和发展规划纲要(2010—2020 年)》在战略主题中提出的“坚持德育为先，能力为重”的角度表达了他们将道德品质纳入我国学生核心素养体系的观点。如北京青年政治学院前院长王殿卿教授说：“党的十八大提出来，要把立德树人作为教育的根本任务，这个提法是给中国教育一个新的定位……这是很有针对性的，我们的教育改革的方向明确了，要立德树人，教育要干这个，不是干别的……要在立德树人上达到老百姓满意，特别是立德。”北京市东城区光明小学校长、美术特级教师廖文胜谈道：“我觉得立德树人的教育真是中华文明的教育，所有的知识培育其实都是有关‘德’的。”

对道德品质的二级指标做分析，可以看到更鲜明的民族特色。国际上，道德素养的内涵主要涉及遵守规则规范的内容，但被访专家论及道德时，更多地谈到了宽容、富有同情心、关怀他人、孝顺、感恩等内容。我们将这些内容纳入二级指标“宽仁慈爱”之中，该指标被提及的频率为 18.12%，是道德品质之下的二级指标中被提及频率最高的一个。被访专家对道德品质内涵的理解说明，在道德素养上，中国人更为注重情感层面。

访谈结果中所体现的另一突出民族特色的是，被访专家对于坚持性和主动性等意志品质方面的内容也非常关注，二级指标“坚持性”在全体被访专家中的被提及频率是 22.05%。许多专家都提到“意志坚强”“坚定的毅力”“坚忍不拔的精神”“坚持”等，而这些成分在其他国家的素养体系中几乎没有出现过。“凡事贵有恒”“有志者事竟成”“锲而不舍，金石可镂”等成语和诗句在我国深入人心，对学习或所从事事业的坚持历来为我国文化所重视，被访专家对坚持性的关

注反映了我国传统文化对个人意志品质的强调。

2. 相对于知识基础，被访专家更为重视健康素养、自我管理、学会学习，以及批判与创造，反映出明显的时代性

在道德品质之后，被提及频率较高的素养依次是：健康素养、自我管理、学会学习、批判与创造，而传统学校教育特别强调的知识基础，被提及频率远低于这四种素养。这反映出随时代变迁，个体核心竞争力的内涵已发生了重要的变化。

如表4-5所示，一级指标“健康素养”的被提及频率为48.55%，仅次于道德品质。在四项二级指标中，身体健康和心理健康的被提及频率也都较高，分别为21.71%和39.83%。近年来，随着社会生活节奏的加快、社会竞争的加剧，健康问题给人们生活带来的困扰日益凸显，健康素养对人们生活质量的重要性也日益受到关注。在谈及健康素养时，被访专家中具有高度一致性的一个观点是，良好的健康素养，包括健康的心理，是适应现代社会、应对现代社会各种挑战的基础与前提。如北京五中前校长吴昌顺说道：“我在学校在职期间主张做全人教育，这是我们中学至关紧要的，人字怎么写，一撇，身体健壮；一捺，心理健康，形成健全的人格。”北京师范大学教育学院前院长、“长江学者”特聘教授张斌贤教授说：“维护身体健康、维护心理健康，这是无论对哪个社会都需要的。”天津师范大学心理与行为研究院白学军教授也明确提到，心理健康和身体健康的结合是“做事的基础”。

自我管理、学会学习，以及批判与创造都属于学习与发展范畴的内容。尽管专家们很少明确而直接地表达出终身发展、个体可持续发展的观点，但从他们对这几项二级指标的较高关注度可知，在现代社会，健康自我的形成与发展、学习的能力与动机、创造性等，而非单纯的知识掌握，是决定个体核心竞争力的主要方面。北京大学教育学院教授、国务院学位委员会学科评议组成员陈学飞教授谈道：“教育实际上核心的东西是激发学生的兴趣，让他保持不断求知的欲望。如果人一辈子有这种欲望和能力的话，他真的会不断地长进。”教育部教育发展研究中心副主任韩民也谈道：“现在是一个知识爆炸的社会，你学得再多，这也仅仅是你一生当中的知识和能力的很少一部分。所以，怎么去学习，就是掌握这种学习的能力，不断地

去学习，这是一个非常关键的能力。”

3. 某些内容相对忽视

在访谈中，健康素养被提及的频率很高，专家们对于身体健康也十分重视。但同时，与此相对应的一级指标“安全意识与行为”却只有极个别专家提到，说明中国现阶段的教育中对于安全的重视还十分不够。同样，在公民意识领域中，“责任心”这一二级指标被提到的频率相对较高，但与此相对应的二级指标“公民权利意识”却极少被提到。说明我国社会在思考公民意识时更多强调公民的贡献、应承担的责任和义务，而对公民所具有的权利相对忽视。

需要指出的是，从访谈实际情况来看，绝大多数被访专家在访谈中主要是谈论若干个自己较为感兴趣或是思考较多的素养，只有个别专家对他们所构思的核心素养整体框架做了描述。基于此，可以认为，访谈中各指标的被提及频率主要反映了被访专家所认为的最重要的或是现阶段普遍缺少的素养，而某些必要的素养指标可能并未体现在访谈结果之中。因此，对我国学生核心素养体系的建构不能完全依赖于访谈结果，自上而下的研究取向是必要的。

(三) 各领域专家的意见对比

在调查中，我们有意识地选择从事不同工作、活跃于不同领域的专家作为被访群体。这些专家因工作性质和学科背景的不同，在对学生核心素养的意见上会存在一定的差异。因此，综合对比各领域专家的意见，将反映出社会中的不同群体对于未来人才的期待，也能够体现学生在社会生活的不同侧面所应具备的核心素养。

1. 各领域专家对“健康与安全”领域各素养的意见对比

各领域专家对“健康与安全”领域各素养的意见对比见表 4-6。

表 4-6　各领域专家对“健康与安全”领域各素养的意见对比

一级指标	二级指标	百分比								
		教育学	教育管理	经济学	行政领导	企业家	人文历史	校长与名师	心理学	自然科学
健康素养		50.00%	65.91%	48.84%	71.88%	52.08%	30.37%	63.64%	75.51%	32.14%

续表

一级指标	二级指标	百分比								
		教育学	教育管理	经济学	行政领导	企业家	人文历史	校长与名师	心理学	自然科学
	身体健康	30.00%	47.73%	16.28%	40.63%	14.58%	9.63%	28.57%	30.61%	14.29%
	心理健康	44.00%	47.73%	34.88%	59.38%	47.92%	24.44%	50.65%	63.27%	26.79%
	健康的生活方式	2.00%	2.27%	2.33%	3.13%	2.08%	2.22%	3.90%	8.16%	1.79%
	健康意识	2.00%	2.27%	2.33%	3.13%	0.00%	0.74%	7.79%	4.08%	0.00%
安全意识与行为		2.00%	6.82%	2.33%	3.13%	2.08%	0.74%	0.00%	2.04%	0.00%
	安全行为	0.00%	0.00%	0.00%	0.00%	2.08%	0.74%	0.00%	0.00%	0.00%
	安全意识	2.00%	6.82%	0.00%	3.13%	0.00%	0.74%	0.00%	2.04%	0.00%

注：在各领域专家意见对比分析中，将“社会学领域专家”同“文化与历史领域专家”合并为“人文历史领域专家”，下同。

由表 4-6 中数据可见，各领域的专家都十分注重健康素养，该素养在九个领域中被提及频率为 30.37%～75.51%。从健康素养之下的二级指标来看，身体健康和心理健康受到的关注程度较高，而健康的生活方式和健康意识的受关注度相对较小。对比各领域专家的意见，心理学专家、教育学专家、行政领导，以及教育管理者对身体健康、心理健康的关注度尤为突出，人文历史领域的专家对身体健康和心理健康的关注度较其他几个领域小。对于健康的生活方式和健康意识，心理学领域专家依然给予了高度重视。尽管校长与名师对心理健康、身体健康的关注度并不凸显，但对于健康的生活方式和健康意识，校长与名师的关注度非常高，尤其是健康意识，在校长与名师中的被提及频率是 7.79%，明显高于其他领域。

相比较健康素养，安全意识与行为的被提及频率非常之低。相比较而言，教育管理者较为重视安全意识，该素养在教育管理者中的被提及频率为 6.82%；安全行为在大多数群体中的被提及频率都为 0，仅在企业家群体中，有 2.08%的被访者提及了该素养，人文历史领域专家中，有0.74%的被访者提及了该素养。

2. 各领域专家对“知识基础”领域各素养的意见对比

总体而言，知识基础领域指标的被提及频率均不太高，而且各领域之间的差异较大（见表4-7）。首先从语言素养来看，一个很有趣的现象是，该素养在自然科学领域专家中的被提及频率最高，为17.86%，而在人文历史领域的被提及频率非常低，为5.93%，仅高于行政领导群体中的被提及频率3.13%。自然科学领域专家们对语言素养的高度重视，一方面启示我们熟练运用语言的能力对于自然科学领域的重要性不可忽视；另一方面也体现了在当前的现实情境中，理科后备人才的语言素养不尽如人意。如有好几位自然科学领域的专家都谈到，所指导的硕士和博士研究生的写作能力较弱，语言不顺，“改论文非常头疼”。在自然科学领域之外，企业家群体也十分重视语言素养。结合实际访谈内容来看，企业家群体非常注重语言能力对于人际沟通的重要意义。如有企业家谈道，“沟通力主要体现在表达，语言表达、文字表达等……沟通力非常重要……”

表4-7 各领域专家对“知识基础”领域各素养的意见对比

一级指标	二级指标	百分比								
		教育学	教育管理	经济学	行政领导	企业家	人文历史	校长与名师	心理学	自然科学
语言素养		6.00%	9.09%	16.28%	3.13%	16.67%	5.93%	12.99%	8.16%	17.86%
	母语能力	4.00%	6.82%	13.95%	3.13%	16.67%	2.22%	7.79%	8.16%	16.07%
	外语能力	4.00%	4.55%	4.65%	3.13%	4.17%	2.96%	6.49%	4.08%	8.93%
数学素养		6.00%	4.55%	0.00%	3.13%	0.00%	2.96%	9.09%	10.20%	5.36%
科学素养		10.00%	13.64%	11.63%	21.88%	2.08%	14.81%	19.48%	28.57%	7.14%
	科学知识	2.00%	2.27%	0.00%	9.38%	0.00%	2.22%	3.90%	4.08%	0.00%
	科学精神	4.00%	4.55%	2.33%	0.00%	0.00%	4.44%	9.09%	4.08%	3.57%
信息技术素养		16.00%	20.45%	4.65%	9.38%	6.25%	8.15%	12.99%	16.33%	10.71%
艺术素养		14.00%	11.36%	9.30%	12.50%	6.25%	17.04%	12.99%	8.16%	7.14%
人文素养		30.00%	25.00%	9.30%	18.75%	6.25%	28.15%	16.88%	30.61%	10.71%

数学素养在各领域中的被提及频率都不是非常高，相比较而言，校长与名师和心理学专家对数学素养的关注度略高。科学素养的被提及频率普遍高于数学素养，且从领域间比较来看，与数学素养的趋势一致，心理学专家、行政领导和校长与名师的提及频率相对更高。另一个值得关注的结果是，人文历史领域的专家对科学素养的提及频率是 14.81%，而自然科学领域专家对科学素养的提及频率仅为 7.14%。前面也已提到，语言素养在自然科学领域的被提及频率远高于在人文历史领域的被提及频率。这提示我们，文理交融、多元并举是高素质人才培养的必然要求。信息技术素养是最具有鲜明时代特色的素养，其被提及频率明显地高于语言、数学素养，说明在迈入知识经济时代的今天，信息的收集、选择和管理能力越来越多地受到各行业人士的关注。

艺术素养的被提及频率在领域间的差异不是非常大，总体而言，教育学领域的专家、行政领导和校长与名师更为注重艺术素养。相比较艺术素养，人文素养受到的普遍重视程度更高，领域间的差异也更大。特别是教育学、心理学领域的专家，对人文素养给予了高度的关注。人文素养在教育学和心理学领域的被提及频率分别是 30.00%和 30.61%，远高于该素养在经济学专家、企业家群体中的被提及频率。教育学和心理学领域的专家对人文素养的高度重视也体现在他们对于人文素养的具体认识上。如广州大学教育学院院长蔡笑岳教授将人文素养看作人的素质的中心，他谈道："教育的本质是为人的，不是把人工具化。因此中心的一个素质就是人文素养。为什么呢？第一，人是生活在社会当中的，并且人也是为社会服务的。因此就要懂得自己所处的社会环境，并懂得人类社会的灵魂——人类社会的文化具备人类社会的观念知识精神，并和别人友好地相处。第二，人文素养作为人所具备的最基本的素养和最中心的品质。它决定了人安身立命，对待自己、他人和社会组织的观念思想方法，是人知道如何为人、怎样做人的根本。第三，从现阶段中国的教育、青少年的教育和中国的社会状况看，人文素养的缺失是制约人成长、社会发展的关键因素。"

3. 各领域专家对“学习与发展”领域各素养的意见对比

各领域专家对“学习与发展”领域各素养的意见对比见表 4-8。

表 4-8　各领域专家对“学习与发展”领域各素养的意见对比

一级指标	二级指标	百分比								
		教育学	教育管理	经济学	行政领导	企业家	人文历史	校长与名师	心理学	自然科学
学会学习		28.00%	27.27%	32.56%	18.75%	54.17%	25.93%	48.05%	53.06%	35.71%
	学习方法	4.00%	0.00%	4.65%	0.00%	0.00%	1.48%	10.20%	2.60%	0.00%
	学习习惯	4.00%	6.82%	0.00%	3.13%	8.33%	1.48%	11.69%	8.16%	0.00%
	学习能力	12.00%	13.64%	16.28%	3.13%	29.17%	9.63%	16.88%	24.49%	16.07%
	学习动机	6.00%	6.82%	4.65%	6.25%	27.08%	11.11%	18.18%	20.41%	19.64%
问题解决与实践		22.00%	25.00%	27.91%	21.88%	33.33%	23.70%	32.47%	32.65%	26.79%
	提出和解决新问题的能力	6.00%	4.55%	4.65%	3.13%	4.17%	6.67%	9.09%	2.04%	5.36%
	问题的解决与决策	8.00%	6.82%	9.30%	0.00%	12.50%	5.93%	11.69%	12.24%	5.36%
	探究精神	2.00%	6.82%	4.65%	6.25%	6.25%	2.96%	6.49%	10.20%	1.79%
	实践能力	6.00%	13.64%	11.63%	15.63%	18.75%	8.15%	9.09%	14.29%	12.50%
批判与创造		38.00%	40.91%	41.86%	28.13%	33.33%	29.63%	28.57%	48.98%	30.36%
	批判精神	4.00%	4.55%	0.00%	0.00%	0.00%	4.44%	1.30%	4.08%	3.57%
	批判能力	8.00%	2.27%	4.65%	0.00%	4.17%	6.67%	12.99%	10.20%	3.57%
	创新精神	24.00%	20.45%	16.28%	6.25%	8.33%	11.11%	7.79%	14.29%	14.29%
	创造能力与创新技能	24.00%	25.00%	30.23%	21.88%	22.92%	11.85%	12.99%	32.65%	19.64%
自我管理		36.00%	43.18%	46.51%	59.38%	75.00%	31.85%	44.16%	63.27%	32.14%
	客观的自我认识与评价	6.00%	9.09%	0.00%	0.00%	10.42%	2.96%	3.90%	8.16%	3.57%

续表

一级指标	二级指标	百分比								
		教育学	教育管理	经济学	行政领导	企业家	人文历史	校长与名师	心理学	自然科学
	独立自主	8.00%	4.55%	11.63%	9.38%	12.50%	8.15%	15.58%	22.45%	12.50%
	生活管理能力	6.00%	11.36%	13.95%	9.38%	12.50%	3.70%	16.88%	12.24%	1.79%
	生涯发展与规划	10.00%	13.64%	6.98%	25.00%	29.17%	8.15%	11.69%	14.29%	3.57%
	计划与实施	0.00%	2.27%	6.98%	3.13%	4.17%	0.00%	1.30%	0.00%	1.79%
	坚持性	22.00%	20.45%	13.95%	40.63%	39.58%	18.52%	10.39%	28.57%	12.50%

从表4-8中可以看出，在学习与发展领域的四个一级指标中，相对而言，学会学习、自我管理两个一级指标的领域间差异较大，问题解决与实践、批判与创造两个一级指标的领域间差异较小。从学会学习来看，企业家、校长与名师，以及心理学专家三个群体的提及频率最高。但是，进一步分析学会学习之下的四个二级指标，可以看到，这三个群体所关注的侧面不尽相同。处于教育第一线的校长与名师更为注重学习习惯和学习方法，而心理学家和企业家群体，更为注重学习能力和学习动机。如有位校长谈道："养成良好的学习习惯、学习方法尤为重要。一个是习惯，一个是方法。习惯就是说你要有学习的这样一种习惯，这样的一种意识……学习方法这一点作为核心素养，在知识爆炸的时代尤为重要。"而在企业家组，在论及学习的过程中，很多时候就是直接提出"学习能力"。如有企业家谈道："我们现在有所成就的企业家都非常重视学习能力。"很多企业家都非常强调的是，在知识更新、技术发展日新月异的今天，学校教育所给予一个人的知识储备是不可能长期满足其工作需要的，要适应不断发展的工作需求，在激烈的竞争中立于不败之地，必须具备非常强的学习能力。结合访谈的具体内容，我们也发现，在谈及学习时，一线的校长与名师多是从学校中学生的学习活动来谈的；而企业家们多是从更广义的角度来理解学习，即走出校门后在工作中、社

会经历中的学习、终身学习。一个较为典型的发言是，“我想讲的第四个就是学习能力……现在知识更新很快，就包括我们做技术的，虽然你是博士或硕士，但不代表现有的技术你掌握了，它更新得很快，这也是要我们去学习、去培训的。”

问题解决与实践在各群体内的被提及频率都较高，群体间的差异较小。分析二级指标的被提及频率，仍可以看到不同群体对于问题解决与实践这一素养的关注侧面是不同的。对于提出和解决新问题的能力，提及频率最高的是校长与名师组；对于问题的解决与决策、实践能力，提及频率最高的都是企业家组；对于探究精神，提及频率最高的是心理学专家组。结合各领域专家们所谈到的具体内容可发现，专家们总体上认为，在现行的教育实践中，学生的问题解决实践能力相对较弱。如有中学校长在访谈中提道：“我们的学生真正的问题在哪里？是动手能力欠缺，所以在这方面要加强。”某企业家谈道：“我们希望未来的大学教育能在专业的技术领域重点加强一下，尤其是要知行合一……最重要的是你要懂得怎么去做，实践可能更重要一些。”

批判与创造在各领域的被提及频率为28.57％～48.98％，即该素养在各领域都是受到较多关注的。这说明，在当今社会，创造性对于个人和社会发展的重要意义已深入人心。具体到批判与创造之下的二级指标，非常明显的一个趋势是，涉及创造性的创新精神、创造能力与创新技能两个素养的受重视程度较高，而涉及批判性的批判精神、批判能力两个素养受重视程度相对较低。这说明，在我国，相对于批判，人们普遍更为重视创新。批判与创新是紧密相连的两个概念。批判，尤其是冲破传统习俗观念的批判，是创新的前提。可以认为，没有批判，便没有创新；没有批判，便没有新的观点与实践的出现。此次访谈中，被访专家整体上对批判性的提及频率较低，这提示我们，批判性的训练应在我国教育中得到更大程度的重视，尤其是对于较高学段。如北京大学心理学系苏彦捷教授谈道：“到大学阶段，比较重要的是批判性思维或评判性思维，因为大学阶段是后形式思维的阶段，除了逻辑和假设推理方面以外，还应该学会辩证的思维。在不同的情境下，灵活地运用不同的原理和原则处理一些事物，叫作批判性思维或评判性思维，这是非常重要的，因为人在接受各方面知识的时候，需要有自己的整合，这是一项很重要的能力。”

自我管理的被提及频率整体很高，不过群体间的差异也非常大。在企业家群体中，其被提及频率达到了 75.00%，说明对于该群体而言，自我管理能力尤为重要。在自我管理能力之下的二级指标中，坚持性的被提及频率相比较其他五个二级指标，有非常显著的优势，尤其是在行政领导和企业家群体，其被提及频率分别达到了 40.63% 和 39.58%。被访企业家中不少是通过自身创业获得今天的成就，如一位企业家在访谈中所言：“一路走来，我体会很深的是，参与企业一定要有激情，作为企业家，又不一样了，企业家有很多特质，一般人是不能体会企业家的胸怀的，企业家能吃人间吃不了的苦，受人间受不了的委屈……”由此可见，坚持性对于他们成功的重要性不言而喻。

在自我管理这一指标上，另一点值得关注的是，心理学家、自然科学领域的专家，以及校长与名师在重视坚持性的同时，也同样重视独立自主。独立自主是当今积极心理学领域的重要研究主题，被看作人的基本需要之一，近年来不少实证研究都支持了个体的自主水平与其理想发展和幸福感之间的正向联系。这一指标在多数群体中的被提及频率较低，这提示我们，我国学生核心素养的建构不能完全依赖于自下而上的研究模式。完全依赖于自下而上的研究有可能遗漏某些对学生发展至关重要的指标，必须采用自上而下和自下而上相结合的研究模式。

4. 各领域专家对“与人交往”领域各素养的意见对比

各领域专家对“与人交往”领域各素养的意见对比见表 4-9。

表 4-9 各领域专家对“与人交往”领域各素养的意见对比

一级指标	二级指标	百分比								
		教育学	教育管理	经济学	行政领导	企业家	人文历史	校长与名师	心理学	自然科学
沟通与交流		14.00%	13.64%	39.53%	21.88%	33.33%	9.63%	16.88%	36.73%	16.07%
	沟通与交流能力	12.00%	13.64%	18.60%	18.75%	14.58%	7.41%	12.99%	32.65%	10.71%
	冲突解决能力	2.00%	0.00%	4.65%	3.13%	2.08%	0.74%	3.90%	8.16%	1.79%

续表

一级指标	二级指标	百分比								
		教育学	教育管理	经济学	行政领导	企业家	人文历史	校长与名师	心理学	自然科学
合作能力		16.00%	27.27%	32.56%	9.38%	39.58%	16.30%	31.17%	44.90%	19.64%
	与他人合作	8.00%	6.82%	4.65%	6.25%	8.33%	2.22%	16.88%	18.37%	5.36%
	团队合作	10.00%	15.91%	20.93%	3.13%	33.33%	9.63%	10.39%	30.61%	12.50%
道德品质		56.00%	63.64%	60.47%	75.00%	68.75%	42.96%	64.94%	61.22%	42.86%
	诚实守信	12.00%	13.64%	11.63%	25.00%	16.67%	11.11%	14.29%	16.33%	25.00%
	尊重包容	20.00%	2.27%	18.60%	15.63%	14.58%	5.93%	18.18%	16.33%	17.86%
	公平与正义	6.00%	2.27%	4.65%	6.25%	6.25%	2.22%	7.79%	10.20%	1.79%
	宽仁慈爱	18.00%	2.27%	18.60%	21.88%	25.00%	15.56%	24.68%	28.57%	10.71%

由表 4-9 可知，在与人交往这一领域中，道德品质这一一级指标的被提及频率非常高，它在各领域中的被提及频率为 42.86%～75.00%，其中被提及频率最高的是行政领导群体。道德品质素养在各群体中的被提及频率都非常高，这充分说明我国是一个崇尚以德为本的国家，优秀的道德品质、良好的道德修养在各行各业都是被高度重视的。具体到道德品质之下的二级指标，最受重视的是宽仁慈爱，其次是诚实守信。不少专家在谈到这两点时，往往和我国传统文化中特别重视的“仁义礼智信”结合起来。如天津师范大学心理与行为研究院白学军教授的观点非常具有代表性：“中国已经是几千年的文明古国，有一些传统的东西应该继承。最简单的，过去讲‘仁义礼智信’，这个应该怎么在我们这个指标里面体现出来?”不过也有不少专家指出，我们在继承这些传统文化的同时，应注重与时代性的结合，即要赋予这些传统文化遗产以新的内容。如中国人民大学社会学一级教授郑杭生先生谈道：“对传统文化，一个是重构，一个是新构……比如像‘仁义礼智信’，重构就是按照现在时代的内容给予重新解释。”道德品质中的尊重包容、公平与正义这两个二级指标的被提及频率相对低一些，被提及频率在

群体间的差异也相对大一些。其中教育学专家对尊重包容的提及频率最高，心理学家对公平与正义的提及频率最高。

沟通与交流、合作能力的被提及频率在各群体间存在较大差异。对于沟通与交流，最为重视的是经济学家、心理学家和企业家，而人文历史学家、自然科学领域的专家对该指标的提及频率相对较低。值得关注的是，被访专家们普遍较为重视的是沟通与交流能力，而对冲突解决能力的关注度并不是很高，冲突解决能力在教育管理者中的被提及频率为 0，在人文历史专家群体中的被提及频率几乎为 0。这可能是因为，不少专家实际将冲突解决能力看作沟通与交流能力的一种，所以在谈及沟通与交流能力之后，就不再明确提出冲突解决能力。这也提示了我们在确定最后的素养指标时，要尽可能保证指标间的相对独立性，避免各指标在内涵上可能存在的包含关系。

合作能力在心理学家群体中受到的关注度最高，其次是企业家群体。从具体数据可见，仅在校长与名师组，与他人合作这一二级指标的被提及频率大于团队合作的被提及频率；在其他各组，均是团队合作的被提及频率高于与他人合作的被提及频率。校长与名师可能更多是关注学生们在校期间的学习与生活，而其他组更多关注的可能是走向社会后的个人发展与社会适应，如有企业家在访谈中谈道："你必须有群体合作性，才能真正在社会上立足、立业、立身。"

5. 各领域专家对"公民意识"领域各素养的意见对比

在公民意识所包含的五个一级指标中，法律规则意识、社会责任与公民义务的被提及频率更高，被提及频率的领域间差异不是很大；国家认同、国际意识与多元文化、可持续发展意识的被提及频率相对较低，且领域间差异也较大（见表 4-10）。从法律与规则意识来看，校长与名师、行政领导和企业家最为重视，提及频率分别是 28.57%、28.13%和 27.08%。具体到其下的三个二级指标，由表 4-10 中的数据不难发现，各领域专家普遍更为重视对法律、规则的遵守，而对权利意识相对忽视。

表 4-10　各领域专家对“公民意识”领域各素养的意见对比

一级指标	二级指标	百分比								
		教育学	教育管理	经济学	行政领导	企业家	人文历史	校长与名师	心理学	自然科学
法律与规则意识		22.00%	15.91%	16.28%	28.13%	27.08%	20.00%	28.57%	20.41%	25.00%
	遵守法律	16.00%	4.55%	6.98%	18.75%	6.25%	7.41%	9.09%	8.16%	12.50%
	规则意识	8.00%	11.36%	9.30%	9.38%	18.75%	7.41%	16.88%	12.24%	14.29%
	公民权利意识	6.00%	2.27%	0.00%	0.00%	0.00%	3.70%	3.90%	4.08%	0.00%
社会责任与公民义务		28.00%	29.55%	34.88%	31.25%	43.75%	21.48%	25.97%	38.78%	17.86%
	责任心	22.00%	20.45%	25.58%	28.13%	35.42%	7.41%	19.48%	28.57%	7.14%
	社会参与	10.00%	0.00%	2.33%	3.13%	0.00%	2.22%	2.60%	2.04%	1.79%
	社会贡献	4.00%	4.55%	2.33%	9.38%	4.17%	3.70%	5.19%	10.20%	7.14%
国家认同		18.00%	13.64%	11.63%	18.75%	8.33%	5.93%	5.19%	18.37%	12.50%
国际意识与多元文化		24.00%	11.36%	9.30%	6.25%	12.50%	22.22%	9.09%	16.33%	7.14%
	国际意识	20.00%	6.82%	4.65%	3.13%	0.00%	5.19%	2.60%	10.20%	7.14%
	多元文化	10.00%	6.82%	2.33%	0.00%	0.00%	6.67%	3.90%	8.16%	1.79%
可持续发展意识		8.00%	13.64%	2.33%	0.00%	2.08%	5.93%	10.39%	10.20%	3.57%
	可持续发展意识	2.00%	0.00%	0.00%	0.00%	0.00%	2.22%	3.90%	4.08%	0.00%
	环境意识	2.00%	13.64%	2.33%	0.00%	2.08%	5.93%	7.79%	6.12%	3.57%

各领域的专家都对社会责任与公民义务有较高程度的重视，该素养在各领域的被提及频率为 17.86%～43.75%，提及频率最高的是企业家群体，最低的是自然科学专家组。但是，值得关注的是，对大部分群体而言，责任心的被提及频率要远高于社会贡献的被提及频率。如在企业家组，责任心的被提及频率是 35.42%，社会贡献的被提及频率是 4.17%；但是在自然科学专家组，责任心和

社会贡献的被提及频率是相等的，都是 7.14%。社会贡献这一素养在自然科学专家组的被提及频率仅次于行政领导。这说明在自然科学专家群体，对责任心和社会贡献有同等的重视。如一位航天领域的专家说：“我当时上学的时候，不用花钱，是国家支持，就觉得将来长大了，有责任给国家做贡献，这种思想在小的时候已经根深蒂固了。”在社会责任与公民义务这一领域中，我们还应当关注的一点是，社会参与这一二级指标的被提及频率显著低于责任心和社会贡献。社会参与的被提及频率在教育学专家组中略高，为 10.00%，但是在教育管理组和企业家组，被提及频率都为 0。这一方面说明了当前人们对社会参与的重视程度较低，另一方面也再次提示我们，仅依赖于自下而上的研究方法可能忽略一些较为重要的素养指标，必须采取自下而上和自上而下相结合的研究路线。

对于国际意识与多元文化，教育学和人文历史学家的关注度远高于其他群体。而且，对于大多数群体，对国际意识和多元文化的重视程度是大体相当的，但是在教育学专家和自然科学专家这两个组别中，国际意识的被提及频率要显著高于多元文化的被提及频率。可持续发展意识的整体被提及频率都不是太高，只是在教育管理者、校长与名师组和心理学专家组，被提及频率略高于 10%。具体到可持续发展意识之下的两个二级指标，环境意识的被提及频率稍高，但可持续发展意识只是在心理学专家组、校长与名师组、人文历史专家组，以及教育学专家组略有提及（被提及频率都低于 5%），在其他组别中，其被提及频率都为 0。考虑到可持续发展意识和环境意识在内涵上有一定重合，在最终确定我国学生核心素养的指标时，可考虑将这两个二级指标合并。

二、对国外核心素养指标的评价与建议（问卷调查结果）

（一）各地区调查结果的一致性

首先，我们分别对国外 32 项核心素养指标在不同地区被选择的人数百分比进行了分析，结果见表 4-11。

表 4-11　各指标在不同地区被选择的人数百分比

问卷指标	百分比				
	北京	河南	山东	辽宁	广东
人际交往与合作	81%	92%	91%	83%	91%
团队合作	70%	85%	69%	60%	65%
信息技术素养	49%	58%	55%	54%	60%
母语能力	57%	64%	67%	64%	66%
学会学习	67%	83%	80%	79%	78%
独立自主	60%	74%	73%	56%	67%
数学素养	30%	31%	41%	39%	44%
外语能力	31%	41%	43%	42%	49%
计划、组织与实施	27%	56%	50%	38%	46%
自我管理	61%	79%	80%	69%	63%
创新与创造力	70%	84%	82%	73%	72%
问题解决能力	67%	82%	69%	69%	61%
主动探究	44%	50%	53%	43%	50%
社会参与和贡献	56%	69%	61%	56%	53%
公民意识	63%	79%	87%	80%	78%
尊重与包容	74%	73%	76%	63%	67%
科学素养	46%	67%	76%	65%	70%
多元文化理解	39%	56%	57%	48%	48%
健康素养	67%	69%	81%	76%	63%
国际意识	33%	47%	54%	42%	53%
生活管理能力	34%	57%	47%	47%	43%
自信心	66%	73%	70%	66%	56%
生涯发展与规划	31%	56%	54%	34%	44%
冲突解决能力	31%	55%	43%	33%	35%
可持续发展意识	30%	51%	43%	40%	42%
反思能力	54%	59%	65%	57%	50%
适应能力	44%	79%	58%	65%	54%
情绪管理能力	41%	68%	56%	52%	50%

续表

问卷指标	百分比				
	北京	河南	山东	辽宁	广东
环境意识	47%	55%	60%	59%	50%
审美能力	50%	53%	53%	61%	62%
法律与规则意识	67%	79%	89%	76%	73%
安全意识与行为	39%	60%	61%	61%	51%

由表4-11可知，32项指标在五个地区被选择的人数百分比表现出较高的共性，有16个指标得到50%以上专家的赞同。其中，“人际交往与合作”“团队合作”“学会学习”“自我管理”“创新与创造力”“问题解决能力”“公民意识”“尊重与包容”“健康素养”和“法律与规则意识”10个指标在五个地区均得到60%以上的专家的一致认可。“数学素养”和“外语能力”两个指标在五个地区的赞同率均低于50%。

图4-3的结果也表明，五个地区对国外核心素养指标的评价结果具有高度的一致性，不同地区的专家对学生核心素养具有非常一致的看法。因此，在下面的分析中，我们也将各地区的问卷调查结果进行合并。

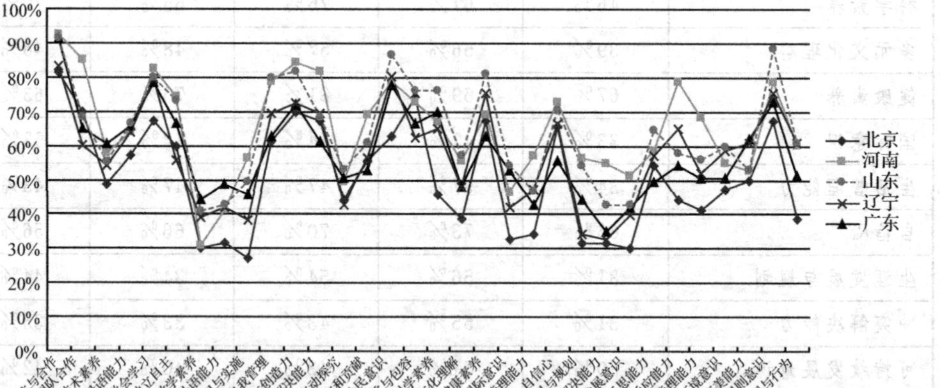

图4-3　五个地区问卷调查结果的比较

（二）问卷中各指标被选择的人数百分比

最后，我们从总体上对各分课题组的数据合并，对国外32项核心素养指标被提及的人数百分比进行了分析，其结果如表4-12所示。

表4-12　中国学生核心素养的问卷调查结果

人际交往与合作	学会学习	公民意识	法律与规则意识	创新与创造力	自我管理	健康素养	问题解决能力
88.25%	78.25%	78.07%	76.84%	76.32%	70.88%	70.88%	69.82%
团队合作	尊重与包容	独立自主	科学素养	自信心	母语能力	适应能力	社会参与和贡献
69.65%	69.65%	66.14%	65.96%	65.96%	63.86%	61.75%	59.12%
反思能力	审美能力	信息技术素养	安全意识与行为	情绪管理能力	环境意识	多元文化理解	主动探究
56.67%	56.32%	55.79%	55.61%	54.74%	54.56%	50.18%	48.07%
生活管理能力	国际意识	生涯发展与规划	计划、组织与实施	外语能力	可持续发展意识	冲突解决能力	数学素养
46.67%	46.49%	44.91%	44.74%	42.11%	42.11%	40.00%	37.37%

就专家对32项核心素养的评定结果进行分析发现，有23个得到50%以上专家的赞同。其中，“人际交往与合作”“学会学习”“公民意识”“法律与规则意识”“创新与创造力”5个指标得到75%以上专家的一致认可。“主动探究”“生活管理能力”“国际意识”“生涯发展与规划”“计划、组织与实施”“外语能力”“可持续发展意识”“冲突解决能力”“数学素养”9个指标的专家赞同率低于50%。

对于某些指标，一部分专家建议应与其他指标合并，如许多专家建议将“生活管理能力”“情绪管理能力”与“自我管理”合并；部分专家建议将“数学素养”与“科学素养”合并。另有一些指标内涵不清晰，如“可持续发展意识”。综合来看，专家对《学生核心素养意见征求表》中32项核心素养指标的总体建议为：要区分出层次性；要使用有限的指标，指标不可过多。

（三）各领域专家的意见对比

同样，我们按照与访谈结果相同的分析思路，将不同领域专家对国外32项核心素养指标的认同度进行对比分析，各项指标被选择的人数百分比如表4-13所示。

表4-13　各指标在不同领域被选择的人数百分比

问卷指标	百分比								
	教育学	教育管理	经济学	行政领导	企业家	人文历史	校长与名师	心理学	自然科学
人际交往与合作	78.72%	84.09%	93.75%	100.00%	91.49%	88.57%	84.21%	97.92%	89.09%
团队合作	57.45%	63.64%	71.88%	88.24%	78.72%	70.00%	64.47%	72.92%	70.91%
信息技术素养	65.96%	54.55%	40.63%	88.24%	48.94%	58.57%	60.53%	62.50%	45.45%
母语能力	59.57%	61.36%	68.75%	94.12%	61.70%	65.71%	60.53%	58.33%	65.45%
学会学习	78.72%	81.82%	71.88%	88.24%	85.11%	75.00%	80.26%	83.33%	72.73%
独立自主	61.70%	59.09%	59.38%	82.35%	70.21%	69.29%	59.21%	77.08%	67.27%
数学素养	46.81%	34.09%	31.25%	47.06%	36.17%	40.71%	32.89%	37.50%	43.64%
外语能力	51.06%	36.36%	50.00%	47.06%	46.81%	45.71%	34.21%	39.58%	41.82%
计划、组织与实施	27.66%	52.27%	40.63%	82.35%	53.19%	44.29%	43.42%	45.83%	38.18%
自我管理	59.57%	84.09%	78.13%	64.71%	63.83%	69.29%	73.68%	81.25%	58.18%
创新与创造力	78.72%	81.82%	84.38%	82.35%	72.34%	77.86%	65.79%	83.33%	72.73%
问题解决能力	74.47%	61.36%	65.63%	88.24%	70.21%	70.71%	61.84%	85.42%	60.00%
主动探究	44.68%	45.45%	37.50%	64.71%	40.43%	51.43%	47.37%	52.08%	47.27%
社会参与和贡献	51.06%	65.91%	59.38%	70.59%	48.94%	62.14%	60.53%	58.33%	67.27%
公民意识	80.85%	77.27%	78.13%	70.59%	63.83%	84.29%	80.26%	83.33%	70.91%
尊重与包容	70.21%	72.73%	81.25%	76.47%	72.34%	72.14%	56.58%	68.75%	69.09%
科学素养	76.60%	59.09%	56.25%	88.24%	55.32%	70.00%	65.79%	64.58%	67.27%
多元文化理解	68.09%	52.27%	50.00%	76.47%	46.81%	57.14%	40.79%	43.75%	34.55%
健康素养	63.83%	70.45%	75.00%	88.24%	65.96%	67.86%	77.63%	81.25%	70.91%

续表

问卷指标	百分比								
	教育学	教育管理	经济学	行政领导	企业家	人文历史	校长与名师	心理学	自然科学
国际意识	55.32%	40.91%	46.88%	70.59%	40.43%	53.57%	38.16%	41.67%	40.00%
生活管理能力	44.68%	50.00%	53.13%	52.94%	44.68%	42.86%	43.42%	52.08%	43.64%
自信心	59.57%	63.64%	56.25%	70.59%	78.72%	69.29%	55.26%	72.92%	67.27%
生涯发展与规划	42.55%	52.27%	43.75%	70.59%	44.68%	40.71%	43.42%	52.08%	32.73%
冲突解决能力	38.30%	29.55%	50.00%	70.59%	44.68%	41.43%	35.53%	45.83%	27.27%
可持续发展意识	42.55%	45.45%	40.63%	47.06%	44.68%	43.57%	47.37%	37.50%	34.55%
反思能力	57.45%	61.36%	46.88%	64.71%	48.94%	57.86%	53.95%	58.33%	52.73%
适应能力	65.96%	54.55%	71.88%	82.35%	53.19%	60.71%	56.58%	66.67%	54.55%
情绪管理能力	57.45%	59.09%	43.75%	76.47%	53.19%	50.71%	56.58%	68.75%	47.27%
环境意识	48.94%	56.82%	46.88%	58.82%	51.06%	60.00%	59.21%	58.33%	50.91%
审美能力	57.45%	50.00%	50.00%	64.71%	51.06%	62.14%	56.58%	58.33%	58.18%
法律与规则意识	80.85%	75.00%	84.38%	88.24%	76.60%	80.71%	64.47%	77.08%	74.55%
安全意识与行为	46.81%	72.73%	53.13%	58.82%	51.06%	59.29%	53.95%	58.33%	52.73%

表 4-13 的结果表明，从总体上来说，不同领域的专家对各指标的认同程度相对一致。“人际交往与合作”“学会学习”“创新与创造力”“问题解决能力”“公民意识”“健康素养”和“法律与规则意识”7 个指标均得到 60%以上的专家的一致认可，“数学素养”和“可持续发展意识”两个指标获得的专家赞同率均低于 50%。

同样，为客观对比各领域专家对各项指标的重视程度，将核心素养指标的认同程度在每一领域的专家中进行排序，得到的结果如表 4-14 所示。

表4-14 各指标在不同领域被选择程度的排序

问卷指标	认同程度排序								
	教育学	教育管理	经济学	行政领导	企业家	人文历史	校长与名师	心理学	自然科学
人际交往与合作	3	1	1	1	1	1	1	1	1
团队合作	17	11	8	3	3	8	8	10	5
信息技术素养	10	20	28	3	21	20	11	16	23
母语能力	14	13	11	2	13	14	11	17	13
学会学习	3	3	8	3	2	5	2	3	3
独立自主	13	16	13	10	8	10	14	8	9
数学素养	25	31	32	30	32	31	32	31	24
外语能力	22	30	19	30	24	26	31	30	26
计划、组织与实施	32	22	28	10	15	27	25	26	28
自我管理	14	1	5	23	11	10	5	6	15
创新与创造力	3	3	2	10	6	4	6	3	3
问题解决能力	7	13	12	3	8	7	10	2	14
主动探究	27	27	31	23	30	24	23	23	21
社会参与和贡献	22	10	13	17	21	15	11	17	9
公民意识	1	5	5	17	11	2	2	3	5
尊重与包容	8	7	4	14	6	6	16	12	8
科学素养	6	16	15	3	14	8	6	15	9
多元文化理解	9	22	19	14	24	22	28	28	29
健康素养	12	9	7	3	10	13	4	6	5
国际意识	21	29	23	17	30	23	29	29	27
生活管理能力	27	25	17	29	26	29	25	23	24
自信心	14	11	15	17	3	10	20	10	9
生涯发展与规划	29	22	26	17	26	31	25	23	31
冲突解决能力	31	32	19	17	26	30	30	26	32
可持续发展意识	29	27	28	30	26	28	23	31	29

续表

问卷指标	认同程度排序								
	教育学	教育管理	经济学	行政领导	企业家	人文历史	校长与名师	心理学	自然科学
反思能力	17	13	23	23	21	21	21	17	18
适应能力	10	20	8	10	15	17	16	14	17
情绪管理能力	17	16	26	14	15	25	16	12	21
环境意识	24	19	23	27	18	18	14	17	20
审美能力	17	25	19	23	18	15	16	17	15
法律与规则意识	1	6	2	3	5	3	8	8	2
安全意识与行为	25	7	17	27	18	19	21	17	18

从表 4-14 可以看出，各领域专家对于 32 项核心素养指标的认同程度同样存在一定差异。这种差异主要体现为各级行政领导对“母语能力”“科学素养”“信息技术素养”等基本知识内容的强调更多，而对学生的自我管理和公民意识重视不够。

三、关于学生核心素养指标建构的其他建议

除了上述的访谈分析结果和问卷调查结果外，许多专家就学生核心素养的内涵、理论基础、选取依据、指标的分级和数量，以及阶段性和连续性等问题进行了阐述。

(一) 关于学生核心素养的内涵

许多被访专家就学生核心素养的内涵问题，提出了一些意见可供参考，比如，素养与素质的关系、核心素养的可操作化等。举例如下。

专家 1：从我们研究的角度来说，我们觉得不满意的就是这些概念缺少定义，提出来了，放在那，却不知道它的内涵是什么。前不久我们也开过一次会，对实践能力的争议很大。也就是说实践能力是不是一种能力？是不是跟交往、批判性思考、问题解决一样是非常明确的一种能力？国际上找不到实践能力这个

词，国内实践能力的定义也不知道，现在却要培养实践能力。于是我们学校设了实践课程。我说这个确实要研究，也有一个期盼，这次课题研究完了以后，能对每一种核心素养有一般性的操作定义，这样可能便于教育实际工作者知道怎么样来把握。

专家 2：现在提出一个核心素养的问题，我就得理解什么是核心素养。这个核心可能是用了“核心价值观”中的这两个字，不然这个核心如何来说？我想所谓的核心素养，就是指总体的基本素养，可能是这个意思。我理解它是学生素养的底线，你必须要达到的标准，不是一个高标准。因为你没有一个底线的问题，很难说在各个课程里面怎么去实现。我们要想做这个东西，有几个标准。刚才讲民族性、时代性、层次性和操作性。我换一个说法，我觉得民族性和时代性是一个东西，我们讲民族性是讲现代的民族。再有一个，要有系统性。你搭建出来一个东西，这个东西本身互相之间要有关系，要有一个总体关系。第三个，可衡量性。我们要做一个东西，无非是衡量我们这些人够不够。说可操作性不如说可衡量性。

专家 3：我总的倾向就是一定要把这个核心素养界定清楚，一定是核心素养，不是素质，素养比素质要好。素质很大程度是先天赋予的，但素养是后天习得的。

专家 4：素养跟素质不一样，素质是侧重人的先天能力发展的自然条件，素养是综合了先天的条件和后天的学习锻炼实践。题目很好，没有忽视先天条件也没有忽视后天教育。核心应该是起决定作用的。人是发展的、动态的，在各个阶段核心素养是不同的，我认为总的框架是这样的：自然人到社会人这个阶段的核心素养是公民教育，幼儿园、小学要接受社会道德和规范的教育，成为一个社会人，不要成为一个自然人，只会自己抢着吃，不管别人。从社会人到社会主义接班人的核心素养是政治思想素养，要想接班应该德才兼备，以德为先。从接班人到人才的核心素养应该是人文素养、科学素养、信息素养，信息素养在现代也很重要。从人才到精英的核心素养是创新素养，只有具备创新素养的人才能成为精英。核心素养不能太多，但是各个阶段的核心素养应该有所不同。

(二) 关于学生核心素养的理论基础和选取依据

许多与会专家根据专业经验与教育经历，对于学生核心素养体系的建构提出了相应的理论思考，并提出了一些值得参考的选取依据。

(1) 学生核心素养体系的建构要考虑教育的核心任务、教育的目的与目标，以及与社会的联系，并且要明确核心素养指标体系建构的依据。举例如下。

专家5：怎么确定学生的核心素养？恐怕说到底还是两个需要，一个是人的发展需要，另一个是社会发展的需要，这是我们教育学里经常用的两个框架。这两个需要，其实是交织在一起的，人的发展需要说到底是植根于社会发展的需要，就是当前这个社会的政治、经济、文化、科技，以及更大范围的全球化这样的一个社会发展进程，究竟对这个时代的人，对下一个时代的人，提出了什么新的素质要求。如果不从这个角度来说，可能就不能得到辩护，为什么提这几个，而不是另外的几个？为什么这几个是核心的，其他的没有被纳入进来？为什么这几个是重要的，却没有进入我们的政策视野里面来？

专家6：我认为该研究课题要与我国教育的目的和目标联系起来，因为我们这些指标不可能回避这些重大的前提，与教育的目的和目标相结合，就要考察我国教育目前面临的一些问题。我把这些问题总结为三个方面，一个就是教育的工具化，再有教育的经济化，还有教育的政治化。我想在这个课题的研究中和今后指标的实施过程中，我们应当抓住这个契机，纠正我们有些过度的不正常的现象。

(2) 学生核心素养体系的建构要考虑目前教育存在的问题，然后再设置核心素养的元素。举例如下。

专家7：国家在做这个事情的时候，按理说应该先有一个问题意识出发点，先应该有一个调研活动，全国一个大范围的调研活动，看我们目前从小学到大学的教育，我们欠缺什么，我们存在哪些主要的问题，然后根据这些问题去考虑设置我们的教育目标，设置我们的核心素养的元素，才能有针对性。现在我们如果不能去面对这些问题，很多东西还是从理想化的角度去谈论问题。当然张校长说了，这个指标的设定是要有一个理想化的因素在里面，给大家设定一个比较向上，能够往前攀升的这么一个引领性的资料系统。但是，这些引领性的资料系统，哪些东西能够真正对我们现实的教育形成引领，也得看我们到底缺什么。

专家8：谈到核心素养，我觉得有个问题，我们国家的基础教育当中，包括高等教育当中哪些非常重要的素养被我们排除掉了，或者被边缘化了，这是一个非常重要的价值取舍的问题。这个问题与这个研究有没有关系？有关系，虽然不是很直接。今天我们是要谈应该，我们期望应该是什么样的，但是大家想一想为什么一些指标被排斥、被边缘化了，这当然与我们国家的教育环境、教育体制有关系，我觉得非常有必要考虑。

(3) 在选取学生核心素养指标时，要体现民族特色，继承和发扬我国优良的文化传统，并要结合我国目前的实际情况。举例如下。

专家9：大家说“三纲五常”，三纲是错的，五常好像没什么错误。“仁义礼智信”中国还是要讲的，仁者爱人，诚信。我也是觉得别发明什么新词，能不能把传统的一些东西讲出来。就民族性来说，我觉得我们还是有丰富的遗产的。

专家2：比如“孝”，忠孝为仁爱之本。就是你能对自己的父母忠和孝，对自己的领导忠和孝，就可以推及仁爱。所以，要不要从自己身边的人做起，从亲情做起，有仁爱之心，有恻隐之心？我觉得这个问题应该是可以继承的。

专家10：以前是讲仁、义、礼、智、信，主要是这几个方面的道德教育。假设我们要建构指标体系的话，也不妨从这几个方面去着眼、去考虑设置多少。假设说是五个方面。你说忠孝，古代的忠是忠于皇帝或者是叫忠君，我们现在就是对国家要忠诚。这个孝，也可以说是对父母或是别人的尊重，这是一样的。所以我觉得我们传统文化当中有一些东西，在我们今天的所谓考评、所谓指标体系（实现的、测试的指标体系）中还是应该有所体现的。

专家11：我们怎么来制定这些标准呢？我们可以深入地挖掘咱们传统文化，而且咱们的传统文化最主要的是儒家、儒学，我觉得咱们应该宽泛一点，就是广义的传统文化。比如说儒学，实际上就是人与人之间的关系，比如说道家是人与自然的关系，法家是法治的关系。咱们应该广泛吸取传统文化的精髓。

专家12：我觉得就从咱们中国传统文化当中，比如说孟子所讲的四心的问题，就是恻隐、羞恶、辞让、是非，这是人需要的最基本的东西，而且这些实际上是在人的成长过程当中都需要的一些东西。能不能从这方面考虑考虑、结合结合。

（4）建议从国际视野、全人类的视野来建构核心素养体系，而不能仅局限于中华民族的视野。举例如下。

专家1：文化理解，全球意识，我们今天真的应该提出这个全球意识。我觉得我们国家的教育方针目前最大的一个缺憾是没有全球视野，到目前为止，我们提的教育方针主要还是用于国家需要。你必须意识到，我们在世界中发展，我们的未来，都是取决于我们如何认识这个世界。我们那种传统的心态再不改变的话，就不会有一个和谐的外部环境。而且我们将来的公民，我们的领导者，如果这种意识培养不起来，我觉得会给我们的外交，包括内政都会带来很多的问题。

专家13：再一个就是国际意识。中国改革开放30多年变化非常大，但这个还不够，我们这个基本上是自然形成的。美国的大片进来，美国的麦当劳进来，我们的学生开始了解美国、了解美国有什么东西，我觉得这个是不够的，而且这个很容易造成负面的影响，极端化。要么把美国看成天堂，要么把美国看成地狱。在教育当中，怎么把这个东西渗入进去。

专家14：再一个是超前性，中国现在正在成为一个世界性的大国，而且要做负责任的大国，我觉得一定要培养国民具有世界眼光，有包容精神，而不是只有狭隘的民族主义，一腔爱国热情就可以了，很多事情当然国家利益至上，但是也要有世界眼光、包容精神，我们要做负责任的大国，这是将来倡导的东西。下一阶段我们的国民，可能不仅管理中国的事务，还要管理整个全球的事务，全球的市场开拓，就需要更广阔的视野，比如对海外文化的理解，对其他民族或者群体的理解和了解，这是很重要的事情，这是一个导向。

专家15：我们学生的核心素养要从全人类的视野着眼，而且核心素养的东西、有些人文的东西没法用科学来衡量，也不可能用现代的标准去衡量。

专家16：我们这里所谈的民族性与世界性的关系怎么去处理，我觉得这一点也是非常重要的……我们说现在有文化安全的问题，有这样那样的问题，我觉得这一点咱们以往也有所考虑。现在既然有世界性的问题，刚才小曲谈到的开放性，我比较赞同这个开放性，你怎么去开放，对世界开放的问题，把世界性与民族性结合起来，这是需要考虑的问题。

（三）关于学生核心素养指标的分级和数量

许多专家建议核心素养要分级，分级越多、越具体，可操作性就会越强。在关于核心素养指标的数量问题上，不同领域的专家普遍认为：核心素养的指标数量不宜过多，且在基础教育和高等教育阶段要有统摄力和覆盖力。举例如下。

专家17：我过去一直提“四个正确对待”，一个是正确对待自然，再一个就是正确对待社会。对待自然就是自然观，保护自然的意识，我们中国天人合一的意识。正确对待社会是一个很重要的责任感。第三，正确对待他人，就是你要尊重别人，这就和谐了。我们的传统文化里也有“己所不欲，勿施于人”，那个意思就是你要尊重别人，不能把自己的价值观强加于人。另外，正确对待自己，就要正确对待自己的挫折。你看现在有些人遇到挫折就跳楼了。过去我们的传统文化里老子讲“知人者智，自知者明”，意思是说，你知道别人，了解别人，这是智慧；你知道自己，了解自己，这是高明。当你遇到挫折，要经得起挫折。还要经得起荣誉，有的人在有了很多荣誉之后，就忘乎所以了。我们很多领导干部犯错误，就是忘乎所以，有权了，就忘了自己到底是个什么身份，自己是应该站在什么地位。所以，我经常提出来要有四个正确对待，如果一个学生有了这四个正确对待，我想这个学生的素质就比较高了，当然还有其他的，如身体素质等，我觉得确实可以跟我们的传统联系起来。

专家18：具体来说，可以从几个维度来考虑。作为一个人，作为一个学生，主要有三个属性，一个是自然属性，一个是社会属性，还有一个是道德属性。这三个属性决定了一个人基本需要什么样的素质，当然道德属性是一个比较泛的概念，这些最基本的东西弄清楚了，我们就好提了。

专家 19：只有几条才叫核心，基本素养是可以多的，核心素养归类就只能归到 3～4 类之内，要是多了，那就不叫核心素养了。

专家 20：核心素养应该包括三个层面：生存、发展和贡献。

（四）关于学生核心素养的阶段性和连续性

大部分专家在座谈会上对于不同教育阶段学生核心素养体系的建构提出了自己的看法：总体上，专家们同意在建构学生核心素养指标时要区分教育阶段，体现层次和水平的高低。同时，还有专家指出不管在哪个教育阶段，要侧重一些基本的素养，体现培养的连续性，同时在每个教育阶段，还要强化一下该阶段所特有的素养。此外，也有专家指出，基础教育阶段与高等教育阶段的核心素养要有所区别。举例如下。

专家 21：这个看来必须是分阶段的，因为年龄段不同，你用一个方法去弄，那肯定是不行的。所以，幼儿阶段到学前阶段，再到小学阶段，到中学，显然是不能用同样的方法来弄。另外，它是覆盖的，所以阶段性问题是很重要的，用一种模式来套，用大人的一些标准来衡量孩子，肯定是不行的。

专家 22：我觉得王教授刚才讲的这个分层次、分阶段，这是可以考虑的。

专家 23：我觉得应该有层次，应该有高低，不同的年龄阶段，不同的学习过程，比如基础教育和高等教育应该有高低之分。整个发展还要遵循心理学家说的儿童身心发展的规律，有些提法还要有个早晚的问题，有一些不能从小学就提出来，也不一定合适，不然不分段了，现在动不动就说共产主义接班人，类似这样的东西就太空了。

专家 24：不同阶段的学生应该要有不同的能力，而最终走向社会成为健康的、有作为的，国家或民族、社会所期望的人，他是系统成长起来的，所以每一个阶段都是重要的。

专家 25：这个问题本身很复杂，我们很难弄一个统一的放之四海而皆准的学生核心素养。我想可能要分层、分阶段、分类，要有多个维度。核心素养是个动态的模型，要考虑到维度和培养目标，因为培养目标直接影响到核心素养，有什么样的培养目标就要有相应的核心素养。不同阶段的情况也不一样。再有一个维度，核心素养可能跟我们的活动过程有密切的关系。所以就有了几个维度，维度之间是相互作用的，不是静态的，是动态的相互作用的。

第三节　基于现实需求的反思与启示

我国正处于经济发展和社会进步的关键阶段，社会对于国民素质和人才培养提出了新的要求。核心素养的实证研究旨在通过对全社会各领域专家群体的意见征询，了解当前我国社会与民众对于人才的现实期盼与需求，为建构适应我国现阶段社会需要、适应时代发展和我国文化特色的学生核心素养体系提供重要的现实依据。

2013 年 5 月至 7 月，我们一共在全国 5 省市召开了 48 场焦点小组访谈和 33 次个别访谈，对来自我国四个领域、代表十类社会群体的 608 名专家进行了调查。研究人员与被访专家们对于我国学生应具备的核心素养展开了广泛、深入的探讨，研究收集了校长与名师、教育管理者、各级行政领导、自然科学领域专家、社会学领域专家、文化与历史领域专家、教育学领域专家、心理学领域专家、经济学领域专家、知名企业家及雇主对于“学生在进入社会时应具备什么样的核心素养”这一问题的回答，以及对国外核心素养指标的认同程度。专家们在座谈与访谈中提及的内容广泛、多样，涉及学生发展的方方面面，所提出的指标基本涵盖了之前国际研究中所涉及的内容，并表现出鲜明的中国文化特点和时代特点。另外，各地区专家的意见具有高度的一致性，各领域专家在总体意见一致的同时也表现出各自的特点。因此可以认为，此次大规模调查的开展非常成功，得到的结果可信且有价值，真实反映了我国现阶段社会背景下各领域人群对于学生核心素养的意见与期待。

基于此次调查研究的结果（351 万字的访谈文本与 566 份有效问卷的编码和统计分析），我们对我国学生核心素养体系的建构提出以下建议。

第一，应首先对“核心素养”这一概念的内涵做更加清晰的界定。访谈过程中，许多专家都谈到，在建构核心素养体系之前，需首先对“核心素养”的概念内涵进行探讨，清晰回答“什么是核心素养”“如何理解核心素养中的‘核心’二字”“素养与素质的关系”“素养与知识、技能、能力的关系”“核心素养的功能”等问题，并给出核心素养的可操作性定义。深入而准确地把握核心素养的内涵，是确定核心素养指标的遴选原则、建构我国学生核心素养体系的前提，也是保障研究成果科学性的基本要求。

第二，应明确核心素养指标的建构依据。我国学生核心素养体系应是一个有逻辑的、完整的结构，而不是一系列具体指标的简单罗列。因此，必须预先明确核心素养指标的建构依据。访谈中，专家们就核心素养的建构依据问题，提出了若干有价值的建议，主要有：核心素养指标的建构应结合对个人发展需要和社会发展需要两方面的分析；核心素养指标的提出应结合对当前教育存在的主要问题的分析；核心素养的建构应在注重与国际接轨的同时，发挥我国的文化历史优势，并反映我国的国情与现实需求；核心素养指标的建构应区分教育阶段，体现发展的阶段性与连续性。

第三，研究中所确立的46个与学生核心素养有关的二级指标对建构学生核心素养体系有重要的参考价值。二级指标的提出来自对被访专家访谈资料文本的语义分析，涉及健康与安全、知识基础、学习与发展、与人交往、公民意识五个方面，基本涵盖了专家们提出的所有核心素养内容。被访专家来自社会各行各业，且都是在行业内具有较高影响力、具有突出成就的优秀代表，他们对于当今社会需要怎样的人才有着较一般大众更为准确、深刻的认识。因此，可以说，提出的这46个二级指标大致上反映了当前我国社会所需要的、最富社会适应性和竞争力的个体所应具有的核心素养。根据对这些二级指标的内涵及其受专家重视程度的分析，我们认为，建构符合时代需要和社会各界期待的学生核心素养体系，需要以关注学生作为个体的自主发展为基础，强调身体、心理、人格、能力的全面发展，同时以培养学生成为崇德守法、合作乐群的社会人为重点，鼓励学生积极参与各类社会生活，使其在与人交往、合作、参与、贡献中学会与人共处，并成为有责任感的社会成员。

第四，强调道德品质与社会责任，培养遵纪守法、诚信公正、积极参与和奉献的社会成员。社会各界高度重视学生的道德品质、法律与规则意识及社会责任感，认为学生应具备作为社会人的必备品格，言行一致、心怀感恩、明辨是非，同时应理解并崇尚法律精神，坚持公平正义、遵守社会规范，并且积极关爱社会，热心公益、乐于奉献。

第五，重视身心健康与自我管理，培养体魄强健、积极向上、独立自主的成熟个体。结果显示，健康素养和自我管理这两项一级指标在被访专家中的被提及频率非常高。社会各界一致强调学生的身心健康，认为学生不仅应具备健康的身体和良好的精神面貌，还应有积极健康的生活态度和生活方式，能够良好适应周围环境。同时，学生应能正确地认识自己、规划自己的生活和发展，自主自律、成熟独立。

第六，倡导交流与合作，鼓励学生与人交往、参与团队，与同伴和谐共处、共同发展。社会各界都指出，与人交往、合作的能力是现代社会成员的必备能力，学生应能礼貌、友善地与他人交往，建立和维持良好的人际关系，并能倾听和包容他人意见，积极表达自己的观点，与他人有效合作。

第七，鼓励实践与创新，培养具有良好学习意识、学习能力和学习习惯的未来人才。社会各界普遍强调，在未来的学习型社会中，学生应具有终身学习、持续发展的能力，并能将所学应用于社会实践和社会创造。学生应具有积极的学习态度和动机，采用有效的学习方式，在学习中积极主动，善于克服困难。同时，还应善于发现和解决问题、具有探索和批判精神，能够将所学到的知识应用于生活和工作实践，并创造性地解决问题。

第八，需采用自上而下和自下而上相结合的方式建构我国学生核心素养体系。虽然在访谈中，我们期望被访专家能够较为全面地概括出他们所认同的核心素养，但实际上，被访专家大多是围绕若干个自己较为感兴趣或是思考较多的素养展开话题，只有少数专家给出了完整的素养框架。如果完全依赖这种自下而上的方式建构我国学生核心素养体系，可能会遗漏某些必要内容，且整体框架可能缺乏严密的逻辑性。因此，自上而下和自下而上方式的结合是必要的。我们在本研究所提出的编码方案的基础之上，依据相关理论，借鉴国外经验，为我国学生核心素养体系提出参考建议，并在此基础上在较大范围内征询各相关群体的意见，以期对修改完善我国学生核心素养体系有所贡献。

第五章

从课程标准中反思核心素养

课程标准（以下简称课标）是国家课程的纲领性文件，是国家对基础教育课程的基本规范和质量要求，同时，也是教材编写、教学、评估和考试命题的依据，是国家管理和评价课程的基础。它反映国家对不同阶段的学生在知识与技能，过程与方法，情感、态度与价值观等方面的基本要求，规定各门课程的性质、目标、内容框架，提出教学和评价建议。由于课标规定的是国家对学生在某方面或某领域的基本素质要求，无论教材、教学还是评价，最终都是为这些基本素质的培养服务的。所以，课标中规定的基本素质要求是教材、教学和评价的灵魂，也是整个基础教育课程的灵魂。因此，为探索学生核心素养的结构与培养，本章对我国35门课标进行内容分析，试图揭示课标中学生核心素养的分布、结构与教育理念。

第一节 课程标准中核心素养指标的确定与内容分析

一、研究思路

1999年6月，《中共中央 国务院关于深化教育改革全面推进素质教育的决定》颁布，把推进素质教育确立为党的教育方针，明确提出要建立基础教育课程新体系。2001年，在党中央、国务院的领导下，教育部颁发了《基础教育课程改革纲要（试行）》等一系列政策文件。自此，我国正式启动了新一轮基础教育课程改革。2001年7月，教育部印发了义务教育20个学科的课程标准（实验稿），初步建构了符合时代要求、具有中国特色的基础教育课程体系。十年的课改实践，极大地推动了教师教育观念的转变，促进了教师对教育本质的深刻理解，调动了广大中小学校和教师参与改革的积极性，教师们带着实践中的困惑和改革热情，踊跃投入课改之中。课程标准在教育实践中取得了显著成效，同时，在课程标准执行过程中，也反映出还有一些内容与要求有待进一步调整和完善。

在全面梳理课程改革的成功经验和存在问题的基础上，为贯彻落实《国家中长期教育改革和发展规划纲要（2010—2020年）》，适应新时期全面实施素质教育的要求，国家对义务教育各学科课程标准进行了修订完善。2011年正式颁布义务教育各学科课程标准，并于2012年秋季开始执行。修订后的义务教育课程标准坚持了“以人为本”的科学发展观的改革方向，与时俱进，着眼于学生能力素养的提升，对学生的能力素养提出了新的要求。这些新的要求，是课程标准在注重更新观念、借鉴国外课程理论、总结我国教育经验的基础上提出来的，极大地增强了课程标准的现代意识，有利于培养适应21世纪需要的人才。修订后的课程标准还兼顾了不同学科间的知识衔接，突出各门课程跨学科能力的培养。同时，更加注意增强课程标准的指导性、规范性，进一步精练课程标准的语言叙述方式，尤其是突出了“内容标准”中的可评价性与可操作性。

修订与完善课程标准是一个渐进而长期的过程。基础教育阶段学科课程标准是否真正体现了培养未来人才应具备的素养？本章将对义务教育阶段和高中教育阶段的 35 门课标进行深入分析，旨在提取课标中所涉及的各项“核心素养”，以及这些“核心素养”的分布与结构，根据这些“核心素养”在课标中的提及频率及分布比重，来考察课标和核心素养的关系，以期为未来学生核心素养的培养和课程目标的设置提供参考和依据。

二、研究过程与方法

（一）确定课程标准

选取我国 35 门课标进行研究，其中义务教育的 19 门为 2011 年版，高中教育阶段的 16 门为 2003 年版。

1. 义务教育阶段的课标包括：

语文、数学、英语、日语、俄语、生物学、化学、物理、初中科学、历史、地理、历史与社会、品德与生活、品德与社会、思想品德、音乐、美术、体育与健康、艺术。

2. 高中教育阶段的课标包括：

语文、数学、英语、日语、俄语、生物、化学、物理、历史、地理、思想政治、音乐、美术、体育与健康、技术、艺术。

（二）确定核心素养指标

在综合核心素养国际比较研究结果，以及前期座谈和问卷调查研究的基础上，我们整理并界定出了以下 35 种核心素养指标（见表 5-1）。由于我们的课标分析采用的是自下而上的方式，试图归纳出不同课标中所包含的各种核心素养，因此我们事先无法预知课标究竟包含了多少核心素养。为了防止遗漏课标中可能存在的其他核心素养，我们对各学科课标先进行了初步分析，分析时并不仅限于以下 35 种核心素养，如果还体现了其他新的核心素养我们将具体分析并命名。在这一原则下，通过对各学科课标的初步分析，我们发现人生观、价值观和世界观很难用以下35种核心素养概括，因此我们又增加了“价值观”这一指标，最终本次课标分析一共涉及了36种核心素养。

表5-1 核心素养指标及其内容表述

	核心素养指标	内容表述
1	沟通与交流能力	与他人建立良好的关系，以书面或口语的形式交流，学会共处，交流能力，交流沟通，交际能力，交流表达，沟通能力，社会交往能力，交流信息，沟通表达，交流者
2	团队合作	在团队中与人合作，合作能力，与他人合作，在团队中合作与工作的能力，与他人合作及在团体中工作的能力
3	信息技术素养	互动地使用信息、技术，数字化素养，收集和使用信息，信息素养，信息与技术，使用技术的基本知识和能力，掌握资讯与通信的常规技术，培养创造科技的能力，尤其是信息和通信的技术，运用符号的能力，使用科技信息
4	语言素养	有效运用口语和书面语言，交流，阅读和写作能力，口语表达、书面表达，陈述解释的能力，掌握语法，运用语言、文字符号的能力，阅读理解外语交流，使用外语，世界语言，运用一门外语，外语能力
5	学习素养	学会学习，学会求知，学习能力，学习技能，个人学习能力，独立进行学习的能力，学会如何学习，求知
6	独立自主	自主行动，独立，自我导向，独立的公民，独立的调查者，独立自主，自主，自立
7	数学素养	数学能力，数学素养，掌握数学知识，使用数字，掌握数学基本知识，通过数字表达和理解知识信息，数的概念和应用
8	计划、组织与实施	在复杂的大环境中行动，形成并执行个人计划，基于目标的计划与管理能力，执行任务的能力，计划与组织，组织、计划活动，制订个人计划并严格执行，规划、组织与执行，组织与规划能力
9	自我管理	认识自己的能力，促进自我精神，自我管理，对自我能力的元认知评价，管理自我，了解自我、为自己发声
10	创新与创造力	创新意识，创新进取，创造力与创新技能，创造性的思考者，创造力与批判性精神，创造能力，创新思考，敢于冒险
11	问题解决能力	问题解决能力，问题解决技能，问题解决，思考者（解决复杂问题）
12	主动探究	主动意识，主动性，进取心，主动进取的精神，主动参与的积极性，主动参与研究，探究者

续表

	核心素养指标	内容表述
13	社会参与和贡献	富有责任心，铭记社会的总体利益，积极参与的公民，社区参与，理解欣赏本国政治体制及市政，参与和贡献，社会参与和责任
14	公民意识	公民素养，生产力和社会义务，行使公民权利的能力，公民意识，道德判断和社会正义伦理的观念，保护、维护权利，展现人类的整体价值并建构文明的能力
15	尊重与包容	尊重，重视多样性和尊重他人，尊重自己和他人，尊重与关怀，富有同情心的人，包容
16	科学素养	科学素养，科学精神，掌握科学知识的能力，具备科学文化
17	多元文化	跨文化技能，文化认同，认同与文化多样性，文化学习、多元包容，胸襟开阔的人
18	健康素养	健康素养，健康，健康的生活方式，健康的生活模式，身心健康全面发展
19	国际意识	全球化思维，国际化，全球化，国际意识
20	生活管理能力	生活管理的技能，处理金钱相关事务的能力，生活态度，与生活相关的逻辑能力
21	自信心	学习的动机和自信心，自信乐观的生活态度，自信心，信心
22	生涯发展与规划	职业技能，各种创业方法，生涯规划
23	冲突解决能力	管理与解决冲突，解决冲突，处理冲突
24	可持续发展意识	可持续发展的责任，可持续发展观，节约精神
25	反思能力	反思性，回顾与评价，反省能力，反思者
26	适应能力	适应改变，适应性与灵活性
27	情绪管理能力	情绪智力，情感能力
28	环境意识	环境意识，理解并关心自然环境的管理、生态维持与发展
29	艺术与审美能力	欣赏与表达，审美能力（欣赏、美感、表达）
30	法律与规则意识	保护及维护权利、利益、限制与需求，有原则的人
31	安全意识与行为	安全与交通
32	国家认同	认知自己的中国公民身份，对国家有强烈的认同感和归属感，具有民族自尊心、自信心和自豪感，将个人与国家命运相联系，以振兴中华、建设中国特色社会主义为己任

续表

	核心素养指标	内容表述
33	实践素养	结合已有知识技能，利用已有资源，解决实际问题，理论联系实际
34	伦理道德	宽仁友爱的品质，尊重生命，心怀感恩，宽以待人，诚实守信的品质，对人守信，对事负责，言行一致，坚持公平正义，明辨是非，待人对事公正，富有正义感
35	人文素养	人文科学知识与方法，关注人、尊重人，具有人文精神
36	价值观	人生观、世界观和价值观

1. 内容分析的编码原则

本章分别对义务教育和高中教育两个阶段的 35 门课标进行分析，分析方法借鉴了内容分析法。内容分析法是一种主要以各种文献为研究对象的研究方法。早期的内容分析法源于社会科学借用自然科学研究的方法，进行历史文献内容的量化分析。内容分析具有系统性、客观性和定量性三大优点。它能将非定量的文献材料转化为定量的数据，并依据这些数据对文献内容做出定量分析和关于事实的判断与推论，而且它对组成文献的因素与结构的分析更为细致和程序化。在本章中以句子为单位进行内容分析，分析编码的基本原则如下。

(1) 首先明确国际比较研究和我们实证研究所整合出的 36 种核心素养的内涵界定。在各学科课标内容编码分析中，如果课标内容体现的核心素养包含在 36 种核心素养中，则统一使用与其内涵相对应的核心素养来命名。

(2) 内容分析以句为单位进行编码。在每一句中，若确实存在一个以上核心素养内容，分别编码。以义务教育物理课标为例，如“此阶段的物理课程不仅应注重科学知识的传授和科学技能的训练，而且应注重对学生学习兴趣和创新意识的培养”，“科学知识”和“科学技能”是属于科学素养的两个方面的内容，就记为“科学素养”两次，而“学习兴趣”“创新意识”则分别记为“学习素养”和“创新与创造力”各一次。一句话中如果相同的词或词组多次重复，则只记为一次。

(3) 注意课标中内容的指向性，只对直接指向学生培养的句子进行编码，阐述学科特点或指向教师培养的内容不编码。

(4) 编码的核心素养需要标记它在课标中所处的位置。具体来说就是标记出该核心素养处于前言、课程目标、课程内容和实施建议这四部分中的哪一部分。

2. 研究步骤

(1) 确定所分析的学科课标：确定 35 门学科课程标准为分析目标，包括义务教育阶段的 19 门 2011 年版课标和高中教育阶段的 16 门 2003 年版课标。

(2) 界定核心素养并确定核心素养指标：整合国际组织和主要国家所列出的核心素养，以及我们前期通过座谈和问卷调查研究得出的核心素养，在此基础上初读课标搜寻可能遗漏的核心素养，最后确定了 36 种核心素养指标。

(3) 采用内容分析法并确定分析编码的基本原则：运用具有系统性、客观性和定量性等优点的内容分析法对课标进行分析，并且确定了内容分析编码的基本原则。

(4) 以句子为单位进行编码：将每个学科课标以句子为单位进行划分，然后依次对每个句子中所涉及的核心素养进行编码。

(5) 对编码结果进行统计与分析：按不同核心素养以及不同学科对编码结果进行统计分析并制作图表。

(6) 对统计分析的结果进行解读：对统计分析的结果进行解读和阐释，最后针对分析结果提出总的结论。

第二节　课程标准中核心素养的分布

一、核心素养在每门课标中的分布

（一）核心素养在各课标中的出现频率汇总

各种素养在不同课标中的出现频率，如表 5-2 与表 5-3 所示。

表 5-2　核心素养在高中各课标中的提及频率

素养	高中地理	高中俄语	高中化学	高中历史	高中美术	高中日语	高中生物	高中数学	高中思想政治	高中体育与健康	高中物理	高中艺术	高中音乐	高中英语	高中语文	高中技术	总计
沟通与交流能力	4	33		2	14	20	11	3	2	4	17	15	3	20	23	14	185
团队合作	5	6	6	5		9	5	5	1	14	7		6	6	13	15	103
信息技术素养	12	23	2	8	6	26	25	1		2	42	2	1	7	3	68	228
语言素养		112		2		82		6						321	118		641
学习素养	29	50	121	271	2	51	13	22	215	26	11	53	7	64	61	50	1046
独立自主	6	1	1	2				5	1	2	2				11	3	34
数学素养								105			7						112
计划、组织与实施		6				1	1		2	7	2				1	3	23
自我管理	3	24		2		16		4	4	8	2				1	7	71
创新与创造力	8	4	8	2	5	4	8	11	2	4	6	9	9	2	17	30	129
问题解决能力	9	2	13	17	3	5	7	22	46	4	61	2			11	27	229
主动探究	8	2	25	6		4	28	17		5	33	1	1	2	21	15	168
社会参与和贡献	4	1	7	3	1		8		5	4	5	1			4	12	55

续表

素养	高中地理	高中俄语	高中化学	高中历史	高中美术	高中日语	高中生物	高中数学	高中思想政治	高中体育与健康	高中物理	高中艺术	高中音乐	高中英语	高中语文	高中技术	总计
公民意识	4	1		6		1			8							5	25
尊重与包容		6		2		2				1	1	1	3	2	6		24
科学素养	15	2	35	36	1		44	24	29	6	204	22		1	9	2	430
多元文化		6		2	7	3						50	7	10	7	2	94
健康素养		17	6	11	3	8	1	1		22	2	11	11		16	10	119
国际意识	2	10		13		7			1	1	1			7		1	43
生活管理能力	2						1		1	2	1	2				4	13
自信心		4		1	2	7		1		2	2	1	2	4	2	1	29
生涯发展与规划	1	5				2	2	1		2	3			1	3	4	24
冲突解决能力																	
可持续发展意识	11		5				1		1		8					2	28
反思能力	2	5				3	4	2		1	2	5				3	27
适应能力	1			1	1	1			1	4		1			2	7	19
情绪管理能力	2	4			1	5				13		1			6	11	43
环境意识	14		3	3			3			8	6	2				3	42
艺术与审美能力	2	7		2	49	1						90	119		24	4	298
法律与规则意识	2			4					20	2			2			7	37
安全意识与行为			1	1			1			2	2					11	18
国家认同	2	5	2	15	10	7	2		4	4	2		4	5	13		75
实践素养	4	11	7	5	21	5	27	8	4	3	121	46	35	1	4	32	334
伦理道德									2	2					2	9	15
人文素养	5	28	2	20	32	16	1	2				15	8	23	13	14	179
价值观	2	3	8	5	1	3	15	2	18	3		2	1	1	5	14	83
总计	159	378	252	447	159	289	208	242	367	158	550	332	219	477	396	390	5023

注：表格中无数据表示频次为 0，下同。

表 5-3　核心素养在义务教育阶段各课标中的提及频率

素养	义务教育地理	义务教育俄语	义务教育化学	义务教育历史	义务教育美术	义务教育日语	义务教育生物学	义务教育思想品德	义务教育物理	义务教育音乐	义务教育英语	义务教育初中科学	义务教育品德与生活	义务教育体育与健康	义务教育历史与社会	义务教育品德与社会	义务教育数学	义务教育艺术	义务教育语文	总计
沟通与交流能力	4	15	14	5	58	29	6	15	13	8	10	7	2	1	1	5	6	12	19	230
团队合作	1	3	6	8	1	13	3	12	5	12	5	7		21	4	8	6		10	125
信息技术素养	4	6	16	6	5	9		6	11		1	36		2	4	20	1	2	13	142
语言素养		50	2			94					191								167	504
学习素养	24	54	24	242	34	60	13	2	10	11	75	42	4	47	51	23	24	15	42	797
独立自主	3		1	4			1	7	1			2	2		2	2	9	2	5	41
数学素养									2							2	95			99
计划、组织与实施			3	6		3	4		4			4		3					7	34
自我管理	2	1		1		4		13	3			1	2	11		10	2		1	51
创新与创造力	5	4	7	3	13	7	7	2	8	12	6	9		1	3	3	12	18	14	134
问题解决能力	2		5	17		4	2		21		1	3		1	5	8	17	3	10	99
主动探究	7		50	1	21	1	36	6	27		2	34	13	3	10	4	7	2	3	227
社会参与和贡献			4	1			2	12	3		1	1	1	4	6	11			1	47
公民意识	2	2		2		1	1						4			5				17
尊重与包容	1	2		5		2		4		2		1		4	1	14				36
科学素养	7	5	123	25	1	3	79	2	107	1	2	162	5	4	4	13	5	7	4	559
多元文化	1	4		2	12	10		1		2	9			6		7		7	3	64
健康素养		6	2	7	1	9	2	17	1	5		3	8	43		24	2	5	12	147
国际意识	3	6		10		15		2			6			1	1	6				50
生活管理能力	2							1				1	11					2		17

续表

素养	义务教育地理	义务教育俄语	义务教育化学	义务教育历史	义务教育美术	义务教育日语	义务教育生物学	义务教育思想品德	义务教育物理	义务教育音乐	义务教育英语	义务教育初中科学	义务教育品德与生活	义务教育体育与健康	义务教育历史与社会	义务教育品德与社会	义务教育数学	义务教育艺术	义务教育语文	总计
自信心		5	2	1	3	8		2	2	2	2			3		2	3	4	6	45
生涯发展与规划		3																		3
冲突解决能力																				
可持续发展意识	6		6					3	9			3			1	9				37
反思能力		2	4				2		7			4		2	2	3	4	11	1	42
适应能力	1	1	1	1		1		4						2		2		1		14
情绪管理能力	2	6				8		3						11					3	33
环境意识	5		5		2		5	3	4	1		4	4	2	3					38
艺术与审美能力	1			4	34					181	1					1		96	6	324
法律与规则意识	2			2				30			1		3	4		9				51
安全意识与行为	1		2				1		3			1	5	8		3				24
国家认同	3	9	3	21		7	2	9	2	2	5	1	2	3	4	8			12	93
实践素养	8	11	62		30	6	18	11	47	23		27	2	5	5	1	7	16	2	281
伦理道德							1	21					8	5		8			1	44
人文素养	1	12		3	7	19	1	8		10	63		2		5	2	1	14	4	152
价值观	2	6	2	14	1	3	5	3		3	3	2	6	6	4	3			10	73
总　计	100	213	344	391	223	316	191	199	290	275	384	355	84	203	116	216	201	217	356	4674

总体上来说，具有如下几个特点。

第一，35 门课标提及各种素养的频率基数大（高中 5023 次，义务教育 4674 次），在数量层面较好地反映了课标对不同素养的重视。

第二，除了冲突解决能力，其他所有素养都有所提及，但不同素养在提及频率上存在巨大差异。比如，学习素养、语言素养、科学素养等被提及的频率总数大，而生活管理能力、适应能力被提及的频率总数小，前后相差几十倍。

第三，所提及的素养在不同学科之间存在较大的差异。这种差异有三方面的表现：一是所提及素养种类在学科间存在显著差异，有的素养只在某些学科提及，在另一些学科则没有提及；二是有的学科要求的素养种类较多，而有的学科则较少，如高中技术课标提及 31 种素养，而义务教育音乐课标只提及 15 种素养；三是同一素养的提及频率在不同学科间存在差异，如信息技术素养在高中物理课标中被提及 42 次，而在高中音乐课标中只被提及 1 次。

（二）核心素养在各课标不同位置的分布

由表 5-4 可以看出，素养在课程标准中不同位置的出现频率明显不同。课程内容部分最多（4340 次），实施建议和课程目标两部分相对较少，分别为 1970 次和 1884 次，最少提及的是前言部分（1503 次）。同时也可以看出，素养被提及的频率分布差异很大，有的课标在某些部分几乎没有提及任何素养，比如高中语文的课程内容部分。

表 5-4　各学科课标中关于“核心素养”出现位置的汇总

课程	前言	课程目标	课程内容	实施建议	总计
高中地理	34	34	1	90	159
高中俄语	38	68	206	66	378
高中化学	60	49	82	61	252
高中历史	47	45	324	31	447
高中美术	39	20	90	10	159
高中日语	54	45	102	88	289
高中生物	44	30	60	74	208

续表

课程	前言	课程目标	课程内容	实施建议	总计
高中数学	60	29	118	35	242
高中思想政治	15	334	1	17	367
高中体育与健康	37	26	56	39	158
高中物理	26	50	413	61	550
高中艺术	52	33	228	19	332
高中音乐	71	26	99	23	219
高中英语	26	74	330	47	477
高中语文	49	180	0	167	396
高中技术	98	90	67	135	390
义务教育地理	28	29	1	42	100
义务教育俄语	56	10	51	96	213
义务教育化学	40	34	254	16	344
义务教育历史	37	48	256	50	391
义务教育美术	58	40	91	34	223
义务教育日语	54	51	78	133	316
义务教育生物学	24	32	102	33	191
义务教育思想品德	32	38	108	21	199
义务教育物理	28	25	172	65	290
义务教育音乐	47	45	138	45	275
义务教育英语	40	57	243	44	384
义务教育初中科学	26	63	223	43	355
义务教育品德与生活	23	10	27	24	84
义务教育体育与健康	40	52	75	36	203
义务教育历史与社会	31	37	4	44	116
义务教育品德与社会	34	54	116	12	216
义务教育数学	29	87	2	83	201
义务教育艺术	63	39	43	72	217
义务教育语文	63	0	179	114	356
总计	1503	1884	4340	1970	9697

(三) 不同核心素养在课标中提及频率的比较

从图 5-1 可以看出，在基础教育阶段的这 35 门学科课标中，被提及频率最高的素养是学习素养，超过了 1800 次；其次是语言素养和科学素养（1000 次左右）；艺术与审美能力和实践素养（600 次左右）；提及频率在 100 次至 420 次的素养包含沟通与交流能力、主动探究、信息技术素养、人文素养、问题解决能力、健康素养、创新与创造力、团队合作、数学素养、国家认同、多元文化、价值观、自我管理、社会参与和贡献；提及频率低于 100 次的有：国际意识，法律与规则意识，环境意识，情绪管理能力，独立自主，自信心，反思能力，可持续发展意识，尊重与包容，伦理道德，计划、组织与实施，公民意识，安全意识与行为，适应能力，生活管理能力，生涯发展与规划，冲突解决能力。

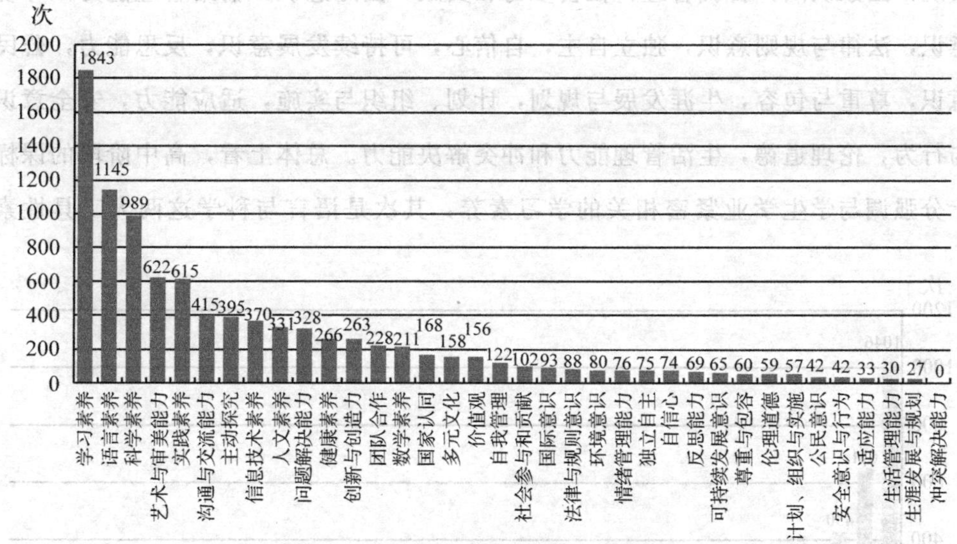

图 5-1 不同素养在课标中提及频率比较

总体来看，可发现如下几个特点：第一，35 门课标对不同素养的提及频率差异明显，说明课标对不同素养的重视程度存在明显的差异。第二，当前学科教育非常重视学生应该具备的三种基本素养——学习素养、语言素养、科学素养，另外也注重学生的艺术与审美能力、实践素养的培养。第三，综合所有课标的素养结构，我们发现知识、能力成分占较大比重，而态度品德等相对提及较少。第四，每一门课标都相当重视学科特色的素养，跨学科的素养则较少被提及（如反思能力、自信心、独立自主等），特别是那些与学习任务关系较远但与社会适应、社会生活相近的一些素养被提及得更少（比如生涯发展与规划、生活管理能力、适应能力、安全意识与行为等）。

1. 高中教育阶段 36 种素养在所有学科课标中被提及的频率统计

从图 5-2 可以观察到，在高中教育阶段所有学科的课标中，提及频率最高的素养是学习素养，超过了 1000 次；其次是语言素养和科学素养，分别在 600 次和 400 次以上；提及 200 次至 400 次的则有实践素养、艺术与审美能力、问题解决能力、信息技术素养。提及频率低于 200 次的包含：沟通与交流能力，人文素养，主动探究，创新与创造力，健康素养，数学素养，团队合作，多元文化，价值观，国家认同，自我管理，社会参与和贡献，国际意识，情绪管理能力，环境意识，法律与规则意识，独立自主，自信心，可持续发展意识，反思能力，公民意识，尊重与包容，生涯发展与规划，计划、组织与实施，适应能力，安全意识与行为，伦理道德，生活管理能力和冲突解决能力。总体上看，高中阶段的课标十分强调与学生学业紧密相关的学习素养，其次是语言与科学这两大工具性素

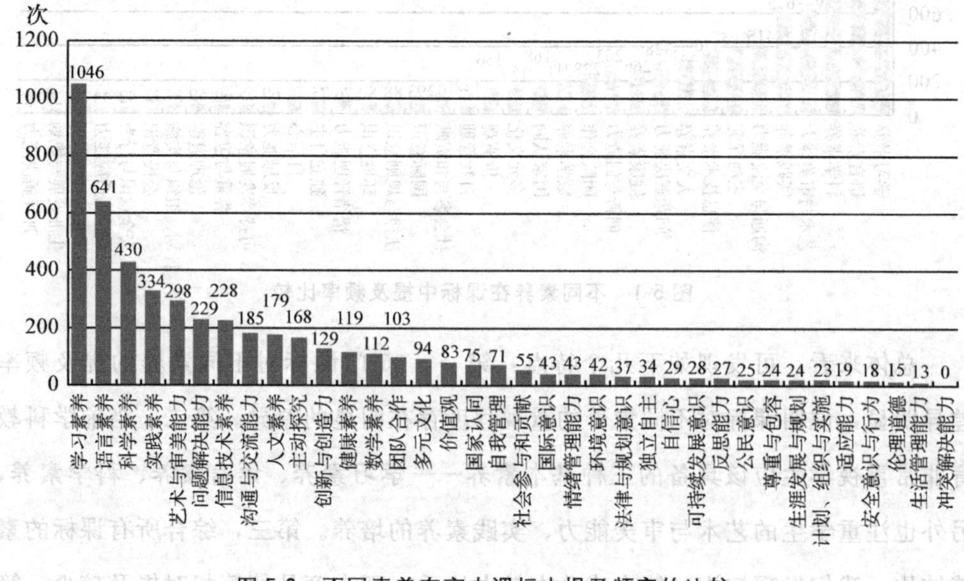

图 5-2 不同素养在高中课标中提及频率的比较

养，而伦理道德、生活管理能力却有被忽视的倾向。

2. 义务教育阶段36种素养在所有学科课标中被提及的频率统计

从图5-3可以观察到，在义务教育阶段所有的学科课标中，提及频率最高的素养是学习素养，接近800次；其次是科学素养和语言素养，分别为559次和504次；提及200次至350次的依次为艺术与审美能力、实践素养、沟通与交流能力、主动探究。提及频率低于160次的包含：人文素养，健康素养，信息技术素养，创新与创造力，团队合作，数学素养，问题解决能力，国家认同，价值观，多元文化，自我管理，法律与规则意识，国际意识，社会参与和贡献，自信心，伦理道德，反思能力，独立自主，环境意识，可持续发展意识，尊重与包容，计划、组织与实施，情绪管理能力，安全意识与行为，公民意识，生活管理能力，适应能力，生涯发展与规划，冲突解决能力。总体上看，在此阶段的课标中，依然强调与学生学业紧密相关的学习素养，其次是工具性素养，如科学素养与语言素养。另外，适应能力、生活管理能力、公民意识这些与学生自我发展与社会参与相关的能力重视较少。

比较高中阶段和义务教育阶段课标中核心素养的提及频率及名次变化，可以看出如下两个特点。第一，高中阶段和义务教育阶段体现的素养频率高低排名大

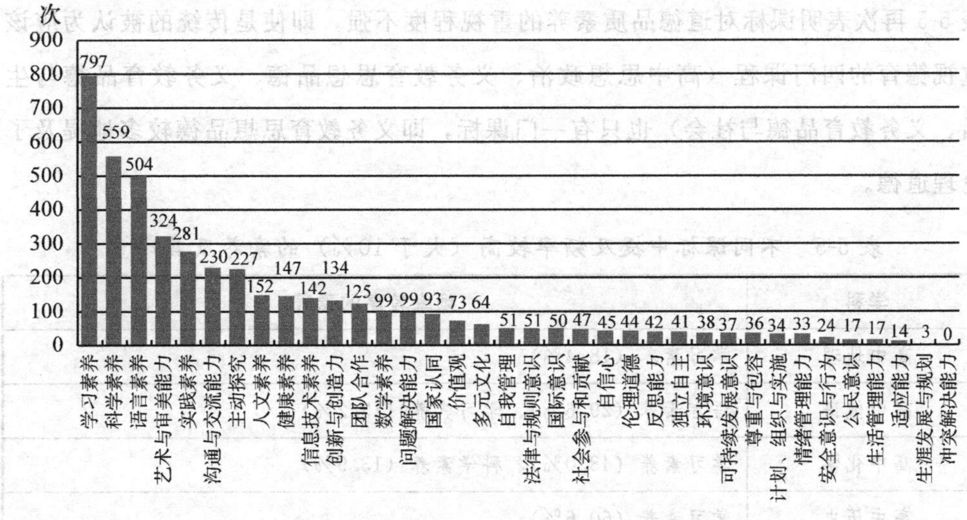

图5-3　不同素养在义务教育阶段课标中提及频率的比较

同小异。比如说，高中阶段和义务教育阶段频率排前五的都是相同的五种素养，只不过高中阶段的排名依次为学习素养、语言素养、科学素养、实践素养、艺术与审美能力，而义务教育阶段的排名依次为学习素养、科学素养、语言素养、艺术与审美能力、实践素养。两个阶段素养排名差异较大的有伦理道德（义务教育阶段排名23，高中阶段排名34）、反思能力（义务教育阶段排名24、高中阶段排名27）、问题解决能力（义务教育阶段排名14、高中阶段排名6）、情绪管理能力（义务教育阶段排名30，高中阶段排名21）。第二，两个阶段都相当重视学生的学习素养与一些基本的工具性素养，却对自我管理、伦理道德等素养有所忽略。

（四）各课标中出现频率较高的素养及其比重汇总

表5-5是基础教育阶段35门学科课标中出现频率比重超过10%的素养及其分布。首先，不同学科对不同素养的重视明显不同，但都在一定程度上体现了学科本位的特点。比如，语言类的学科都频繁地提及了语言素养，技术类学科则频繁提及了信息技术素养，数学学科体现了数学素养，艺术类学科体现了艺术与审美能力，等等。其次，在学科相关的素养之外，课标较重视实践能力的培养，其中有9门学科课标高频率地提及了实践素养。特别是在艺术类和科学类的学科中被提及的频率较高，同时，高中思想政治也较高频率地提及了实践素养。最后，表5-5再次表明课标对道德品质素养的重视程度不强，即使是传统的被认为应该重视德育的四门课程（高中思想政治、义务教育思想品德、义务教育品德与生活、义务教育品德与社会）也只有一门课标，即义务教育思想品德较多地提及了伦理道德。

表5-5　不同课标中提及频率较高（大于10%）的素养及其比重

学科	频率较高的素养
高中地理	学习素养（18.4%）
高中俄语	语言素养（29.6%）、学习素养（13.2%）
高中化学	学习素养（48.0%）、科学素养（13.9%）
高中历史	学习素养（60.6%）

续表

学科	频率较高的素养
高中美术	艺术与审美能力（30.8%）、人文素养（20.1%）、实践素养（13.2%）
高中日语	语言素养（28.4%）、学习素养（17.6%）
高中生物	科学素养（21.7%）、主动探究（13.8%）、实践素养（13.3%）、信息技术素养（12.3%）
高中数学	数学素养（43.8%）、科学素养（10.0%）
高中思想政治	科学素养（58.6%）、实践素养（12.5%）
高中体育与健康	学习素养（16.5%）、健康素养（13.9%）
高中物理	科学素养（37.1%）、实践素养（22.0%）、问题解决能力（11.1%）
高中艺术	艺术与审美能力（27.1%）、学习素养（15.9%）、多元文化（15%）、实践素养（13.9%）
高中音乐	艺术与审美能力（54.3%）、实践素养（16.0%）
高中英语	语言素养（67.3%）、学习素养（11.3%）
高中语文	语言素养（29.8%）、学习素养（15.4%）
高中技术	信息技术素养（17.4%）、学习素养（12.8%）
义务教育地理	学习素养（24%）
义务教育俄语	学习素养（25.4%）、语言素养（23.5%）
义务教育化学	科学素养（35.8%）、实践素养（18.0%）、主动探究（14.5%）
义务教育历史	学习素养（61.9%）
义务教育美术	沟通与交流能力（26%）、学习素养（15.2%）、艺术与审美能力（15.2%）、实践素养（13.5%）
义务教育日语	语言素养（34.2%）、学习素养（21.8 %）
义务教育生物学	科学素养（41.1%）、主动探究（18.8%）
义务教育思想品德	法律与规则意识（15.2%）、伦理道德（10.7%）
义务教育物理	科学素养（36.9%）、实践素养（16.2%）
义务教育音乐	艺术与审美能力（65.8%）
义务教育英语	语言素养（49.7%）、学习素养（19.5%）、人文素养（16.4%）
义务教育初中科学	科学素养（45.6%）、学习素养（11.8%）、信息技术素养（10.7%）、主动探究（10.1%）
义务教育品德与生活	主动探究（15.5%）、生活管理能力（13.1%）

续表

学科	频率较高的素养
义务教育体育与健康	学习素养（23.2%）、健康素养（21.2%）、团队合作（10.3%）
义务教育历史与社会	学习素养（44.0%）
义务教育品德与社会	健康素养（11.1%）、学习素养（10.6%）
义务教育数学	数学素养（47.3%）、学习素养（11.9%）
义务教育艺术	艺术与审美能力（44.2%）
义务教育语文	语言素养（46.9%）、学习素养（25.1%）、沟通与交流能力（11.4%）

二、核心素养在不同学科课标中的分布对比

（一）伦理道德

从图5-4可以看出，10门学科课标提及了伦理道德，但频率较低。其中义务教育思想品德提及了21次，其他课标提及的都在1～10次。25门学科课标没有提及伦理道德。

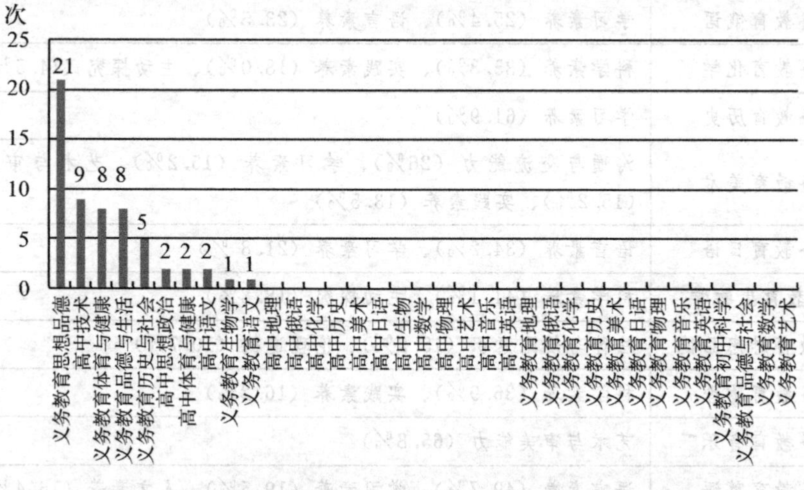

图5-4　伦理道德在35门学科课标中的频率分布情况

提及伦理道德的主要是义务教育思想品德，这体现了义务教育思想品德在培养伦理道德上的学科特点。在其他的社会生活类和思想政治类学科也有所提及，

而大部分学科则没有提及伦理道德，值得引起课标制定者们的重视。

（二）沟通与交流能力

从图 5-5 可以看出，沟通与交流能力被提及的频率较大，在各个学科课标间的分布差异较大。比如义务教育美术提及了沟通与交流能力 58 次，其他的语言学科课标也都提及了沟通与交流能力，频率依次为高中俄语 33 次、义务教育日语 29 次、高中语文 23 次。其他学科课标提及频率在 20 次及以下，高中化学未提及沟通与交流能力。

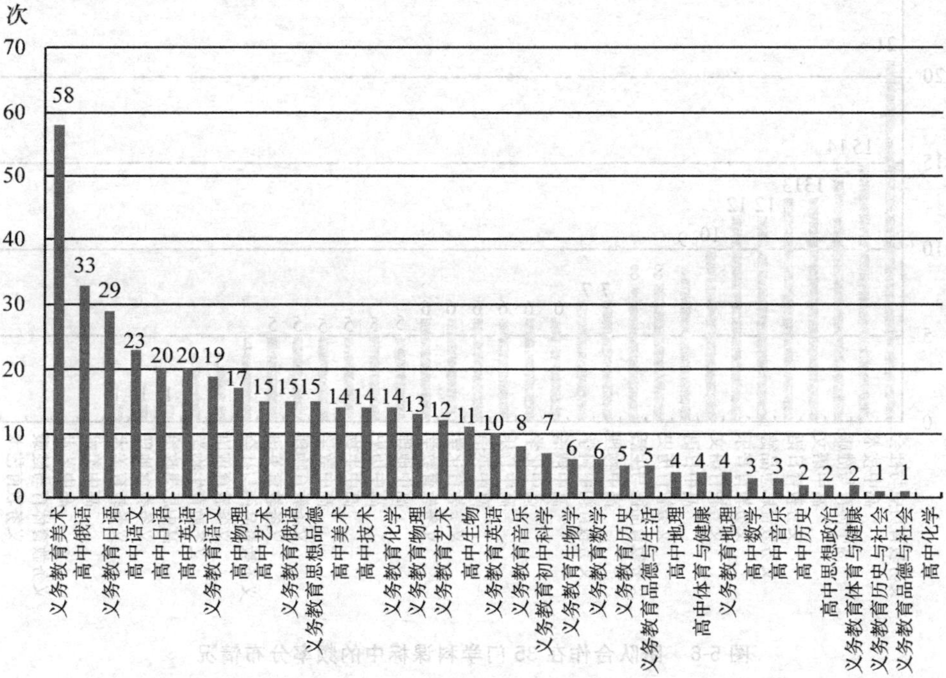

图 5-5　沟通与交流能力在 35 门学科课标中的频率分布情况

由此可见，课标对沟通与交流能力这一核心素养的培养大都有所涉及，体现了我国教育对培养学生沟通与交流能力的重视。沟通与交流能力在艺术课（如义务教育美术、高中音乐、高中美术等）和语言课（高中俄语、义务教育日语、高中英语、义务教育语文等）中被提及较多，充分体现了学科的特色。在地理、生物、技术、数学、化学等理科学科课标中则较少或者没有提及这一指标。

（三）团队合作

从图5-6可以看出，团队合作被提及的频率总体较低，在各个学科课标间的分布有所差异。比如义务教育历史与社会提及了团队合作21次，其他学科课标提及团队合作的频率都低于20次，比如高中技术15次，高中体育与健康14次，高中语文13次等。高中美术、高中艺术、义务教育体育与健康、义务教育艺术课标提及频率为0。

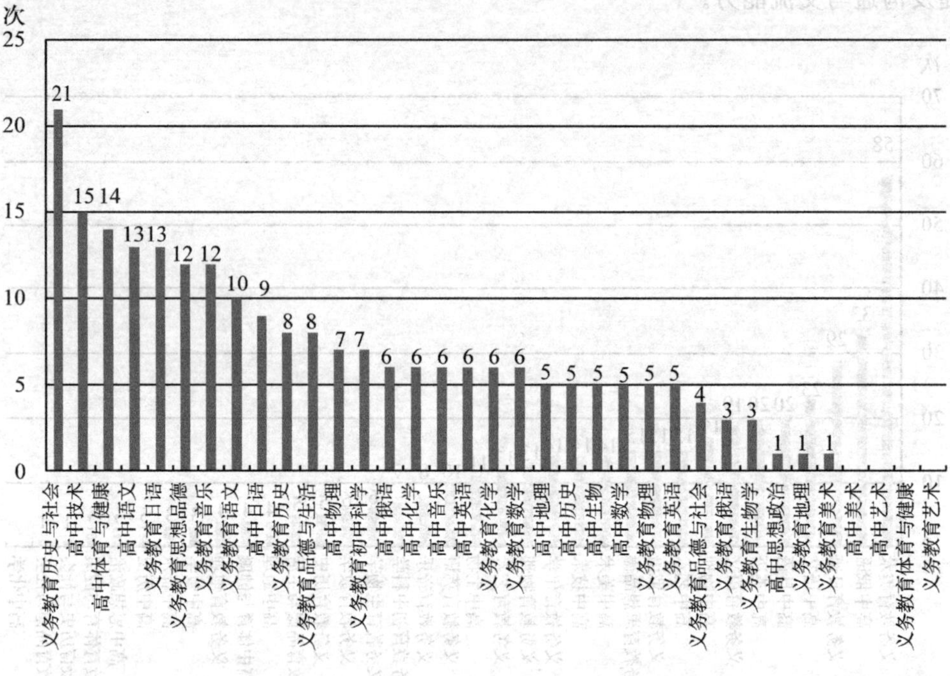

图5-6　团队合作在35门学科课标中的频率分布情况

这表明，课标大多关注到了学生在团队合作方面的培养，但关注度依然不够高。学生的学习过程需要团队合作的参与，特别是体育与健康课程涉及大量的团队合作活动。这在高中体育与健康等学科课标中有所体现，但总体频率不高，而在义务教育体育与健康等学科课标中则没有体现，这是应该加强的方面。

（四）法律与规则意识

从图5-7可以看出，13门学科课标提及了法律与规则意识，但频率较低。其中义务教育思想品德提及了 30 次，高中思想政治提及了 20 次，其他的都在 1～10 次。22 门学科课标没有提及法律与规则意识。

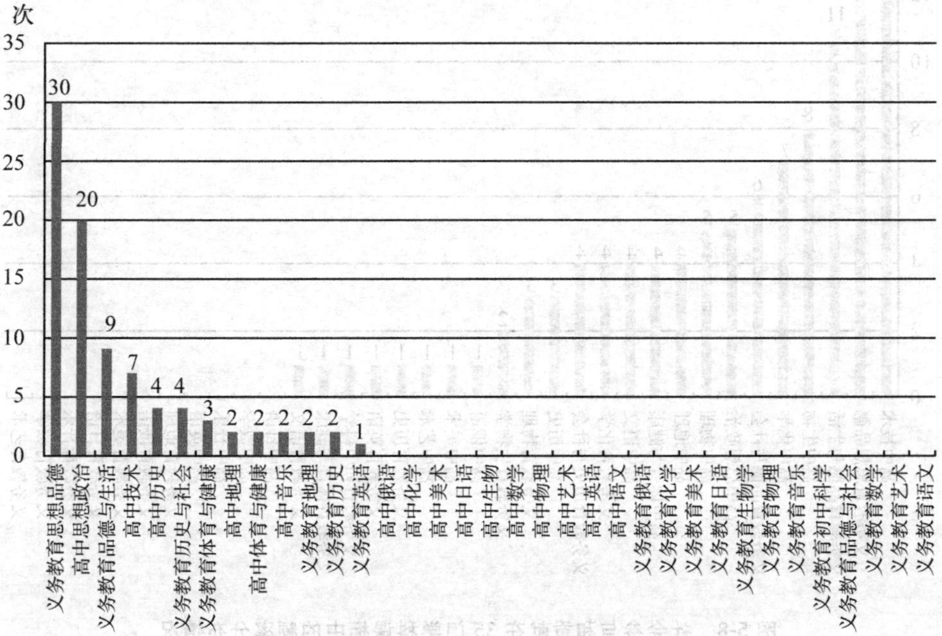

图 5-7　法律与规则意识在 35 门学科课标中的频率分布情况

提及法律与规则意识主要是思想品德、社会与生活、政治历史类的学科，这体现了此类学科的学科特点。说明我国教育对法律与规则意识的培训具有集中性，但总体上还需加强。在其他学科如义务教育历史等则很少提及，在义务教育品德与社会等学科中则没有提及。

（五）社会参与和贡献

从图 5-8 可以看出，各个学科对社会参与和贡献的提及频率不高。频率超过 10 次的只有高中技术（12 次）、义务教育思想品德（12 次）和义务教育品德与生活（11 次）。频率低于 10 次的有高中生物等 21 门学科课标。没有提及社会参与和贡献的学科课标共有 11 门。

当前教育对社会参与和贡献这一素养有所关注，这不仅在有关思想品德与社会生活等学科上有所体现，也在科学技术学习等学科中有所提及。而在多数学科

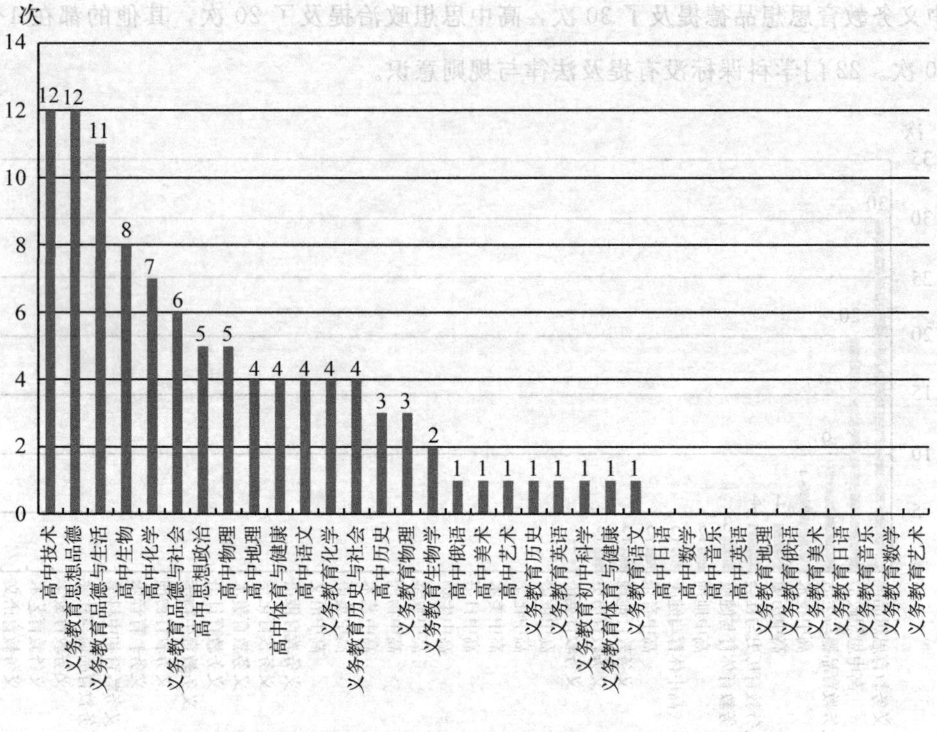

图 5-8　社会参与和贡献在 35 门学科课标中的频率分布情况

中提及较少甚至没有提及，这方面可能需要加强。

（六）公民意识

从图 5-9 可以看出，各个学科课标提及公民意识的频率较低。比如高中思想政治 8 次提及了公民意识。有 13 门学科课标提及了公民意识，其频率为 1～10 次。高中化学等 22 门学科没有提及公民意识。

由此可见，课标关注了公民意识的培养，特别在高中思想政治和高中历史等学科中被相对较多地提及，这体现了政治类和历史类的学科在培养公民意识方面的学科特色。另外，其他学科如英语、义务教育思想品德、义务教育品德与社会等学科也应体现公民意识的培养。

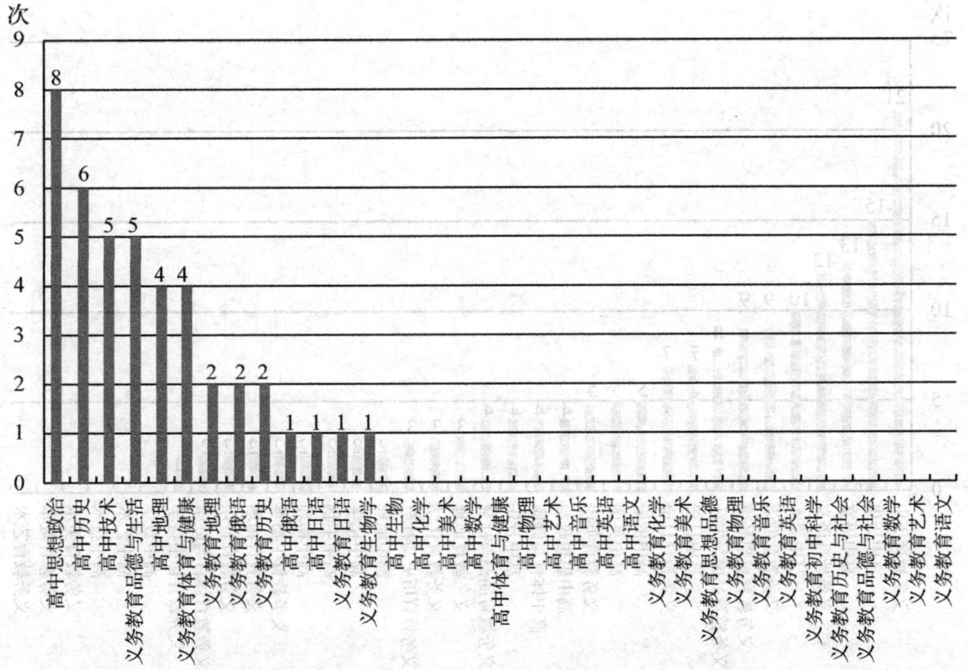

图 5-9　公民意识在 35 门学科课标中的频率分布情况

（七）国家认同

从图 5-10 可以看出，29 门学科课标提及了国家认同，但频率不高。其中义务教育历史提及了 21 次，高中历史提及了 15 次，高中语文提及了 13 次，义务教育语文提及了 12 次，其他的提及频率为 1～10 次。6 门学科课标没有提及国家认同。

由此可见，当前教育重视学生国家认同素养的培养，从历史角度、思想政治角度及母语、外语和地理的学习中综合性地进行教育。课标对此体现得比较综合和全面。

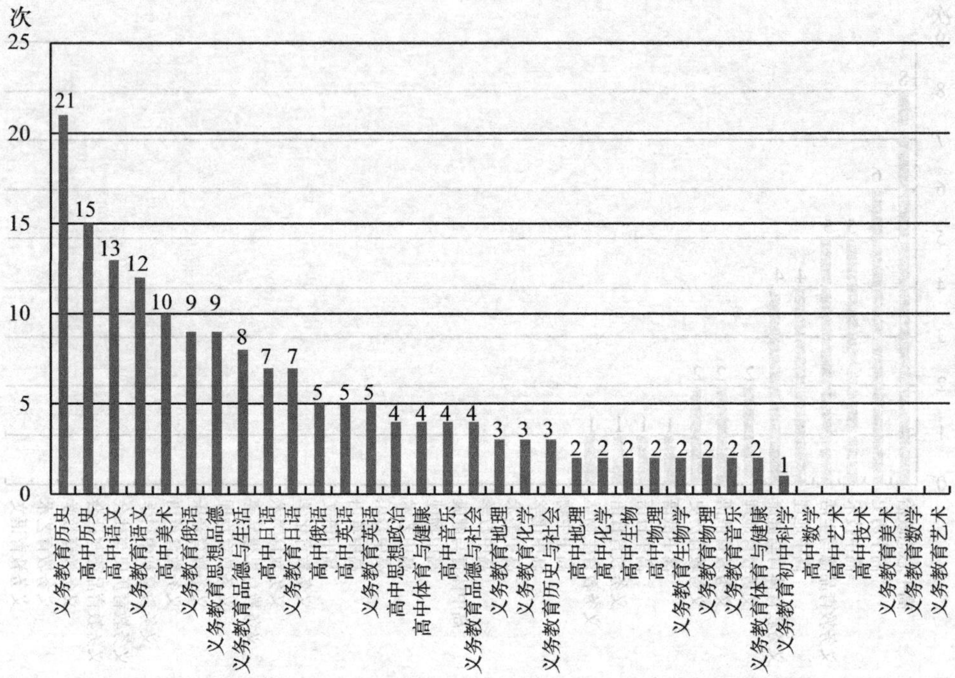

图 5-10 国家认同在 35 门学科课标中的频率分布情况

（八）国际意识

从图 5-11 可以看出，国际意识在各门学科中被提及的频率较低。比如义务教育日语提及了 15 次，高中历史提及了 13 次，高中俄语提及了 10 次，义务教育历史提及了 10 次。其他学科课标的提及频率为 1～10 次。17 门学科课标没有提及国际意识。

提及国际意识的课标主要是外语类和历史类的学科，体现了这两类学科的特点，也说明在我国的外语教育和历史教育中，不仅注重语言技能和基本知识的传授，还强调培养学生的国际情怀和眼界。在地理、语文、思想品德等学科当中则较少甚至没有提到这一指标。

（九）多元文化

从图 5-12 可以看出，21 门学科课标提及了多元文化，其中高中艺术提及了 50 次。其他的 20 门学科课标提及频率为 1～12 次。另有高中地理等 14 门学科课

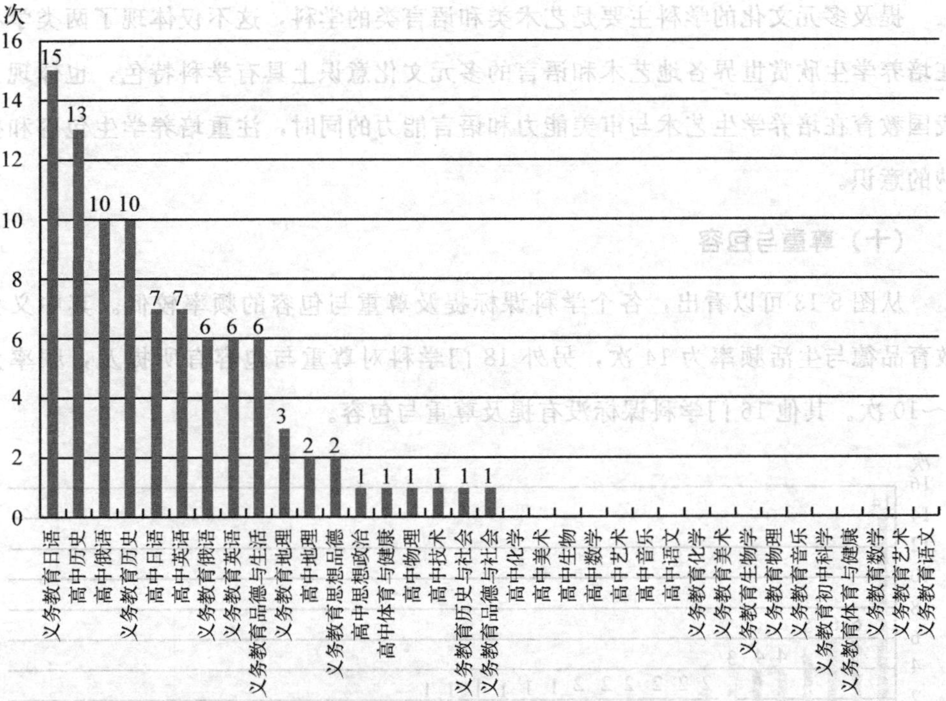

图 5-11　国际意识在 35 门学科课标中的频率分布情况

标没有提及多元文化。

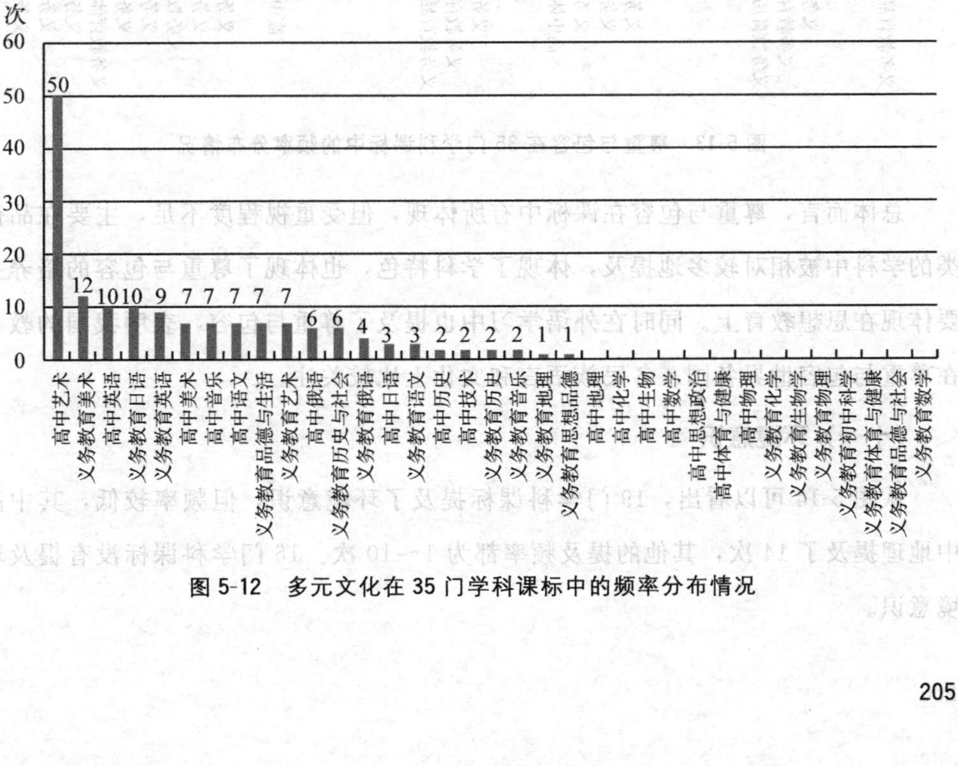

图 5-12　多元文化在 35 门学科课标中的频率分布情况

提及多元文化的学科主要是艺术类和语言类的学科，这不仅体现了两类学科在培养学生欣赏世界各地艺术和语言的多元文化意识上具有学科特色，也体现了我国教育在培养学生艺术与审美能力和语言能力的同时，注重培养学生包容和接纳的意识。

（十）尊重与包容

从图 5-13 可以看出，各个学科课标提及尊重与包容的频率较低。其中义务教育品德与生活频率为 14 次，另外 18 门学科对尊重与包容有所提及，频率为 1～10 次。其他 16 门学科课标没有提及尊重与包容。

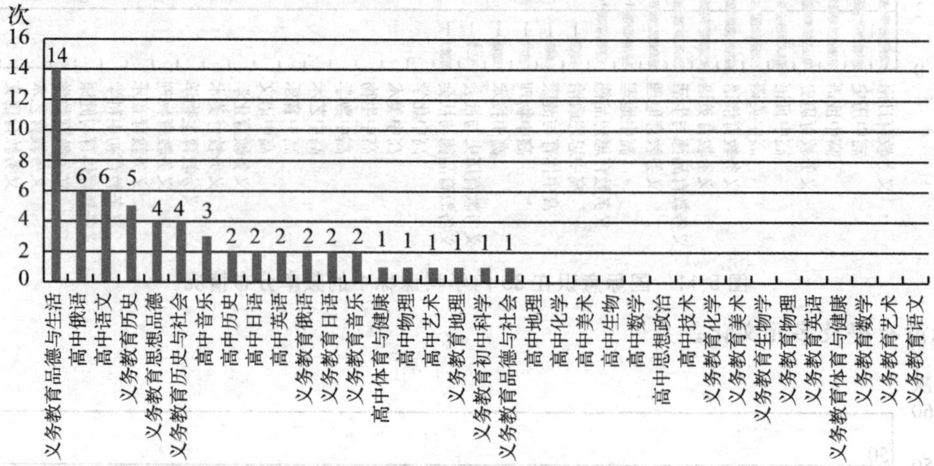

图 5-13　尊重与包容在 35 门学科课标中的频率分布情况

总体而言，尊重与包容在课标中有所体现，但受重视程度不足，主要在品德类的学科中被相对较多地提及，体现了学科特色，也体现了尊重与包容的培养主要体现在思想教育上。同时在外语学习中也提及了尊重与包容，表明我国的教育在尊重与包容世界各国、各民族语言和文化上比较关注。

（十一）环境意识

从图 5-14 可以看出，19 门学科课标提及了环境意识，但频率较低，其中高中地理提及了 14 次，其他的提及频率都为 1～10 次。16 门学科课标没有提及环境意识。

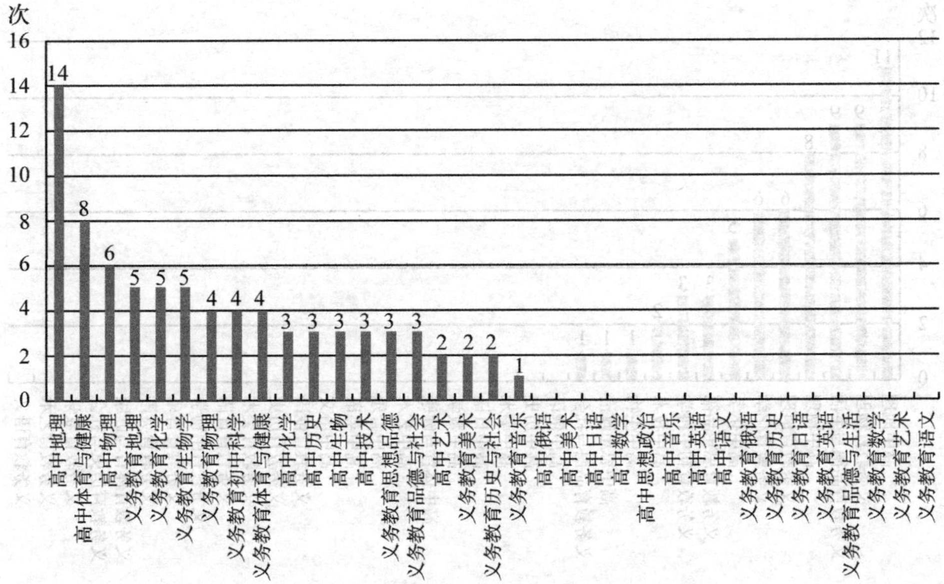

图 5-14　环境意识在 35 门学科课标中的频率分布情况

由此可见，课标对环境意识有所关注，但仍需加强。其中理科类的学科提及较多，这体现了理科教学的学科特点。另外，思想品德、历史社会类的学科也提及了环境意识，说明我国的教育也注重从思想教育层面上进行环境意识的培养。而高中思想政治、义务教育品德与生活则没有提及环境意识。

（十二）可持续发展意识

从图 5-15 可以看出，13 门学科课标提及了可持续发展意识，但频率较低。其中高中地理提及了 11 次，其他的提及频率为 1～10 次。22 门学科课标没有提及可持续发展意识。

提及可持续发展意识的主要是理科类和品德类的学科，体现了这两类学科在强调珍惜自然资源、环境保护、节约能源等方面的教育，但总体上该素养被提及较少。

（十三）健康素养

从图 5-16 可以看出，29 门学科课标提及了健康素养。其中义务教育历史与社会 43 次提及了健康素养，其他的如义务教育品德与生活提及了 24 次、高中体

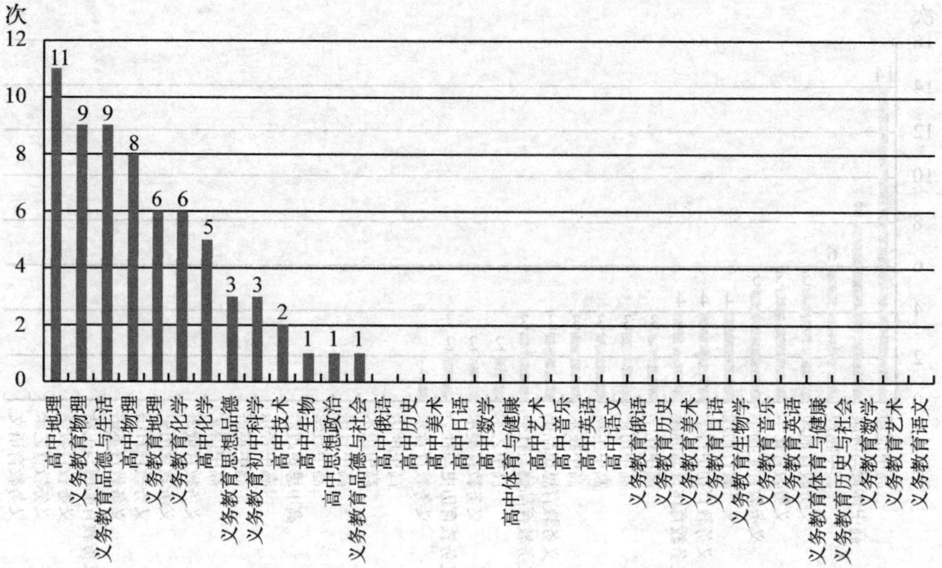

图 5-15　可持续发展意识在 35 门学科课标中的频率分布情况

育与健康提及了 22 次。提及频率在 1～20 次的有 26 门学科课标。有 6 门学科课标未提及健康素养。

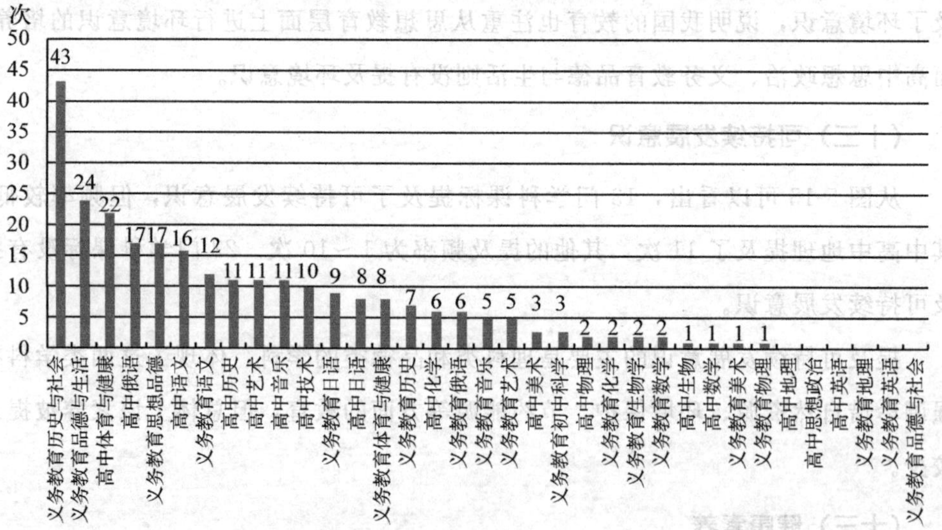

图 5-16　健康素养在 35 门学科课标中的频率分布情况

由此可见，我国教育比较注重培养学生的健康素养，这主要体现在思想品德类和社会生活类，以及体育类的学科课程中。说明我国教育既注重思想层面的健康教育，也注重在体育实践中培养学生的健康素养。

（十四）安全意识与行为

从图 5-17 可以看出，14 门学科课标提及了安全意识与行为，但频率较低。其中高中技术提及了 11 次，其他的提及了 1～10 次。21 门学科课标没有提及安全意识与行为。

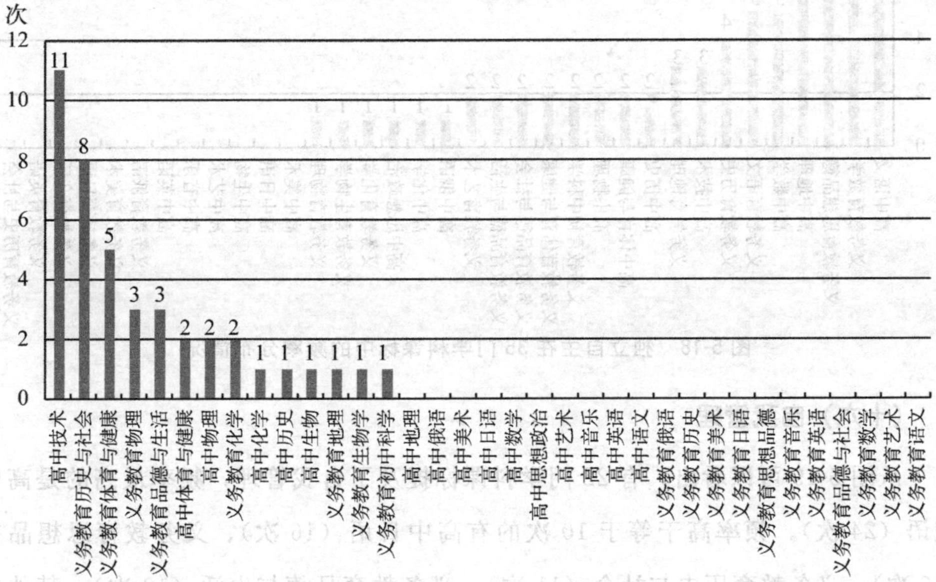

图 5-17　安全意识与行为在 35 门学科课标中的频率分布情况

提及安全意识与行为的学科主要有社会生活类的学科，这体现了此类学科的学科特点。同时，技术科学类的学科也相对较多地提及了安全意识与行为，表明我国教育也注重科学生产、技术应用等领域的安全意识。总体上，安全意识与行为被提及较少，有很多学科没有提及安全意识与行为。

（十五）独立自主

从图 5-18 可以看出，独立自主在各个学科课标中被提及的频率都很小。较多的只有高中语文（11 次），其他的如义务教育数学等 22 门学科课标提到的频率为 1～10 次，另外的 12 门学科课标没有提及独立自主。以上结果表明，课标体现了独立自主，但重视程度不够。独立自主强调个体的独立性和自主性，对个体的学习、生活、成长都很重要，应该在教育中有所重视。

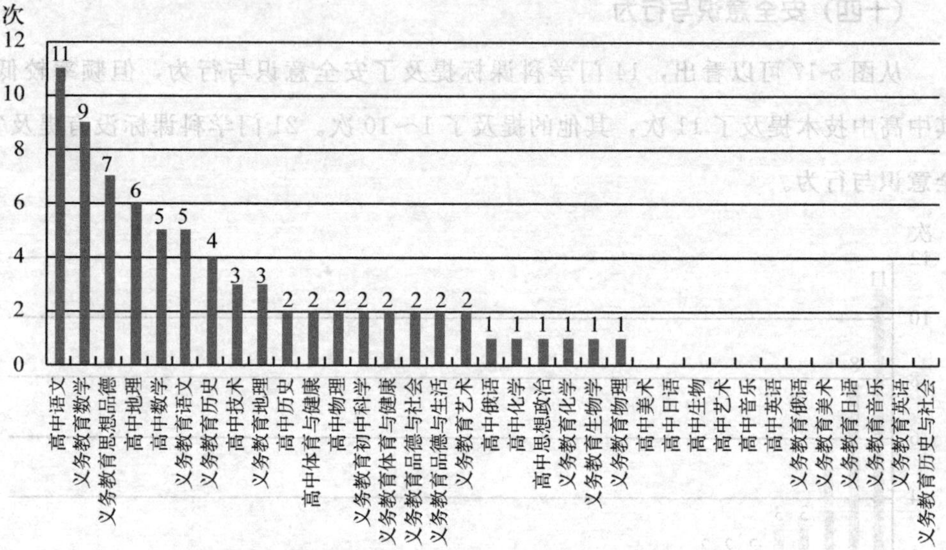

图 5-18　独立自主在 35 门学科课标中的频率分布情况

（十六）自我管理

从图 5-19 可以看出，有 22 门学科课标提及了自我管理，频率最高的是高中俄语（24 次）。频率高于等于 10 次的有高中日语（16 次）、义务教育思想品德（13 次）、义务教育历史与社会（11 次）、义务教育品德与生活（10 次）。其他的如高中体育与健康等学科提及自我管理的次数低于 10 次。13 门学科课标如高中化学没有提及自我管理。

提及自我管理的主要是义务教育阶段的品德与生活等学科，这体现了这几门学科在培养学生认识自我、学会管理自己生活等方面具有学科特色，而在其他的比如化学等学科则体现得较少。

（十七）生活管理能力

从图 5-20 可以看出，各个学科课标很少提及生活管理能力。只有 12 门学科课标提及了生活管理能力，其中义务教育体育与健康 11 次。另外 11 门提及生活

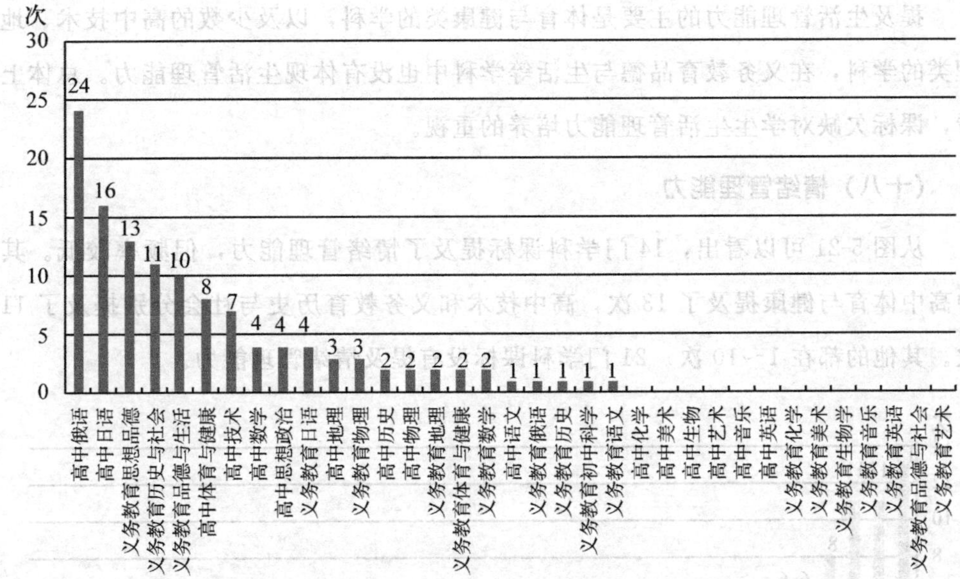

图 5-19　自我管理在 35 门学科课标中的频率分布情况

管理能力的频率为 1～5 次。23 门学科课标未提及生活管理能力。

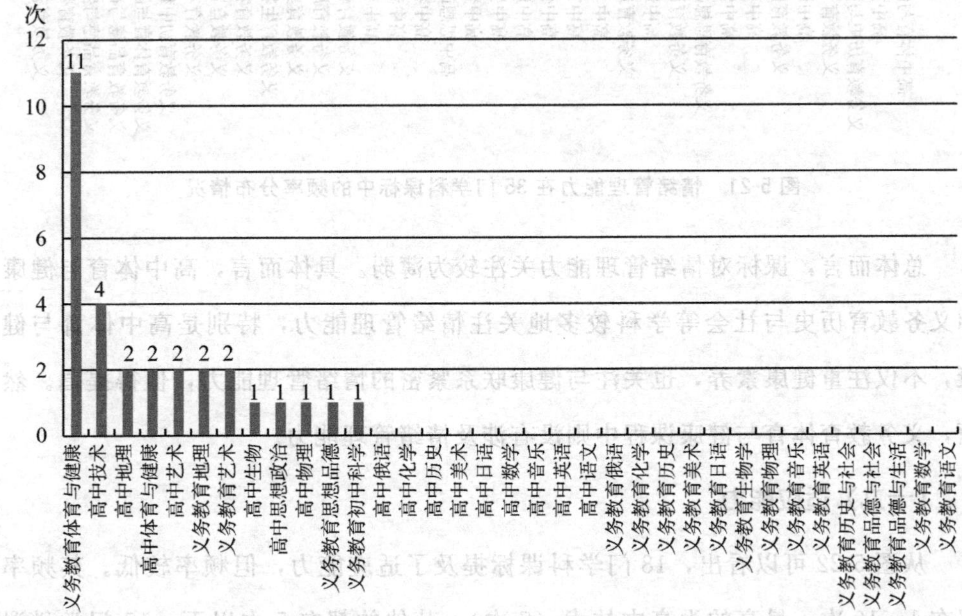

图 5-20　生活管理能力在 35 门学科课标中的频率分布情况

提及生活管理能力的主要是体育与健康类的学科，以及少数的高中技术、地理类的学科，在义务教育品德与生活等学科中也没有体现生活管理能力。总体上看，课标欠缺对学生生活管理能力培养的重视。

（十八）情绪管理能力

从图5-21可以看出，14门学科课标提及了情绪管理能力，但频率较低。其中高中体育与健康提及了13次，高中技术和义务教育历史与社会分别提及了11次。其他的都在1～10次。21门学科课标没有提及情绪管理能力。

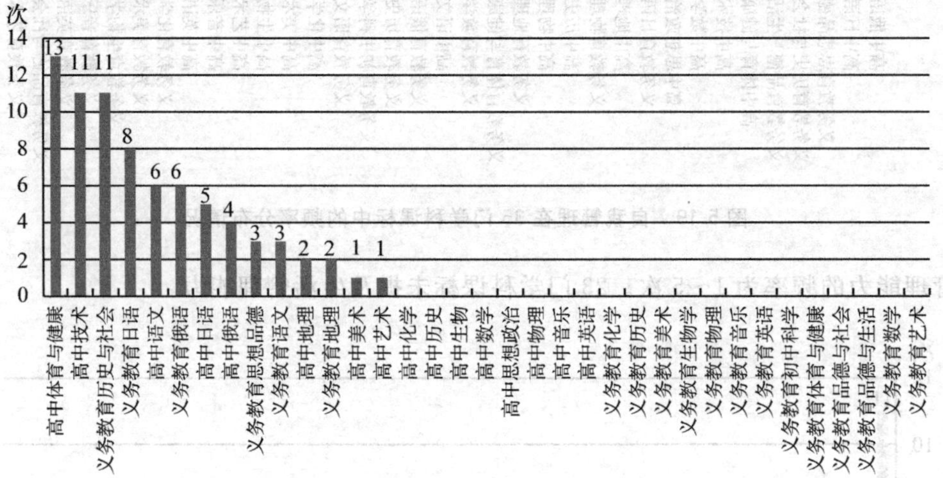

图5-21　情绪管理能力在35门学科课标中的频率分布情况

总体而言，课标对情绪管理能力关注较为薄弱。具体而言，高中体育与健康和义务教育历史与社会等学科较多地关注情绪管理能力，特别是高中体育与健康，不仅注重健康素养，也关注与健康联系紧密的情绪管理能力，值得提倡。然而，义务教育体育与健康课程中则没有涉及情绪管理能力。

（十九）适应能力

从图5-22可以看出，18门学科课标提及了适应能力，但频率较低。其频率都在1～10次，最高的为高中技术（7次），其他的都在5次以下。17门学科课标没有提及适应能力。

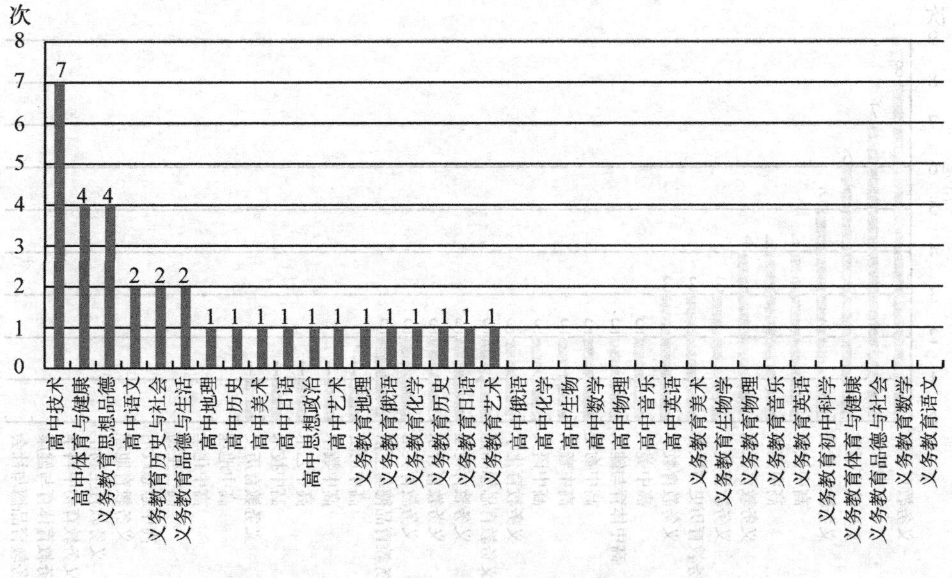

图 5-22 适应能力在 35 门学科课标中的频率分布情况

由此可见，我国教育对学生适应能力的培养关注不多，仅在高中技术、高中体育与健康、义务教育思想品德等课程中有所提及。适应新环境、适应改变不仅能体现个人的能力，也对未来的学习工作产生重要影响。如何在学科教育中渗透适应能力的培养，值得重视和思考。

（二十）自信心

从图 5-23 可以看出，26 门学科课标提及了自信心，频率都在 1～10 次。比如义务教育日语 8 次、高中日语 7 次等。另外有高中地理等 9 门学科课标未提及自信心。

总体而言，课标对自信心有所提及，但并不是很重视。就目前来看，提及自信心的主要在语言类的学科，其他学科如高中地理、高中化学等则没有提及自信心。树立自信心对各科的学习都非常重要，应该引起重视。

（二十一）计划、组织与实施

从图 5-24 可以看出，计划、组织与实施被提及的频率较小，只有 16 门学科课标有所提及，且频率都低于 10 次，比如高中体育与健康、义务教育语文等。

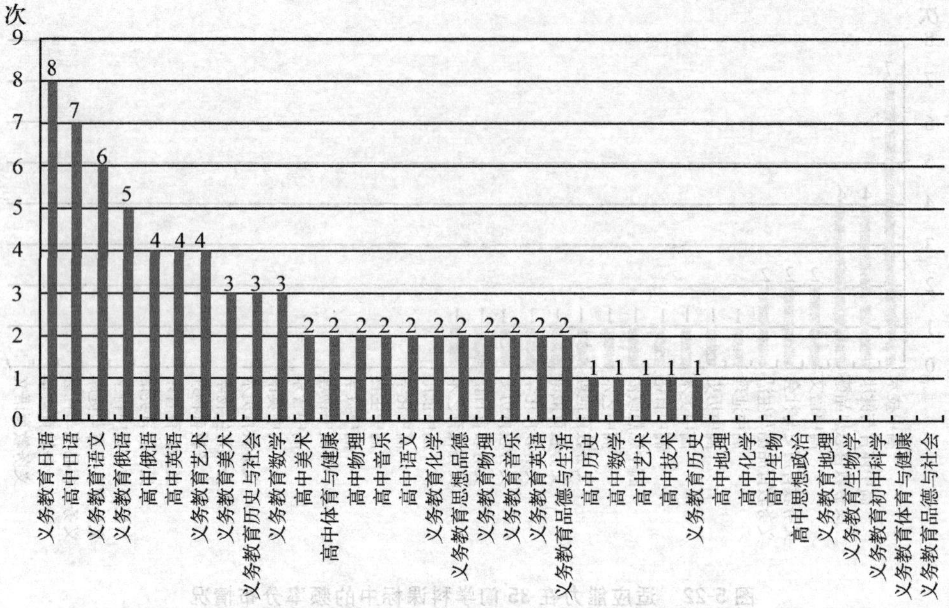

图 5-23　自信心在 35 门学科课标中的频率分布情况

而其他的 19 门学科课标如高中地理则没有提到计划、组织与实施。

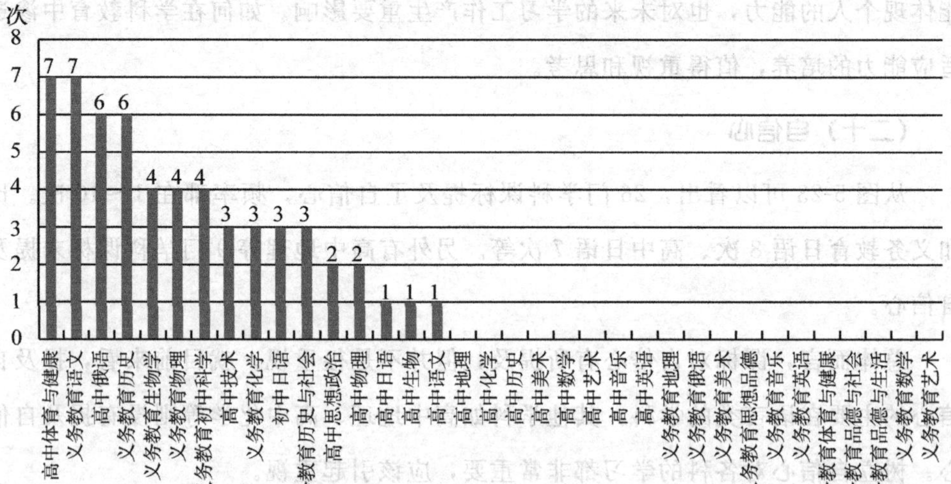

图 5-24　计划、组织与实施在 35 门学科课标中的频率分布情况

计划、组织与实施是学生在学习过程中所应具备的重要素养之一。部分课标

有所提及但很少，也有些课标没有提到这一方面。这表明课标对计划、组织与实施这一素养的培养体现得还不够。

（二十二）生涯发展与规划

从图 5-25 可以看出，有 11 门学科课标提及了生涯发展与规划，频率在 1～5 次。比如高中俄语 5 次，高中技术 4 次等。高中化学等 24 门学科课标未提及生涯发展与规划。

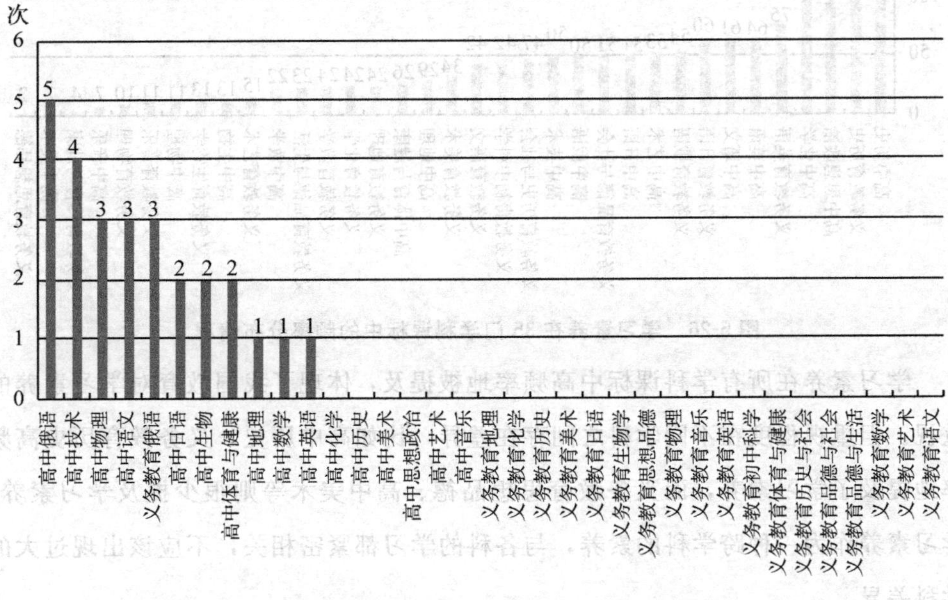

图 5-25　生涯发展与规划在 35 门学科课标中的频率分布情况

总体而言，课标较少甚至没有提及生涯发展与规划，表明学科教育在如何培养学生的生涯发展与规划方面重视程度不够高。如何在学科教育中体现生涯发展与规划的培养应当引起重视。

（二十三）学习素养

从图 5-26 可以看出，学习素养被提及的频率较高，在各个学科课标间的分布差异较大。提及频率过百的有高中历史（271）、义务教育历史（242）、高中思想政治（215）、高中化学（121）。其他如义务教育英语等 21 门学科提及学习素养的频率在 20～75 次。另外 10 门学科课标提及频率在 20 以下。

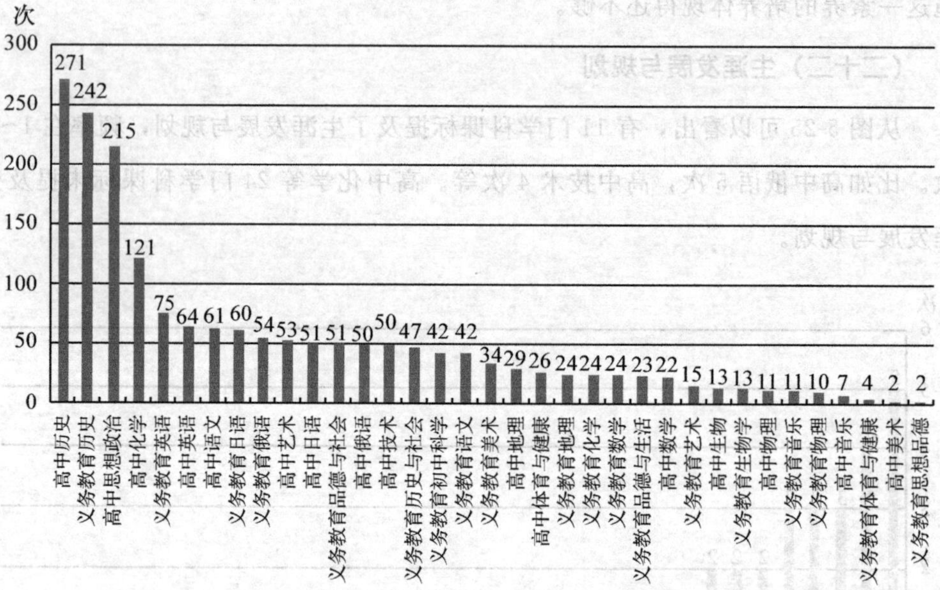

图 5-26　学习素养在 35 门学科课标中的频率分布情况

学习素养在所有学科课标中高频率地被提及，体现了我国教育对学习素养的重视。但重视程度在不同学科之间存在差异，比如高中历史、义务教育历史高频率地提及了学习素养，而义务教育思想品德、高中美术等则很少提及学习素养。学习素养作为一种跨学科的素养，与各科的学习都紧密相关，不应该出现过大的学科差异。

（二十四）主动探究

从图 5-27 可以看出，主动探究被提及的频率较大，在各个学科课标间的分布有差异。比如义务教育化学课标 50 次提及了主动探究，其他学科课标提及主动探究的频率依次为义务教育生物学 36 次、义务教育初中科学 34 次、高中物理 33 次、高中生物 28 次、义务教育物理 27 次、高中化学 25 次、高中语文 21 次、义务教育美术 21 次。频率低于 20 次的有高中数学等 22 门学科课标。高中美术等 4 门学科课标没有提及主动探究。

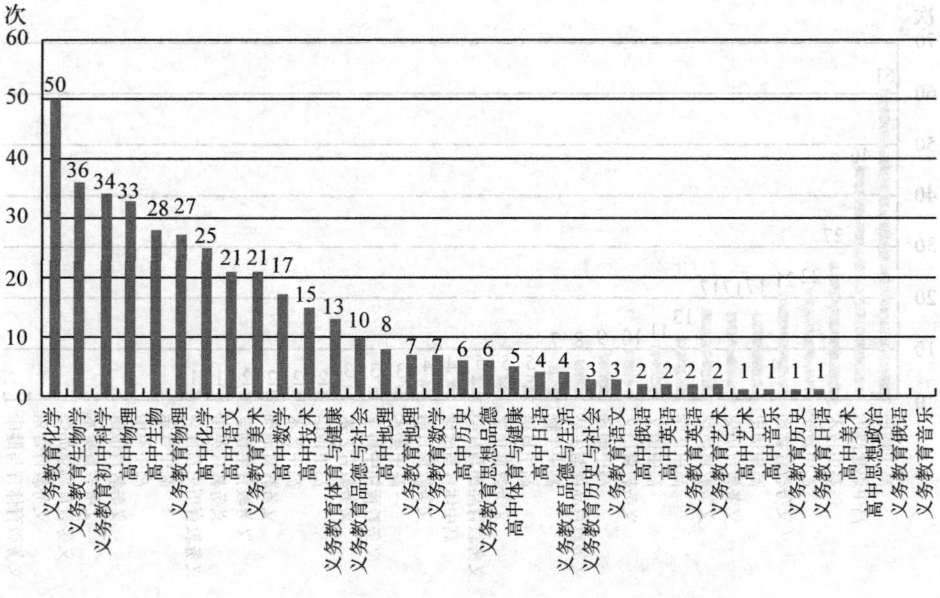

图 5-27　主动探究在 35 门学科课标中的频率分布情况

图 5-27 的数据表明，我国教育比较注重学生的主动探究能力，特别是在有关科学领域的学习（如化学、物理、生物等）体现尤为明显。主动探究能力不仅在科学领域的学习中备受重视，在其他人文、语言领域的学习中也有所渗透。

（二十五）问题解决能力

从图 5-28 可以看出，问题解决能力被提及的频率较高，在各个学科间的分布差异较大。比如高中物理 61 次提及了问题解决能力，其他的 4 门学科也较多地提及了问题解决能力，频率依次为高中思想政治 46 次、高中技术 27 次、高中数学 22 次、义务教育物理 21 次。其他 23 门学科课标（如高中历史）提及频率在 20 次及以下，高中英语等 7 门学科没有提及问题解决能力。

这表明，我国现阶段教育非常重视学生的问题解决能力。从思想理论高度（如思想政治、历史等学科）和实际操作层面（物理、技术等学科）都强调了问题解决能力的培养。这一能力在较多学科中都有所体现，而在高中美术、高中英语等学科中则体现较少甚至没有体现。

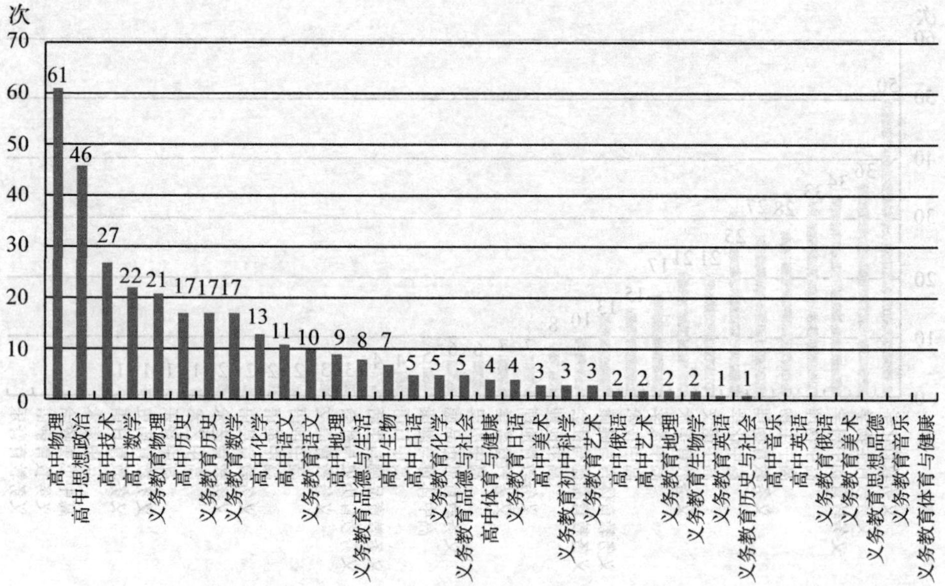

图 5-28　问题解决能力在 35 门学科课标中的频率分布情况

（二十六）冲突解决能力

如图 5-29 所示，35 门学科课标都没有提及冲突解决能力。这表明我国的教

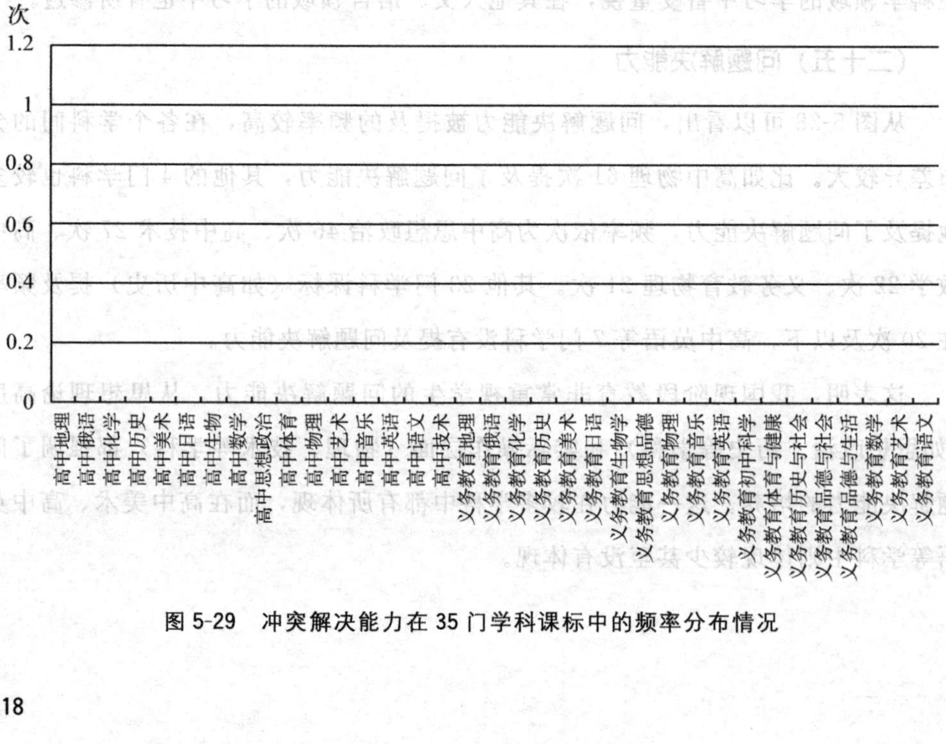

图 5-29　冲突解决能力在 35 门学科课标中的频率分布情况

育在冲突解决能力的培养上还存在空白，如何在学科教育中体现这一素养的培养值得深思。

（二十七）实践素养

从图 5-30 可以看出，33 门学科课标提及了实践素养，总体频率高，但学科间分布差异大。其中高中物理提及了 121 次。频率在 10～100 次的有 15 门学科课标，其他的都在 1～10 次。另外有 2 门学科课标没有提及实践素养，分别是义务教育历史、义务教育英语。

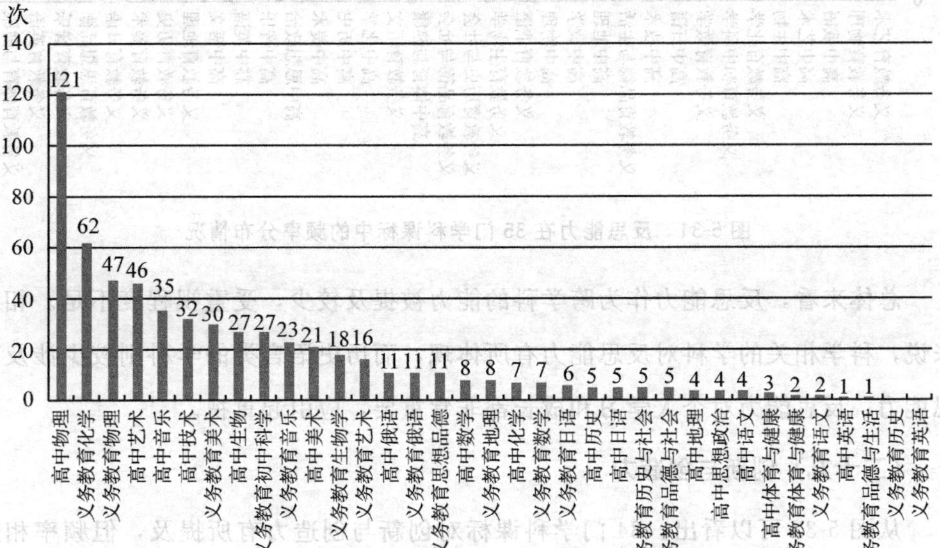

图 5-30　实践素养在 35 门学科课标中的频率分布情况

无论从提及频率还是覆盖学科种类都可以看到，我国教育对学生的实践素养非常重视。在科学类和艺术类的学科中强调了科学学习和艺术学习中的实践。另外，语言学习中也提及了实践。

（二十八）反思能力

从图 5-31 可以看出，20 门学科课标提及了反思能力，但频率较低。其中义务教育艺术提及了 11 次，其他的都在 1～10 次。另外 15 门学科课标没有提及反思能力。

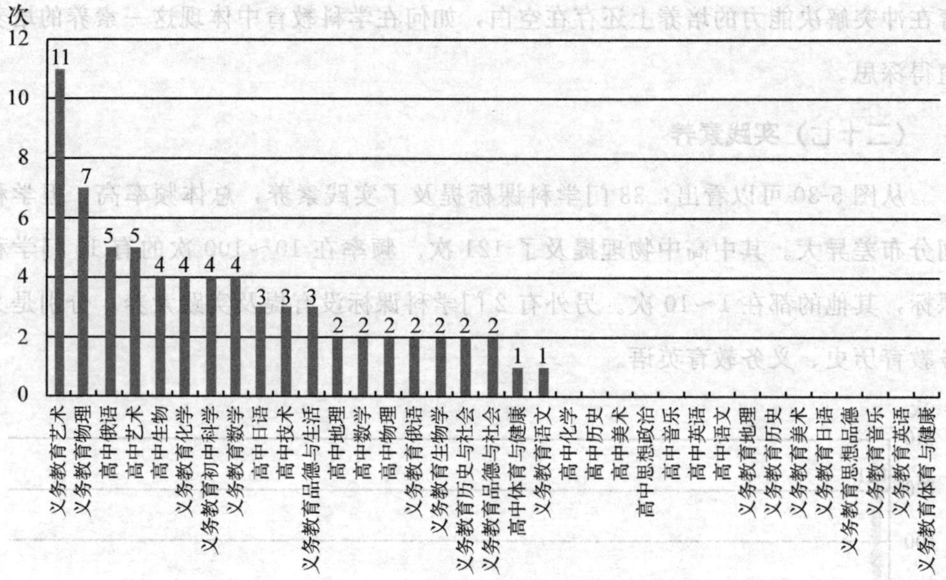

图 5-31　反思能力在 35 门学科课标中的频率分布情况

总体来看，反思能力作为跨学科的能力被提及较少，受重视程度不足。相对来说，科学相关的学科对反思能力有所体现，而历史语言类的学科则较少涉及反思能力。反思能力对个人学习和成长都非常重要，应引起重视。

（二十九）创新与创造力

从图 5-32 可以看出，34 门学科课标对创新与创造力有所提及，但频率相对不高。比如高中技术课标提及了 30 次，其他的都在 20 次以下，如义务教育艺术等。义务教育体育与健康没有提及创新与创造力。

大部分学科课标提到了创新与创造力，特别是在技术学习、艺术学习中体现明显，另外科学学习等也有所体现，说明我国教育比较注重学生这方面素养的培养，并且注重不同领域学习中的创新与创造。

（三十）价值观

从图 5-33 可以看出，31 门学科课标提及了价值观，但频率不高。其中高中思想政治提及了 18 次，高中生物提及了 15 次，高中技术和义务教育历史均提及了 14 次，其他的都在 1～10 次。4 门学科课标没有提及价值观。

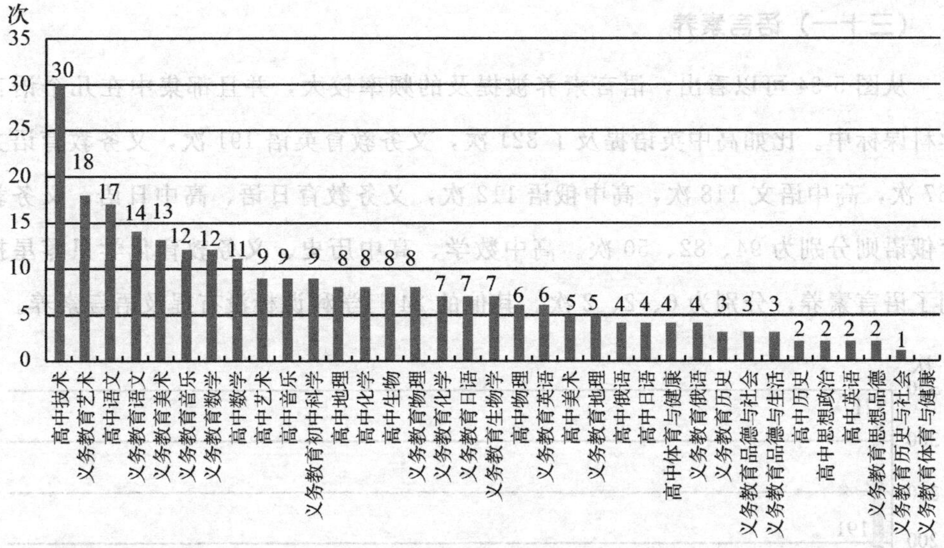

图 5-32 创新与创造力在 35 门学科课标中的频率分布情况

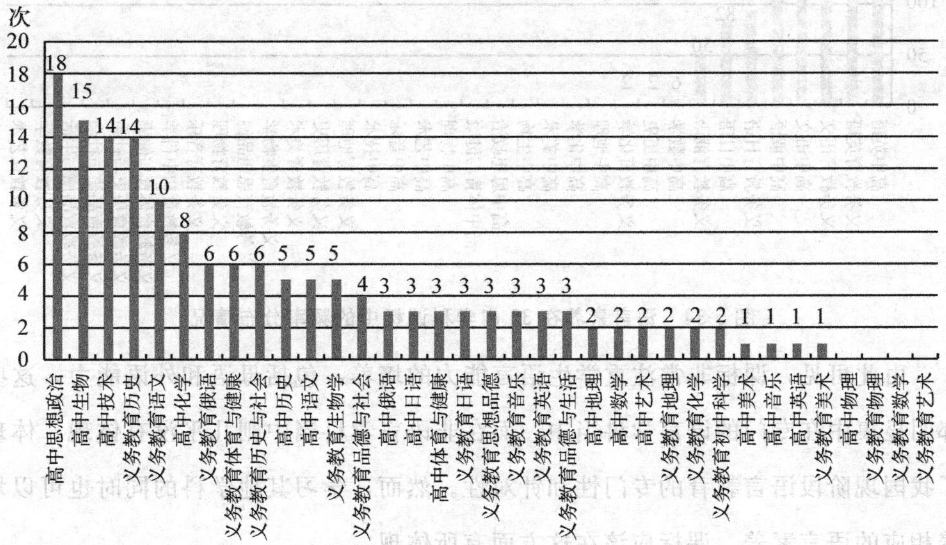

图 5-33 价值观在 35 门学科课标中的频率分布情况

由此可见，课标比较注重学生价值观的教育。这主要体现在思想政治教育和历史等学科当中，同时也在其他学科中有所体现，表明我国关于价值观的教育结合了思想政治层面的专门教育，也广泛渗透到了其他学科中。

（三十一）语言素养

从图 5-34 可以看出，语言素养被提及的频率较大，并且都集中在几个语言学科课标中。比如高中英语提及了 321 次，义务教育英语 191 次，义务教育语文 167 次，高中语文 118 次，高中俄语 112 次，义务教育日语、高中日语、义务教育俄语则分别为 94、82、50 次。高中数学、高中历史、义务教育化学只零星提到了语言素养，分别为 6、2、2 次。其他的 24 门学科课标没有提及语言素养。

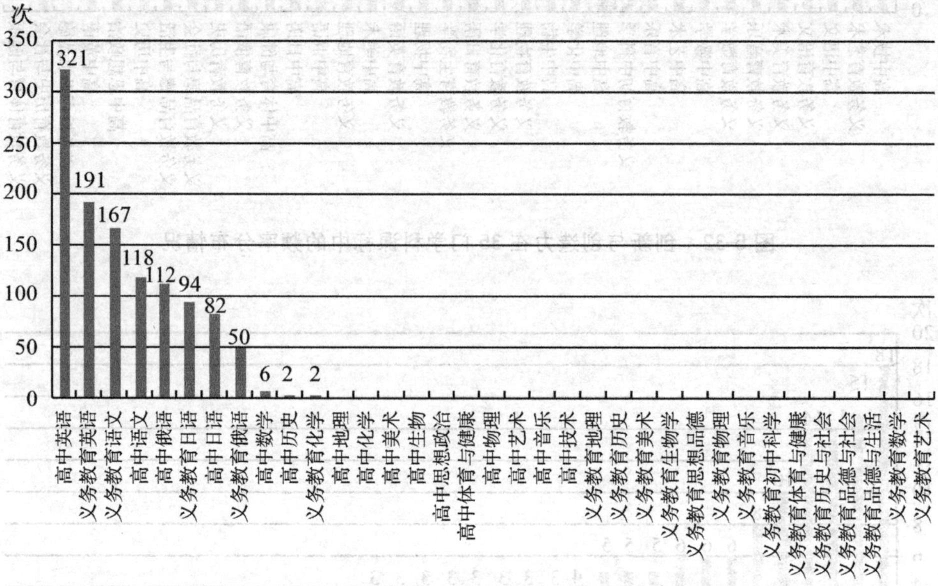

图 5-34　语言素养在 35 门学科课标中的频率分布情况

由此可见，课标非常注重学生语言能力的培养，包括母语和外语能力，这些都明显集中在专门的语言学科当中，而在非语言学科当中则几乎没有体现。体现了我国现阶段语言教育的专门性和针对性。然而，学习其他学科的同时也可以培养相应的语言素养，课标应该在这方面有所体现。

（三十二）数学素养

从图 5-35 可以看出，只有 5 门学科课标提及了数学素养，分别是高中数学（105 次）、义务教育数学（95 次）、高中物理（7 次）、义务教育物理（2 次）、义务教育品德与生活（2 次）。

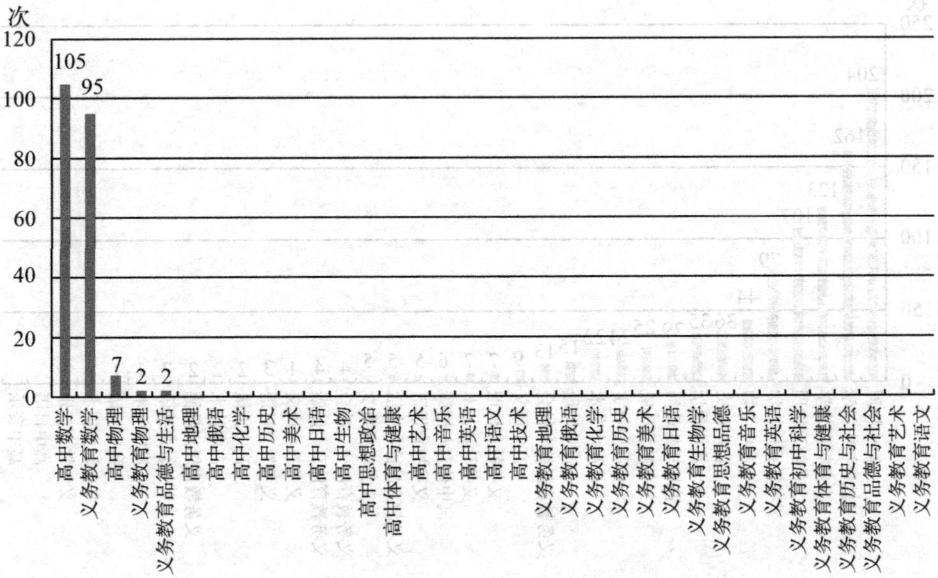

图 5-35　数学素养在 35 门学科课标中的频率分布情况

这表明，我国教育对数学素养的培养具有专门性，主要集中在数学学科中。而其他的与数学关系密切的学科（如物理、化学、生物、科学等）却很少甚至没有体现数学素养，是学科教学需要注意的。

（三十三）科学素养

从图 5-36 可以看出，科学素养被提及的频率较高，在各个学科课标间的分布差异较大。比如高中物理提及了科学素养 204 次，其他的学科课标也较多地提及了科学素养，频率依次为义务教育初中科学 162 次、义务教育化学 123 次、义务教育物理 107 次。频率在 10～100 次的有义务教育生物学等 10 门学科课标。19 门学科课标提及科学素养的频率在 1～10 次。2 门学科课标没有提及科学素养。

这表明，我国教育非常注重学生科学素养的培养，这主要体现在科学相关的学科当中，如高中物理、义务教育初中科学、义务教育化学等，体现了学科特色。同时科学素养在其他多数学科中也有所体现。由此可见，培养学生的科学观念、科学态度及科学精神在我国教育中处于重要地位。

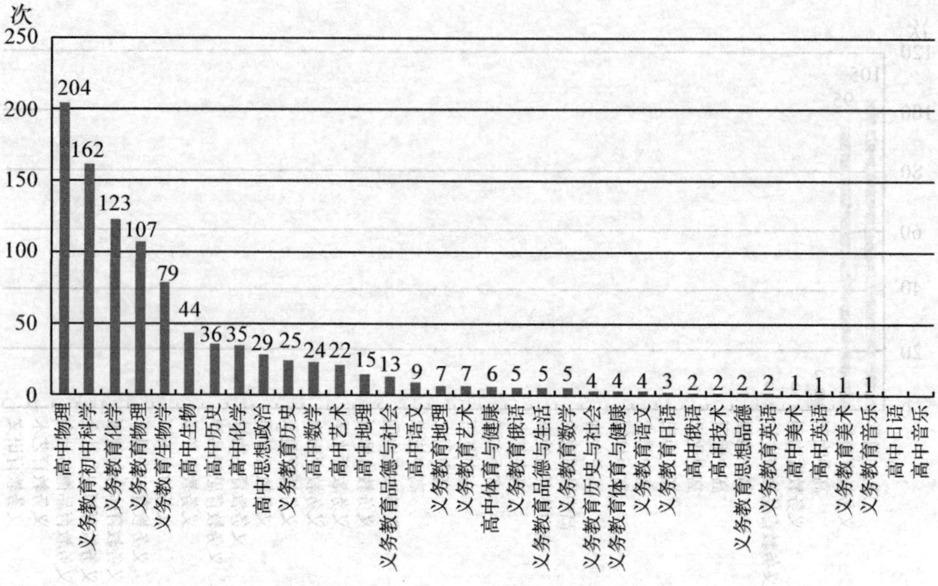

图 5-36　科学素养在 35 门学科课标中的频率分布情况

（三十四）信息技术素养

从图 5-37 可以看出，信息技术素养被提及的频率较大，在各个学科课标间

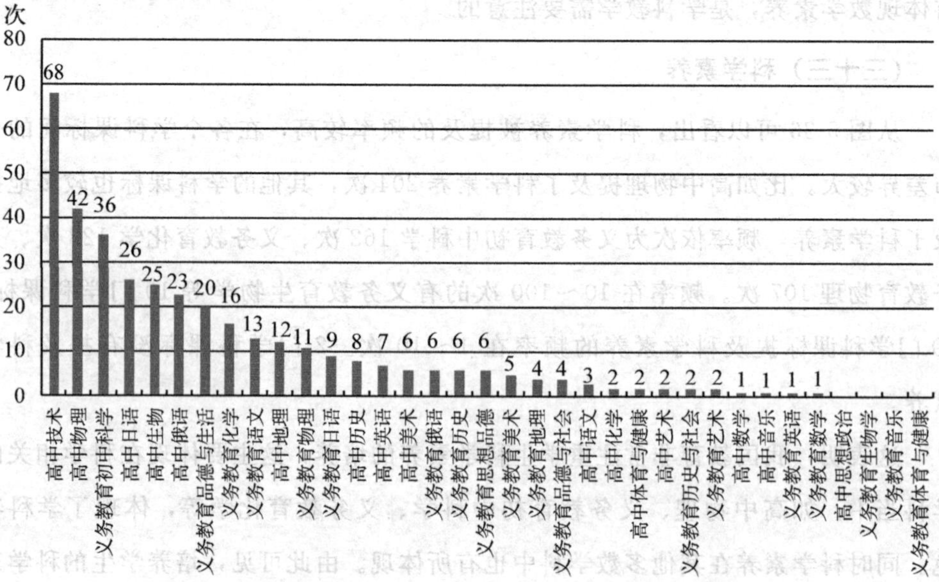

图 5-37　信息技术素养在 35 门学科课标中的频率分布情况

的分布差异较大。其中，高中技术最多，提及信息技术素养 68 次，其他的科学和语言学科也分别提及了信息技术素养，频率依次为高中物理 42 次、义务教育初中科学 36 次、高中日语 26 次、高中生物 25 次。其他学科提及频率在 20 次及以下，高中思想政治等 4 门学科没有提及信息技术素养。

信息技术素养强调个体收集和使用信息、技术的能力，这在理工学科中体现得较充分，如高中技术、高中物理、义务教育初中科学等，特别是有专门的技术课程（高中技术）对其进行培养，表明我国教育对学生信息技术素养的重视，同时也有较多的学科兼顾了这一素养。

（三十五）艺术与审美能力

从图 5-38 可以看出，17 门学科课标提及了艺术与审美能力，总体频率较高，但分布差异较大。其中义务教育音乐和高中音乐分别提及了 181 次和 119 次。义务教育艺术和高中艺术则分别提及了 96 次和 90 次。高中美术、义务教育美术、高中语文提及的频率在 20～50 次。其他的 10 门学科课标都在 1～10 次。18 门学科课标没有提及艺术与审美能力。

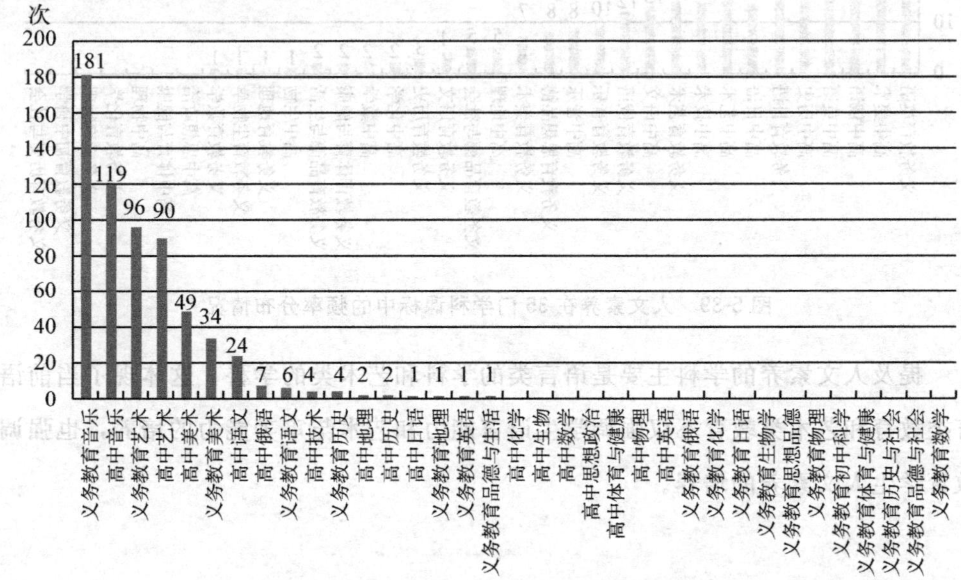

图 5-38　艺术与审美能力在 35 门学科课标中的频率分布情况

我国教育非常注重学生的艺术与审美能力，特别是艺术类的学科（如义务教育音乐、高中音乐、义务教育艺术等）提及频繁，这表明当前教育对艺术与审美能力培养的专门性和集中性。而在其他学科则提及得很少甚至没有提及。

（三十六）人文素养

从图 5-39 可以看出，28 门学科课标提及了人文素养，频率较高，但在各个学科间差异较大。其中义务教育英语 63 次，高中美术 32 次，有三门学科课标提及人文素养频率在 20～30 次，8 门学科课标在 10～20 次，其他的都在 1～10 次。7 门学科课标没有提及人文素养。

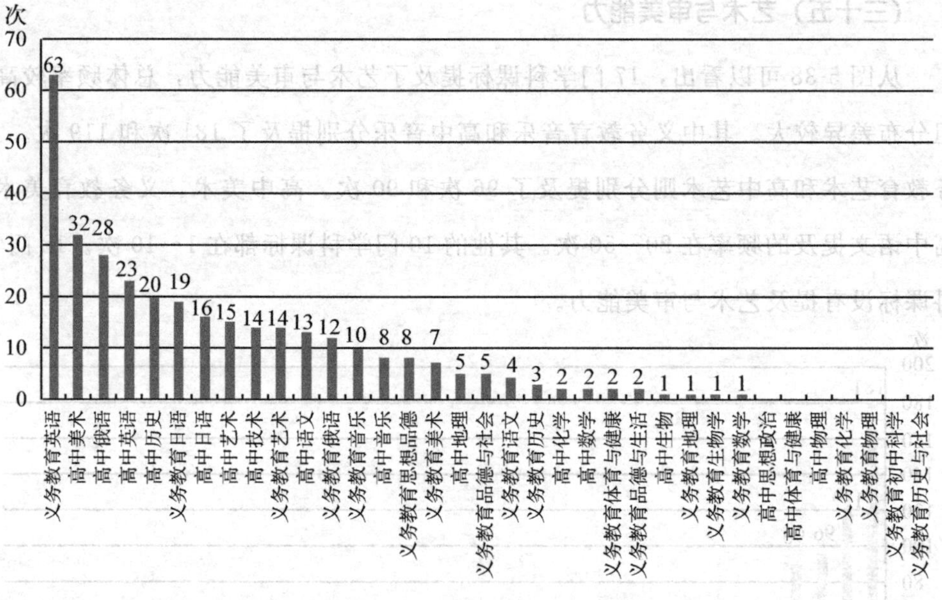

图 5-39　人文素养在 35 门学科课标中的频率分布情况

提及人文素养的学科主要是语言类的学科和艺术类的学科，这体现了当前语言类教育和艺术类教育不仅强调学生语言能力和艺术与审美能力的培养，也强调教育学生人文素养的培养。

第三节　课程标准中核心素养的整体分析

核心素养的概念比单一的知识和技能更宽泛，是相关知识、认知技能、态度、价值观和情绪的集合体。本章采用内容分析法对高中阶段和义务教育阶段共35门学科课标进行了核心素养的分析，以句子为单位划分整个文本，然后在每个句子中查找核心素养，并进行编码、归类和统计。这种分析方法具有系统性、客观性和定量性的优势，最大限度地提取了关于各类素养的陈述。下面从内容、结构、理念三个层面对35门学科课标的核心素养加以分析。

一、课程标准中核心素养的内容分析

（一）课标重视对核心素养的培养

课标注重对学生核心素养的培养，这主要体现在两个方面：第一，课标提及素养的整体频率基数大（9697次）；第二，课标广泛涵盖国家和社会期望的、成长为人才所必需的素养。本报告共涵盖了36种素养，除了冲突解决能力，其他所有素养都有所提及，其中包含了当今主要国家和国际组织所提出的核心素养指标，如沟通与交流能力、团队合作、信息技术素养、语言素养、实践素养、人文素养等。由此可见，课标对核心素养的培养非常重视，而且较全面地关注了未来人才所必备的素养。

（二）课标对各素养重视程度存在差异

各学科课标大都充分体现了该课程的目标，涉及了多种核心素养。但对于各种素养的重视程度存在差异。总体来看，与学习，特别是与学科学习有关的素养提及较多，而对与生活有关的素养则没有体现出足够的重视。比如基础教育阶段各学科课程标准中，被提及频率居于前三位的学习素养、语言素养、科学素养，其频率分别是1843次、1145次、989次，而居于最后几位的频率很低，如安全意识与行为 42 次，适应能力 33 次，生活管理能力 30 次，生涯发展与规划 27 次，冲突解决能力 0 次。

（三）课标体现了素养的发展性

从义务教育阶段到高中阶段素养名次的升降，我们可以看到，随着学生年龄的增长和受教育程度的提高，课标对工具与人文领域中的语言素养和信息技术素养的要求也相应提高，对自我发展类的实践素养、问题解决能力、情绪管理能力、适应能力、生涯发展与规划、独立自主等也更加重视，更注重社会参与类的多元文化、环境意识、可持续发展意识、社会参与和贡献，以及公民意识等的培养。而对其他的素养要求则保持不变，或者相对下降。由此可见，随着个体的发展，当前的学校教育对语言和信息技术的掌握越来越看重，对学生的实践素养，问题解决能力，计划、组织与实施，生涯发展与规划，情绪管理能力等有更高要求，以期更好地独立于社会并适应社会发展。这些变化反映出了课标注重学生的发展，对相应素养的培养也符合学生的发展规律。

（四）课标高度重视少数工具性素养的培养

1. 重视学习素养

从前面的分析来看，课标依然体现了学习本位的思想。学习素养是当前课标强调的重中之重。学生在基础教育时期的主要任务就是学习，因此学习知识、学习技能，以及学会学习等都非常重要。这一点在课标分析中体现得非常明显，不论高中教育阶段的学科课标，还是义务教育阶段的学科课标，学习素养被提及的频率都是最高的，并且超出第二位很多。比如，其被提到的频次在高中阶段课标中占所有 36 种素养频次总和的 20.8％，在义务教育阶段课标中则占总素养频次的 17.1％。

2. 语言素养和科学素养并重

语言素养就是有效运用口语和书面语言，进行阅读、写作和交流的能力，既包括母语能力也包括外语能力。而科学素养则是关于物理、化学、生物等学科知识、技能的掌握，类似于理科能力。我们的分析结果显示，义务教育阶段，科学素养提及频率比语言素养略高，而高中教育阶段，语言素养提及频率比科学素养略高，但两者频率都仅次于学习素养，居于前列。说明学科课标中依然非常强调语言、科学等知识和技能的掌握。

3. 注重学生的实践素养

在学生学习过程中，实践是极其重要的一环。传统教育过于重视理论知识而忽视实践，这一问题在课标中有所纠正。根据对课标中素养频率的统计观察，实践素养被提及的频率超过 600 次，排名居于第五位，在各学科素养分析中也看到有 9 门学科课标提及实践素养频率超过 10%。由此可以看出，培养学生的实践素养越来越得到重视。

（五）课标对社会参与及人文性素养的重视不够

1. 课标对人文性素养的强调程度不足

党的十八届三中全会非常强调人文精神的培养："坚持立德树人，加强社会主义核心价值体系教育，完善中华优秀传统文化教育……增强学生社会责任感、创新精神……改进美育教学，提高学生审美和人文素养。"课标体现了对人文精神的培养。比如，课标中较高频率地提及了艺术与审美能力（622 次，排名第四）、人文素养（331 次，排名第九）、创新与创造力（263 次，排名第十二）。而在课标中，关于社会参与和贡献（102 次）、尊重与包容（60 次）、伦理道德（59 次）、公民意识（42 次）等素养虽然有所提及，但相较于其他的素养如学习素养、科学素养、语言素养等，被提及频率相差甚远。因此我国的教育改革和课标修订应该更加重视这部分素养的培养。

2. 课标不够重视德育的培养

党的十八届三中全会提出对学生品德的培养是教育的重心。然而，通过对课标的分析，我们并没有看到基础教育对德育足够重视。比如，伦理道德这一素养作为直接体现德育的指标在课标中被提及的频率非常少。其表现在：第一，被提及的总频率很低，只有 59 次；第二，提及伦理道德的学科很少，只有 10 门，而没有提及的则有 25 门；第三，德育相关的学科课标也极少提及伦理道德，比如义务教育思想品德（21次），义务教育品德与生活（8次），高中思想政治（2次）。由此可见，课标在德育上还需加强，特别是在德育相关的学科中应重点关注。同时，德育也应该在其他学科的教学和学习中有所涉及。

3. 课标没有高度重视对价值观的教育

从价值观的定义来看，价值观是个人对人、事、物总的评价和看法，是人行为处事的基础。在本次的素养分析中，价值观也被列入素养的行列进行了分析。从统计的频率来看，35门课标中有31门在一定程度上都提及了价值观，总共提到156次，在36种素养中排名17。因此，课标在一定程度上也强调了价值观作为学生核心素养的重要性。但是，我们认为对价值观的重视程度还不够。按照经合组织的理论观念，素养不仅是知识、技能或能力，而是比知识和技能更宽泛的概念，是相关知识、认知技能、态度、价值观和情绪的集合体。可见，价值观是核心素养谱系中重要的组成部分，没有正确价值观的指引，人就缺乏获取知识与能力的动力，已获得的知识与技能也难以被有效地利用。因此，价值观的培养应该贯穿所有的学科，它的重要程度应该与学习素养、实践素养比肩。在分布的广度上，价值观广泛地分布于大多数的学科中，这体现了价值观这一素养的特性，但仍然有4个学科没有提及价值观的培养。从数量上看，价值观的提及频率远低于学习素养等工具性素养，在这方面还需要加强。

4. 课标缺乏对冲突解决能力的培养

35门学科课标中均没有提及冲突解决能力。而事实上，在人与人交往的现代社会，冲突现象常有发生。如何恰当地解决个体之间或者群体之间的冲突，对于维系社会关系、保持社会和谐有非常积极的意义。虽然冲突解决能力不像语言素养或科学素养那样能作为实现价值的知识基础，但如果不能很好地解决冲突，可能会对现有的价值造成负面影响。因此，从价值保持、社会和谐稳定的意义上来说，冲突解决能力甚至与学习素养、语言素养等同等重要。因此，未来的教育改革应注重冲突解决能力的培养。

二、课程标准中核心素养的结构分析

（一）核心素养在不同科目中分布不均衡

虽然课标都重视了核心素养的培养，但是重视的程度有很大的差别。在所有的课标中提及素养关键词最多的是高中物理，有 550 次，而与高中物理有着同等学科比重的高中化学却只有 252 次，后者不足前者的一半。同样的，高中历史课标中素养关键词被提及了 447 次，而高中地理却只提及了 159 次。这些课程在学校中学习的课时数大体相当，所以它们应该有相当的时间来培养学生的各种素养。这种不均衡性体现了课标在核心素养培养方面缺乏整体设计上的统筹性，可能会导致在实际教学的过程中某一些科目的教师所承担的培养任务过重，而一些科目的教师则缺乏培养学生核心素养的意识。

（二）核心素养在同一课标内部分布不合理

1. 实施建议部分核心素养分布过少

课标一共分为四个部分：前言、课程目标、课程内容、实施建议。从获得的数据上看，在 35 门学科课标中，总计提及核心素养 9697 次，对比核心素养在课程标准中不同位置的出现频率，课程内容部分最多（4340 次），实施建议和课程目标两部分相对较少，分别为 1970 次和 1884 次，最少提及的是前言部分（1503 次）。课程标准应该在前言部分提出基本的理念，在目标部分说明要实现的核心素养，在内容部分细化目标中提出的核心素养，而在实施建议部分应该提出实现内容部分所提出的核心素养的细化指标。因此，一个结构良好的课程标准的核心素养关键词的分布应该是，前言和目标部分最少，内容部分要多于目标部分，实施建议部分要至少与内容部分相当。目前的课标，前言、目标和内容部分的比例是基本合理的，但实施建议部分的关键词还不到课程内容部分的一半，这显然分布得过少。由此可以推断，目前的课标在实施建议部分较为薄弱，较为缺乏指导教学实践的可操作性。

2. 各学科中的核心素养分布侧重差异巨大

虽然从整体上，课标的核心素养大约一半的比重都分布于课程内容上，但是并非所有学科的核心素养分布情况都是内容侧重型的，各学科存在着很大的差异性（见表5-6）。

表5-6　各学科的核心素养分布情况

类型	课程名称	前言	课程目标	课程内容	实施建议
内容偏重型	义务教育语文	63	0	179	114
	高中数学	60	29	118	35
	义务教育化学	40	34	254	16
建议偏重型	高中地理	34	34	1	90
	义务教育地理	28	29	1	42
	义务教育日语	54	51	78	133
目标偏重型	高中语文	49	180	0	167
	高中思想政治	15	334	1	17

由表5-6可以发现，不同学科核心素养的分布侧重有极大的不同，甚至有两门学科在某一部分根本就没有提及核心素养，有三门学科在课程内容部分只提及了一次。这反映出在课标制定的过程中在核心素养培养方面缺乏统筹协调的一致性，存在着很大的随意性。

三、课程标准中核心素养的理念分析

（一）学科本位

课标中涵盖了符合国际发展趋势的广泛的素养类型，也试图将一些新的素养加入到各学科中，以体现学科培养的综合性。但是，从整体上看，这些素养的设置依然是围绕着各个学科进行的，这体现了一种“学科本位”的素质观。

1. 各学科注重本学科相关素养的培养

根据对各学科课标的观察和分析可以看出，单项的课程非常注重与本学科相关的素养的培养。比如，高中俄语课标中语言素养被提及的频率占29.6%，高中化学课标中科学素养被提及的频率占13.9%，义务教育生物学课标中科学素养被提及的频率占41.1%。然而，这种有针对性的素养培养模式却忽视了对综合素养的培养，缺乏素养的整体观。比如，高中俄语课标中未提及的素养项目有 9 项，义务教育生物学课标中未提及的素养有 16 项。经合组织提出素养是成功应对复杂问题的一组潜在的能力，是涉及知识、技能、情感、态度、价值观等的综合体。因此单项的课程过于注重单一素养的培养，不利于全面素质人才的培养，或者说当下还缺乏培养综合素养的课程。

2. 跨学科素养有所体现但依然不足

课标除了注重课程相关的素养外，也一定程度地体现了一些跨学科素养，如主动探究、创新与创造力、问题解决能力等，其被提及的频率都在 200 次以上，而另外的诸如独立自主，反思能力，计划、组织与实施，适应能力等都相对较少被提及（被提及频率小于 100 次）。在当今倡导的终身学习观念下，这些跨学科素养甚至比学科指向的素养更加必要和重要。很显然，课标应该在跨学科素养的培养上加大力度。

（二）工具理性

所谓“工具理性”，就是通过实践的途径确认工具（手段）的有用性，从而追求事物的最大功效，为人的某种功利的实现服务。从内容分析中可以看出，关于工具性的素养诸如学习素养、语言素养、科学素养、实践素养等被提及的频率非常高，而关于尊重与包容、伦理道德、多元文化等体现人文关怀的素养被提及的频率则非常低。比如基础教育阶段学科课程标准中，被提及素养频率最多的是学习素养、语言素养、科学素养，其频率分别是 1843 次、1145 次、989 次。

第六章

对核心素养推行的实践探索

毋庸置疑，如何将核心素养从一套理论框架或者育人目标体系，落实与推行到具体的教育、社会活动中去，进而真正实现其育人功能与价值，是各国际组织和国家在建构核心素养指标体系时所面临的重大问题。由于各国际组织和国家启动核心素养研究的时间进程并不一致，因而，有的组织和国家在落实与推进方面已经走在了前面，而有的组织和国家则还正在酝酿和发展之中。无论如何，考察各国际组织和国家的核心素养实施过程，对我国核心素养的遴选与落实都有着重要的借鉴和参考意义。

通过对国际文献的梳理发现，虽然核心素养教育理念的提出是一个相对较新的议题，各国家在具体的理论建构和实践探索方面也存在很大差距，但从全球的角度来看，目前走在该领域前列的国际组织和国家，实际上已经在实践探索中发展了一系列较好的方式或模式，包括基于核心素养的教育质量评估、课程教学改革、教师专业发展，以及学习环境创设等。本章将对这些实践探索方式进行总结，并在此基础上提出对我国落实和推行核心素养的借鉴与启示。

第一节 基于核心素养的教育质量评估发展

立足于提升教育质量这一目标，一些国际组织和国家在建构核心素养指标体系的过程中，主要是将其作为学习结果的统一评价标准。因此，这些国际组织和国家落实与推进核心素养的主要方式，就是发展教育质量的评估目标、内容和手段。联合国教科文组织与经合组织是其中比较典型的代表。

联合国教科文组织的“学习成果衡量特设工作组”，其目标是通过探究学生最需要学习的内容和实现的学习目标，进而将其转化为可测量的指标，最终提升学生的学习质量。基于此目标，“特设工作组”在其发布的《迈向普及学习：来自学习指标特设工作组的建议》报告中，提出了全球学习质量跟踪的核心指标及测量方式和方法，具体如表 6-1 所示（LMTF，2013)。

表 6-1 全球学习质量跟踪的测评指标

测评范围	测评指标
全民学习	把学业完成情况与学习质量测评（如小学毕业时测评阅读水平）整合为一个指标。
学龄与教育问题	及时测评入学率、学习过程与毕业率；基于人口数量来跟踪未入学率和退学率。
阅读素养	到 3 年级时测评阅读基本技能，到小学毕业时测评整体阅读水平。
数学素养	在小学毕业时测评数学基本技能，到初中入学时测评整体数学水平。
学习准备	测评幼儿入小学时在各领域学习中的接受水平及其发展性。
世界公民	测评青少年在集体、国家和世界上成功生活所必需的价值与技能水平。
学习的机会	跟踪测评学生在七个学习领域中的学习机会。

其实，在“学习成果衡量特设工作组”项目启动前，加拿大就已开启了基于终身学习的“综合学习指数（Composite Learning Index，简称 CLI)”研究。2006 年，由加拿大学习委员会（Canadian Council on Learning，简称 CCL)，基

于联合国教科文组织终身学习的四大支柱，在收集、整理和分析加拿大人在各学习领域中的学习指标数据后，提出了含有 17 个指标和 24 个具体参数的“综合学习指数”测评框架。在测评框架提出后，项目组每年都对加拿大各州和地区的学习质量进行测评和监控，并及时公布各地区的学习指数。

紧随加拿大，欧盟在 2010 年也启动了“欧洲终身学习指数（The European Lifelong Learning Index，简称 ELLI）”这一项目。以联合国教科文组织终身学习的五大支柱为基本框架，基于加拿大的“综合学习指数”，该项目组采用因素分析、多元线性回归等多种统计分析方法，最终确立了包含 36 个指标的“学习指标体系”，并用于评估和检测欧盟国家的教育质量，其 2010 年的监测结果如表 6-2 所示。随着学习指标的逐步完善，这一指数可望得到更多国家的认可和支持，进而参与到旨在促进各国教育质量提升的全球化质量监控网络中。

表 6-2　2010 年欧洲各国终身学习指标测量结果

序号	国家	学习指标	序号	国家	学习指标
1	丹麦	75.65	13	捷克共和国	42.20
2	瑞典	71.23	14	爱沙尼亚	40.86
3	荷兰	66.13	15	意大利	36.76
4	芬兰	64.96	16	葡萄牙	33.24
5	卢森堡	58.48	17	斯洛伐克	31.17
6	比利时	57.32	18	拉脱维亚	29.71
7	英国	56.92	19	波兰	29.35
8	奥地利	53.91	20	匈牙利	27.11
9	法国	53.48	21	希腊	23.42
10	德国	47.77	22	保加利亚	20.07
11	斯洛文尼亚	47.62	23	罗马尼亚	17.31
12	西班牙	46.09			

与联合国教科文组织有所不同，经合组织在 DeSeCo 项目启动前就已发展了

PISA 这一国际性教育质量测评项目。因此，在 DeSeCo 项目提出核心素养指标体系之后，PISA 项目则在此基础上进一步对阅读、数学及科学素养进行了更具体的界定，同时也发展完善了评估内容和手段。修订后的素养概念界定如表 6-3 所示。

表 6-3　PISA 对阅读、数学及科学素养概念的阐释

阅读素养	为实现个人目标，发展个人知识与潜能，增进社会参与，而理解、运用和反思文本的能力。
数学素养	认识和理解数学在现代生活中的地位，做出有充分根据的判断，有效地运用数学以满足一个具有建构性、反思性的热心公民的生活需求。
科学素养	运用科学知识、发现科学问题、得出有证据的结论，从而帮助我们理解自然界，对其做出决策，并通过人的活动对其进行改造。

作为国际性组织，欧盟则直接监控和评估了欧洲国家的核心素养落实情况。2012 年，欧盟对欧洲国家在学校教育中开发核心素养的情况做了调查，而后发布了题为《欧洲学校中核心素养的发展：政策方面的挑战与机遇》（Developing Key Competences at School in Europe: Challenges and Opportunities for Policy）的报告。在这份报告中，欧盟对各国关于核心素养的政策支持、课程改革、学生评价、低学业成就者支持及继续教育五个方面进行了评估。例如，欧盟对各国支持核心素养的政策取向类型进行了检视、比较和综合评估，其结果如图 6-1 所示。

此外，欧盟通过调查各国在课程教学中落实核心素养的情况后发现，各国对如何在学校教育中落实跨领域素养所采取的措施并不一致。总体而言，大部分国家在基础教育课程中都融入了三种跨领域核心素养，即公民意识、创业精神和数字化素养。其中，有相当一部分国家在小学教育阶段中未融入创业精神这一核心素养的培养，同时，也有少数的国家在基础教育各阶段的课程中均未融入创业精神。此外也发现，数字化素养在各个国家都受到普遍重视，只有少数国家在小学教育阶段未融入数字化素养的培养。

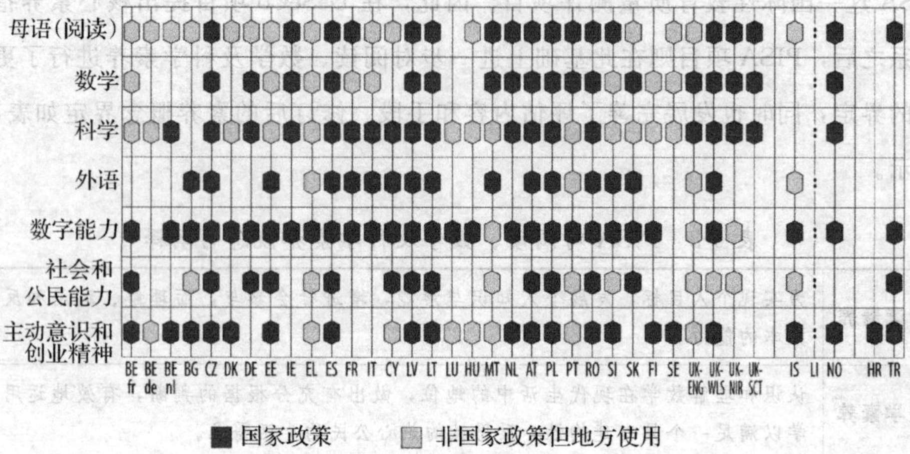

图 6-1　欧洲国家在普通教育中培育核心素养的政策状况

总之，作为国际性组织，欧盟对各国在落实和开发核心素养方面的监控与评估进行了一系列的探索，这些实践探索将有利于推动核心素养在各国的落实。

第二节　基于核心素养的课程教学改革

由于各国实际情况不同，他们在课程改革中落实核心素养指标体系的方式和方法也各有不同。归纳起来，大致可以分为两种：直接指导型与互补融通型。

一、直接指导型

所谓直接指导型，就是将核心素养指标体系直接作为课程改革的基础框架，指导国家的课程改革。一般而言，这种类型又分为两种情况。

首先，受 OECD、欧盟等国际性组织的影响，一些国家较早地启动了核心素养的研究，例如新西兰、法国等。因而，这些国家在 21 世纪初就启动了以核心素养为基础的课程改革，并以立法的形式正式颁布了新课程。例如，法国在 2006 年 7 月 11 日正式通过并颁布了《共同基础法令》，以教育法的形式将核心素养指标融入课程目标之中。与之类似，匈牙利教育文化部于 2007 年颁布了《国家核心课程》。新西兰也在 2007 年正式颁布了《新西兰课程》（The New Zealand Curriculum，简称 NZC），其中正式提出了五种核心素养，并建构了相应的发展核心素养的网络（如图 6-2 所示）。

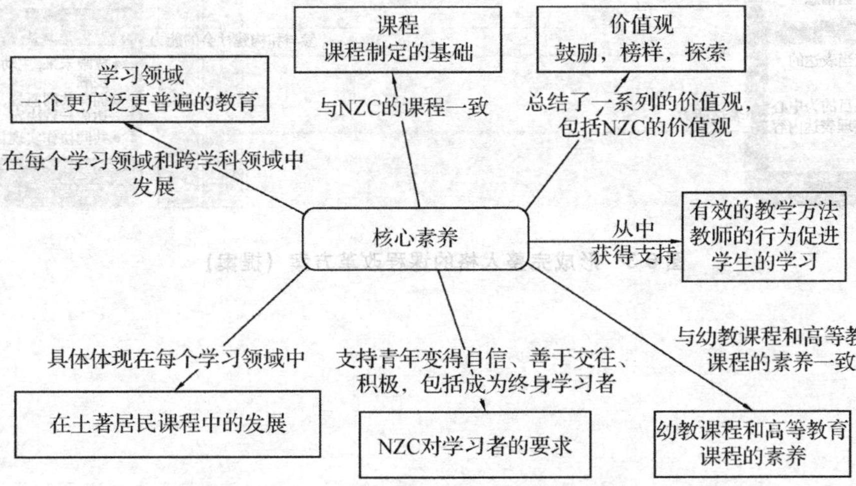

图 6-2　新西兰发展核心素养的网络

其次，还有一些国家，当前正在启动以核心素养为基本框架的课程改革，例如，2012年日本国立教育政策研究所发布了有关教育课程编制基础的研究报告三。在报告中，基于培养完整的人，项目组从131个课程开发案例中选出34个做具体分析，而后在项目组全体会议上正式提出要制定以核心素养为支柱的未来教育课程方案。项目组同时也指出，在课程中建立学生的思考力（知）与道德性（心）之间的关联是有必要的。因此，提出了融通智力发展与道德教育的新课程方案（见图6-3和表6-4、表6-5）（国立教育政策研究所，2012）。2013年，日本国立教育政策研究所又发布了教育课程编制基础研究报告五。报告中，基于新近提出的21世纪型能力模型，提出了分化到各个年龄阶段的具体化课程目标方案（见表6-6和表6-7）。

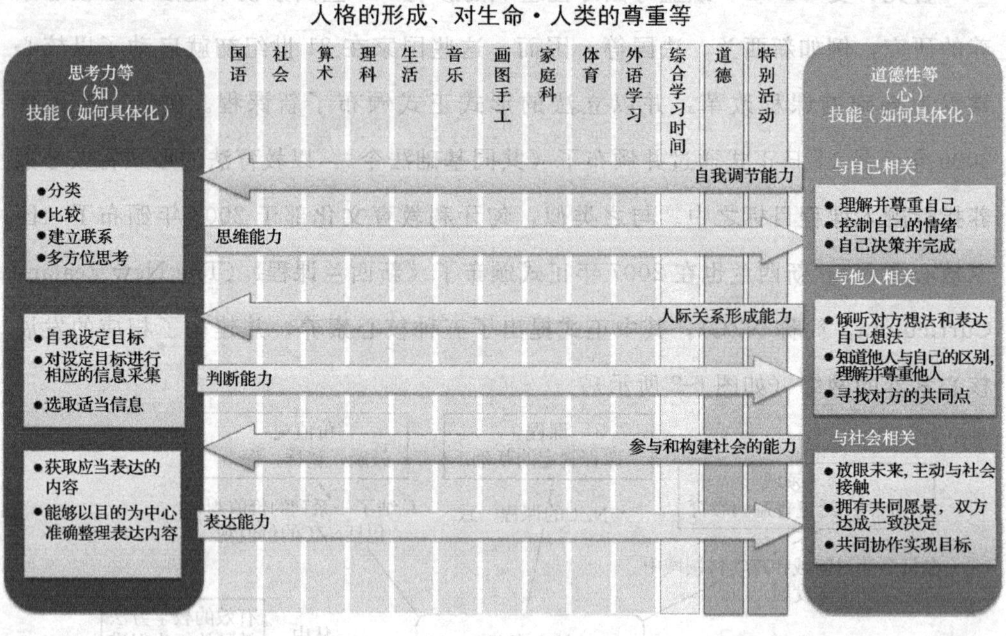

图6-3 形成完整人格的课程改革方案（提案）

表 6-4　核心素养的具体化与各门课程（小学）的主要分担任务（试行方案）（一）

知		国语	社会	算术	理科	生活	音乐	画图手工	家庭科	体育	外语学习	综合学习时间	道德	特别活动
思维能力	分类					○								
	比较				◎					○体				
	建立联系		◎	◎	○					○保			○	○
	多方位思考								◎			◎		
判断能力	自我设定目标					◎				◎体		○		◎
	对设定目标进行相应信息采集													
	从多种信息中选取适当信息		○	○					○	◎保			◎	
表达能力	获取（发现）应当（希望）表达的内容	○					◎	◎			○			
	能够以目的为中心准确整理表达内容	◎					○	○			◎			

注：在多个素养选项中选出与各门课程密切相关、最应受到重视的素养元素，具体见表格中的符号标注。

表 6-5　核心素养的具体化与各门课程（小学）的主要分担任务（试行方案）（二）

心		国语	社会	算术	理科	生活	音乐	画图手工	家庭科	体育	外语学习	综合学习时间	道德	特别活动
自我调节能力（与自己相关）	理解并尊重自己							◎		◎保			◎	
	控制自己的情绪				◎									
	自己决定并完成			◎					○				○	○
人际关系形成能力（与他人相关）	倾听对方的想法，表达自己的想法	◎								○保	◎			
	知道自己与他人的区别，理解并尊重他人				○		◎	○	◎	○体	○			
	寻求一致，进行合作		○	○		○								
参与和构建社会的能力（与社会相关）	放眼未来，主动接触社会		◎									○		
	拥有共同目标，双方达成一致的方案	○												◎
	双方分工协作，努力实现目标					◎	○			◎体		◎		

注：在多个素养选项中选出与各门课程密切相关、最应受到重视的素养元素，具体见表格中的符号标注。“控制自己的情绪”“自己决定并完成”“双方分工协作，努力实现目标”等因素对于“培养积极努力的学习态度”具有重要作用。

表 6-6 在学校各阶段需要培养的实践能力与价值

（培养能够珍爱生命和大自然、与他人共同创造可持续发展未来的具有主体性的学生）

			小学		中学	
			低年级	高年级	初中	高中
自律活动力	个人	【能力】 自我认识 自我调整 决策 主体性 【价值】 控制 自尊 自信 张扬个性 不屈不挠 上进心	【生活习惯】【健康·体能】 养成基本生活习惯，注意健康生活。 【计划执行能力】 在日常学习和生活中培养。 【自我认识·张扬个性】 能说出自己喜欢的和讨厌的事物。 【自律】 区分好与坏，向自己认为好的那一方向前行。 【选择能力】 注意到自己喜欢的东西。	【生活习惯】【健康·体能】 自己能做的事情自己来做，仔细思考，过有节制的生活。 【计划执行力】 找到目标，在日常生活学习中为此努力。 【自我认识·张扬个性】 注意到自己的特点，发扬长处。 【自律】 坚持自己认为正确的判断。 【选择能力】 思考自己想做的、认为是对的事情，全力行动。	【生活习惯】【健康·体能】 养成良好的生活习惯，追求身心的进步，生活中注意分寸与节制。 【计划执行能力】 拥有朝着更高目标踏实地努力的决心。根据实际情况调整计划。 【自我认识·自我接纳·张扬个性】 正视自己，积极进取的同时张扬个性。 【自律】【自我决定】 自主思考，努力完成课题，并对结果负责。 【选择能力】 根据自己的个性、兴趣，以及喜爱的事物，做出更好的选择。	【生活习惯】【健康·体能】 养成有节制的生活习惯，针对身心的健康状况采取适当的应对措施。 【计划执行能力】 努力完成自我探索与自我实现，为了实现目标而制订计划并予以评价。 【自我认识·自我接纳·张扬个性】 接纳自己的能力与个性，能够对自己的成长做出评价。 【自律】【自我决定】 以众多信息为依据，决定自己的人生道路。 【选择能力】 持有自己的价值观，以此为选择的标准，在众多选项中凭借自身意志和责任做出主动的选择。

续表

			小学		中学	
			低年级	高年级	初中	高中
		【能力】生涯规划	明白在家中和在班级中所做的工作的重要性。思考自己将来想要成为怎样的人。	意识到日常生活和学习与自己的将来有何种关系，对将来怀有梦想和希望。	理解日常生活和学习与自己的梦想和未来的生活之间的关系，拥有一种要在社会上发挥自己的作用的上进心。	根据各种信息，思考前进的道路，创新地开拓自己的人生。
建构人际关系的能力	他人	【能力】理解他人·共鸣·交流【价值】礼仪·同情体谅	【礼仪·礼节】寒暄，措辞，注意举止，大方地与人接触。【同情体谅】亲切对待身边的人。【交流·表达力】在大家面前说出自己的感受。	【礼仪·礼节】知道礼仪礼节的重要性，积极地去实践。【同情体谅】考虑对方的感受，热情对待他人。【交流·共鸣·表达力】发现朋友的优点，试着理解他们的感受。简明表述自己的意见或感受。	【礼仪·礼节】理解礼仪的意义，根据时间与场合采取恰当的言行。【同情体谅】采取体谅身边的人的行动。【交流·共鸣·理解他人】尊重不同人的个性和立场，理解与自己不同的看法和思考方式，以宽容的心向其学习。	【礼仪·礼节·交流】理解各种各样的立场，针对众多年龄、性别各不相同的对象进行交流。适当传达自己的想法和意见，正确理解他人的心意。
	集体	【能力】共同工作·职务与责任·意见达成一致	与朋友、家人互帮互助，共同努力完成各自担任的工作。	与朋友相互理解、相互信赖、相互帮助。与朋友共同努力，建设一个学习和生活氛围愉悦的班级。	拥有可以信赖的朋友，相互理解、共同提高。理解所属的各种集团的意义，认识到自己的角色与责任，为了团体生活的进步而努力去解决各种问题。	作为集体的一员发挥出自身的作用，参与策划有利于提高学校生活质量或自己所属的集团水平的活动，共同去解决众多问题。

续表

			小学		中学	
			低年级	高年级	初中	高中
社会参与的能力	社会·文化	【能力】 规范意识 【价值】 公德心 权利·义务 勤劳·创造	【规范意识】 遵守约定和规则,爱护公物。 【勤劳·创造】 明白劳动的意义,为了他人而工作。	【规范意识】 理解守约及遵守社会规定的意义,个人的行为举止要意识到公共的场合。 【勤劳·创造】 知道劳动的重要性,用心工作。 明白有各种各样的职业与生存方式。	【规范意识】【权利·义务】 理解法律和规定的意义,在遵守的同时,重视自己与他人的权利,努力完成应尽的义务。 【勤劳·创造】 了解勤劳的珍贵及意义,为社会贡献的同时,在社会中发扬自身的优点。	【规范意识】【权利·义务】 作为社会的一员,认识到自己的义务,为了建设更美好的社会而努力。 【勤劳·创造·就业力·创业力】 理解社会上各种人之间共同合作的意义,发挥创造力,为建设更美好的社会贡献力量。
		社会合作 正义·公正	遵守秩序,与大家友好相处。	理解公平决断的重要性,并且付诸实践。	理解正义的含义,对于实现无歧视、无偏见的社会抱有热情。	培养公共精神,尊重人权,共同努力实现更加美好的社会。
		【价值】 传统文化的尊重与创造 宽容	亲近乡土文化与生活,对此具有依恋的情感。 深切了解各种文化遗产的优秀之处。	珍惜乡土文化与我国的传统和文化,与此同时,对外国人和其他文化也持有关注的态度,注意到各种各样的文化遗产的特征及价值。	作为社会的一员为故乡的发展而努力,有作为一名日本人的自觉,为世界和平及人类幸福做出贡献。	尊重其他国家,为国际社会的和平与发展做出贡献。 尊重传统与文化,以创造出有特点的文化为目标。

续表

			小学		中学	
			低年级	高年级	初中	高中
社会参与的能力	生命	【价值】 生命的尊严 防灾·安全	【尊严】 爱护身边的生物。 【防灾·安全】 了解在校及上下学途中的安全行动。	【尊严】 爱护生物，了解生命的可贵。 【防灾·安全】 掌握所在地区的特点，能够过安全的生活。	【尊严】 理解生命的珍贵，尊重自己和他人的生命。 【防灾·安全】 思考灾害发生时的行动和有可能发生的问题，具体思考应采取的对策和支援行动，并付诸实践。	【尊严】 拥有尊重生命的精神。 【防灾·安全】 了解社会的各种防灾对策、支援活动和志愿者活动，努力构建保障生命安全的社会。
	自然	【价值】 感动（敬畏） 保护·保全	亲近身边的自然，关怀动植物，并友善地对待它们。	意识到大自然的伟大与神奇，爱护身边的大自然与动植物。	注意大自然的多样性，深入专注大自然与人类文化的共存关系，积极参与保护自然。	为保护地区环境做出贡献，守护并培育能使多种生物共存的自然，并认识到这是人类的职责。

表 6-7　各发展阶段需要培养的思维能力（草案）

运用方法（做法）		比较　分类　建立关系　限制条件　多角度观察　发现规律					
		幼儿时期	小学			初中	高中
			低年级	中年级	高年级		
发现问题能力		能够生动地表达感受。	能够整体、直观地思考。	能够系统地思考。	能够全方位思考。	·能够运用抽象概念进行思考。 ·运用逻辑和实事求是的方法思考。	·能够运用抽象概念进行思考。 ·运用逻辑和实事求是的方法思考。
问题解决过程	发现问题	·能够生动地反应。	·能够通过现象之间的联系发现问题。	·在现象与已掌握的知识的基础上发现不同之处。	·根据已掌握的知识提出问题。	·运用抽象概念发现问题，并预测结果。	·运用抽象概念提出疑问，并合乎逻辑地预测结果。
	·推论 ·批判性思考	·依据行为予以处理。 ·能够处理概念的关系。	·能够依据现象之间的关系去处理。	·能够依据现象和已有的知识来处理。 ·能够发现规律并处理。	·能够依据已有的知识进行处理。 ·考虑到变化的条件从而予以处理。	·能够做出逻辑推论（演绎、归纳、类推、假说推论）。 ·能够运用抽象的概念进行处理。	·能够做出逻辑推论（演绎、归纳、类推、假说推论）。 ·同时处理两个以上的问题范畴（命题、变数、条件）。 ·运用抽象概念探究问题。
	使用信息表达	·开始运用语言来表达。	·能够根据现象与现象之间的关系来表达。	·能够根据现象与已有知识的关系来表达。	·根据目的，通过与已有知识之间的联系来表达。	·能够依据推理做出判断。 ·进行表达时考虑到议论的论证手法（主张、根据、数据、论据、论证、推测、演绎、假定）。 ·理解用于提高逻辑性的关联词。	·根据推理做出正确判断。 ·能够灵活使用议论的论证手法进行表达（主张、根据、数据、论据、论证、推测、演绎、假定）。 ·能够使用关联词，提高逻辑性。

续表

		幼儿时期	小学			初中	高中
			低年级	中年级	高年级		
评价过程	·回顾 ·新的认识 ·自我调整		·回顾 能够从最后推算回最初。	·一致性 能够回顾输入和处理的过程，评价其是否合理。	·妥善性 能够兼具妥善性地进行回顾。	·主旨与主张的把握 能够把握现象的关系性。	·把握主旨与主张，调查评价事物的关系性。 ·能够做假设并查证。 ·能够判断、评价议论和论证的事实。

注：思维能力，主要以解决问题的过程为中心进行研究，重视一系列相互联系的思考中的逻辑。

二、互补融通型

与直接指导型不同，互补融通型指的是核心素养指标体系以互补的形式逐渐渗透进课程标准中，进而使二者达到融通的状态。有些国家是在课程改革初步完成时才启动核心素养研究的，因而，这些国家主要采用了互补融通的落实途径。

例如，美国的21世纪核心素养联盟为了更好地将核心素养融入学校教育系统之中，就努力通过融通的方式建立核心素养指标与共同核心州立标准（Common Core State Standards，简称CCSS）之间的联系。为此，21世纪核心素养联盟于2011年发布了《P21共同核心工具包》（P21 Common Core Toolkit），旨在指导各州将2010年各州所颁布的共同核心州立标准（CCSS）与21世纪核心素养框架匹配起来，帮助各州、地区和学校在实施共同核心州立标准的过程中发展学生的21世纪核心素养。在互补融通的过程中，一方面，把P21所提出的核心素养通过评价、课程、教学、专业发展和学习环境等多条路径整合进标准中；另一方面，P21也为各州、地区和学校提供了沟通CCSS与其他重要学习领域（科学、社会科学、语言、艺术等）之间关系的有效框架。P21所提出的核心素养，是保障学生未来成功生活和工作所必需的，而CCSS中并未明确提出这些核心素养指标体系。以英语语言艺术学科为例，P21与CCSS之间的关系如表6-8所示。

表 6-8　21 世纪核心素养框架与共同核心州立标准之间的一致性举例

21 世纪核心素养	共同核心州立英语语言艺术学科标准
核心学科	具备扎实的英语知识基础
批判性思考与问题解决	能应对不同听众、不同任务、不同目标和学科的各种需求
交流	理解与评论
信息素养	重视证据
自我导向	独立学习
全球意识	能理解不同的视角和不同的文化
信息、媒介与技术素养	能有效地运用技术和数码媒体

此外，工具包中还通过课堂案例来说明如何将 21 世纪核心素养与 CCSS 进行匹配，并为教育领导者提供了有效实施 CCSS 的一系列有效资源，包括网络资源和评价资源。同时，为了能够更好地将 21 世纪核心素养整合进 CCSS 中，P21 还开发了各个学科的具体化的素养指标体系。表 6-9 是数学学科的核心素养指标体系。

表 6-9　21 世纪数学的核心素养指标

核心素养	具体内涵
创造与创新	•能够在必要的时候运用实际事例，比较、探究传统数学问题，以及发现创造性解决方案的不同方式。 •能倾听并评估他人的意见，积极帮助他人，为他人提出改善或改进的建议。听取他人的反馈意见，并适当地调整自己的看法。能够从错误中学习，并在不断尝试中去解决问题。 •通过寻求各种方式，以获得创造性的便捷方式，或简洁明了的参照方案。能够利用在反复计算中观察到的方法，形成概括、提炼的能力。 •结识具有不同洞见的人，通过与其他人的交往，能逐渐明白数学的学习是一种创造性的活动，且以之前所获得的知识为基础。
批判性思考与问题解决	•能够在面对数学挑战时寻求一种逻辑的结构。能够在诸多挑战面前做出各种复杂的选择，并寻找有力的证据来为自己的选择辩护。 •能够发现并提出关于数学方面的有价值的问题，并能致力于分析其中的每一种答案。

续表

核心素养	具体内涵
批判性思考与问题解决	·通过分析和综合各种数据，学生能够明白数学问题的意义，并将其运用在解决问题的过程中。 ·能够分析数学系统中的一个部分是如何与其他部分互相作用的。
交流与合作	·具备运用口头或书面的方式来表达数学思想和观念的交往能力。通过精确地运用抽象或量化的推理，建立起切实可行的观点及分析他人观点的能力。 ·能认真地倾听同伴的观点，能重新阐释其他学生的解释，并尽力地质疑辨惑，以期破解同伴之所以如此解决数学问题的缘由。 ·在不同的组里，学生都能彼此互相尊重，并有效地协作，有效地阐明数学思想和观点。能够运用口头的、书面的和非语言的交往技能，证明数学是如何通过众多模型问题运用到社会中去的。
信息素养	·能够找到数据来源、获得数据，并批判性地评价数据，进而运用数据来探究有意义的问题。 ·能够探究数学的新领域及其应用，并与他人分享学习所得。 ·能够从可靠的网站上学习数学并与他人分享学习到的知识。
媒介素养	·能够理解为某种社会目的而产生的统计数据、概率信息和媒介信息，并能对信息做出各自的解释。能够审视各种统计信息、工具、特征和习惯的意图，理解媒介是如何影响人的信念和行为的。 ·能够基本理解获取、使用数学信息、术语和概念中涉及的法律和伦理问题。能识别这样一种共同趋势，即将数字数据当成真理，去推断并不存在的事物。 ·为论证支持某一观点或帮助他人理解信息，会进行信息统计与表达。
信息、媒介与通信技术素养	·能恰当而有效地运用图形计算器、电子表格、计算机绘图、计算机代数系统、GPS设备，以及网上在线资源。 ·能运用技术建构有关函数和数据的图形表征，以更好地交流数学观念。
灵活性与适应性	·在一个模糊、顺序变化，且涉及多元化的角色与职责的环境中，能够以同伴或小组的形式来应对数学挑战。
主动性与自我导向	·能够自主监控、确定和安排任务，均衡策略、技巧与目标，以解决数学问题。 ·能反思已有的数学问题解决经验，联结各种数学表征，从而为新问题的解决做好准备。

续表

核心素养	具体内涵
社会与跨文化素养	·了解其他文化中数学的应用，从多文化的视角来理解数学的贡献及其实践需要。 ·运用数学的工具，如统计分析等，来理解跨文化的问题与议题。
创作与责任	·设定目标，确定顺序和日程表，进而完成某一任务以实现目标。
领导与职责	·能够运用人际素养和问题解决素养来调查，解决社区内重要的数学问题。 ·必须考虑基于数学的决策的道德性。

截至目前，21 世纪核心素养联盟已经发布了包括信息通信技术（ICT）素养在内的 8 个学科的核心素养指标体系。这些指标体系将有力地指导教育工作者更好地将核心素养落实到日常的教育教学工作中去。

此外，P21 与皮尔逊基金会（Pearson Foundation）合作，启动了“21 世纪学习典范项目”（21st Century Learning Exemplar Program）。这一项目旨在搭建一个平台，将学校或地区中渗透核心素养的有效做法和经验，在更大范围内进行分享和交流。每一周，项目组都会将教师、学生、学校领导中的成功案例通过 LinkedIn、Facebook，以及 Twitter 等网络平台进行发布和分享。截至 2013 年，这一项目已经开启了 18 个主题的案例分享及 9 个州的经典案例分享。这 18 个主题既包括了具体的核心素养，也包括了实施环节（见表 6-10）。总的来说，21 世纪核心素养联盟在落实和推进核心素养的过程中，非常注重与学科课程、教学之间的联系，并重视经验的总结与分享。

表 6-10 经典案例分享平台的主题列表

评价	公民素养	合作素养
交流素养	创新素养	批判性思考
环保素养	理财素养	全球意识
健康素养	教学	领导
生活与职业	建立协作	技术/播客
专业发展	标准	学生之声

在新加坡，21 世纪核心素养也是在课程改革之后提出来的。因而，为了将其融入已有的课程体系中，新加坡采取了一系列的相关策略，具体见表 6-11。

表 6-11　新加坡将 21 世纪核心素养融入课程的策略

策略	具体内容
增加	引入新的科目；增加已有课程的时间（如体育课）。
删减	调整课程内容和课程时间以满足新的要求。
替代	更新科目内容以更贴近相关的主题。
整合	整合不同科目形成新的科目。
融合	融合每一个主题传达的新技巧。

例如，为了发展并增强学生的体能，让学生在具备知识、技能和态度的同时，追求健康的生活方式，新加坡进行了体育课程的改革，增加了所有中学和小学阶段体育课的时间。这一改革按阶段完成，与建设室内体育馆的进程同步，同时增加体育教师的招聘名额。关于增加体育课时间的细节，具体见表 6-12。

表 6-12　体育课时间改革

年级	体育课时间调整
小学一年级至小学二年级	1.5 小时 → 2 小时
小学三年级至小学六年级	1.5 小时→ 2.5 小时
初中一年级至初中四年级	1 小时→ 2 小时

与此同时，新加坡还基于 21 世纪核心素养对品德与公民教育课程的教材与教学等进行了改革，包括修订品德与公民教育课程的内容框架、设置关键问题、提出教学建议、开发新的品德与公民教育教材等。

第一，修订品德与公民教育课程的内容框架。与 21 世纪核心素养的价值观相对应，品德与公民教育旨在给学生传授价值观和建立社会与情绪素养。因此，新加坡确定了包括三大教学内容、六大学习领域的品德与公民教育内容大纲，具体见表 6-13。

表 6-13 品德与公民教育大纲

核心价值观	三大观念	领域
尊重	身份认同	自我：我是谁，成为我能成为的人。
责任	关系	家庭：加强家庭联系。
适应力		学校：培养健康的友谊和团队精神。
正义		社群：理解社群，建立一个包容性的社群。
关怀	选择	国家：发展国家身份认同感和建设国家。
和谐		世界：在全球世界中成为一个积极公民。

身份认同、关系和选择这三大观念，是教学大纲的核心概念，三者之间相互联系且相互影响。学生需要知道他们是谁，以便与他人建立更积极的关系；学生形成的关系会塑造他们自身的身份认同；而选择和决策的能力又影响其理解自我身份，以及与他人建立关系。

第二，基于上述内容框架，新加坡进一步通过设置关键问题来实施教学。教学过程中，通过关键问题的设置，引导学生思考应对不同生活经历所需要的习惯、价值观、态度、素养和技能。表 6-14 展示了关键问题与六大领域之间的关系。

表 6-14 运用关键问题解决品德与公民教育教学纲领的问题

领域		关键问题		
		身份认同	关系	选择
自我	我是谁，成为自己想要成为的人	我和他人的相似点是什么？ 我和他人的不同点是什么？	我感知到的自己和管理的自我，如何影响自己与他人建立的关系？	如何让我做出的选择对我有益，同时也对他人有益？
家庭	加强家庭的联系	在家庭中我是谁？	如何建立和维护家里的关系？	我的行为如何影响我和家庭其他成员的关系？
学校	培养健康的友谊和团队精神	如何成为他人的朋友？ 在团队工作中，我的角色是什么？	我的朋友是谁？ 我们一起工作时感觉如何？	我想要一段什么样的友谊？ 如何利用自己的长处建构一个团队？

续表

领域		关键问题		
		身份认同	关系	选择
社群	理解社群并建立一个具有包容性的社群	什么是包容性的社群？	在包容性的社群中，我们如何理解他们并与他人建立关系？	在建立包容性社会时，我们的角色是什么？
国家	形成民族身份感、建设国家	是什么使自己是一个新加坡人？	我与他人的关系对建设国家的贡献？	如何展示对新加坡福祉的承诺？
世界	在全球化的世界中成为一个积极活跃的公民	在全球化的世界中成为一个积极活跃的公民是什么意思？	如何与全球公民交流？	如何运用自己的长处和能力去达到全球化世界的要求？

第三，针对上述品德与公民教育课程中的三大教学内容和六大领域，进一步考虑如何在具体的课堂环境下将其具体化，并提出相应的教学建议供参考，具体见表 6-15。

表 6-15　关键问题在教学内容中的具体化

大概念	身份认同	关系	选择
关键问题	我与众不同的地方是什么？	在包容性社会中，我如何去理解他人并与他人建立关系？	如何兑现给他人带来福祉的承诺？
思考过程	“我是年轻人，且有行动力。站在这里的老太太比我更需要这个座位。”	“我以一种尊重的方式靠近老太太，并且有礼貌地邀请她坐在我的座位上。”	“我应该将我的座位让给老太太。”
学习点	他们学会了发展不同的观点以塑造自己的身份。	他们学会了如何去展示对社会中的他人的关心和体贴，从而发展与社群的良好关系。	他们应当明白作为一个包容性的成员，自己有责任去考虑并关怀公共交通的其他受益者。

在教学建议中，提倡教师运用讲故事、角色扮演、体验学习、课堂讨论和反思等教学策略，向学生循序渐进地传递价值观，使学生能够在与公民有关的社交和情绪素养方面发展自己。在角色扮演中，让学生学会站在他人的视角来考虑问题，发展共情的能力。

第三节 基于核心素养的教师专业发展与学习环境创设

教师是影响核心素养落实的重要因素，在学生核心素养的发展过程中扮演着转化者的重要角色。为了将核心素养融入实际的教学过程中，需要加强对教师专业发展的引领。此外，学生核心素养的培养不仅仅局限于学校范围内，一些关键性素养（如行为规范、态度、价值观等）的养成也离不开家庭环境和社会环境的支持。因此，有必要通过整合全部社会力量来共同促进学生核心素养的落实和推行。

一、基于核心素养的教师专业发展

事实上，在落实和推行核心素养的过程中，各国际组织和国家都十分重视促进教师的专业发展。这其中，有些国际组织和国家正处于积极准备的过程中，有的则已经开展了实质性的工作，并取得了一定成效。例如，美国在促进教师专业发展方面一共发布了三份报告，它们分别是：

- 《专业发展：21 世纪核心素养实施指南》：指导具备评价策略的州领导、政策制定者或地区、学校领导推动 21 世纪核心素养的实施。
- 《21 世纪的教师专业发展》：帮助教师或校长将 21 世纪核心素养整合进课程与教学。
- 《职前教师的 21 世纪知识与技能》，由美国教师教育学院协会（American Association of Colleges for Teacher Education）与 P21 协作发布。

2005 年，欧盟通过并发布了通用的教师能力和资格标准，通过对教师能力与资格设置共同的标准，来支持国家或区域一级的决策者推动核心素养的落实，具体见表 6-16 和表 6-17。

表 6-16　基于学生核心素养的教师必备素质

必备素质	具体内涵
团结合作	·教师工作在一个专业的领域，该领域应以社会包容和培育每一个潜在的学习者为基础； ·具有人体生长发育的知识，面对他人时表现出自信； ·能够与学习者合作，并支持他们发展成全面参与的、积极的社会成员； ·能以增加学生的集体智慧的方式工作，并与同事协同合作以提高自己的学习和教学能力。
运用知识、技术和信息	·具备并能够使用多种类型的知识； ·教师的教育和职业发展应该使其能够具备这些能力：获得、分析、验证、反思和传播知识，有效利用技术； ·教师的教学技能应该允许其具有建立学习环境和保留知识产权的自由等； ·能够有效地将信息通信技术融入学与教的过程中； ·应具备引导和支持学习者在网络上搜集和建立信息的能力； ·对科目知识应有一个全面的理解并把学习视为终身之旅； ·教师的理论和实践技能应该始终让他们善于从自己的经验中学习，并以学习者的需求广泛匹配一系列的教学和学习策略。
融入社会	·为培养学生以欧盟公民的身份对全球负责，教师应鼓励学生尊重和理解多元文化； ·应该理解、尊重和意识到，学习者的文化差异与确定共同的价值观两者之间的平衡； ·需要了解影响社会凝聚力和社会排斥的因素，知道知识社会的伦理维度； ·能够有效地与当地社区、合作伙伴和教育的利益相关方（家长、教师、教育机构和代表团体）合作； ·教师的经验和专长应该使其能够为质量保障系统做贡献。

表 6-17　教师核心素养的定义举例

教师核心素养	定义举例
学科素养	应具备全面的学科和跨学科领域教学的知识； 对过去和演化的科学知识的关系，应持有批判和自主的态度。
教学素养	能够创造有利的学习条件（安全和具有挑战性的学习环境），激励并动员学生在课堂上创建一个包含积极情绪和良好风气的氛围，有效管理学生的学习过程，按照学生的要求、时间、需要帮助的程度、学习风格等因材施教。

续表

教师核心素养	定义举例
数字化素养	已通过专业技能测试，这些专业技能包括算术、识字、信息和通信技术(ICT)； 知道如何使用识字、算术、信息和通信技术（ICT）等技能，以辅助教学和更广泛的专业活动； 具备使用现代信息和通信技术的技能。
学会学习	与学生一起制订学习路线，鼓励学生多参加课外活动并学以致用； 激励学生尽最大能力成功完成学习和工作任务； 教会学生如何学习和工作，以提高他们的学习自主性。
人际关系、跨文化和社会素养、公民素养	培养学生的社会竞争力； 促进学生联盟的形成； 教师自己的社交能力； 团队精神、与家长和伙伴合作。
创业精神	刺激学生解放思想； 组织称职的教师，以确保学生在有序、有任务导向的环境下工作； 教师知道自己的立场和有多少可发挥的举措，知道他们必须（或可以）做的事，以及做这些事的目的和实现方法。
文化表达	具备较高的一般知识及世界文化知识水平； 区分局部的主题和发展，并对以下领域采取批判的态度：社会政治学、社会经济学、哲学、文化审美、文化科学领域。

二、基于核心素养的学习环境创设

除了通过基础教育课程改革，在教育系统内部来推进核心素养的落实与培育外，一些国家还充分拓展了实践领域，努力通过整合全部社会力量来落实核心素养目标。这其中比较典型的代表就是美国。目前，21 世纪核心素养联盟主要沿着三条路径同时并行，共同推进 21 世纪核心素养的实施。如图 6-4 所示，美国 21 世纪核心素养主要通过与公司企业、普通民众，以及学校教育三大系统的互动来推进和落实。

具体而言，与企业的互动主要是通过以下工作来完成：第一，在组织架构方面与企业进行联合，充分调动企业的积极性，获得强大的支持；第二，对企业当

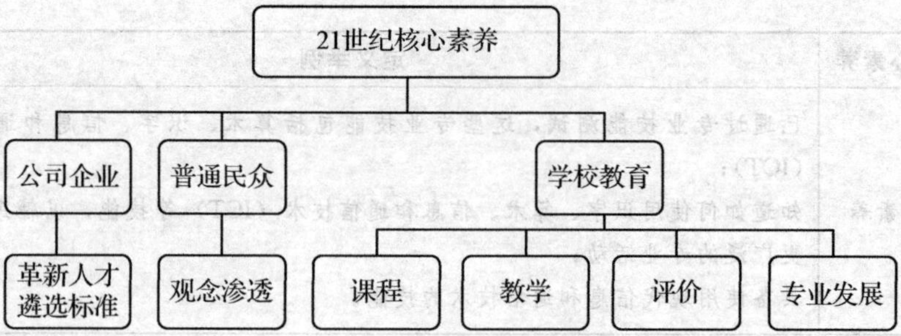

图 6-4　美国 21 世纪核心素养实施的基本框架

前的人才核心素养观进行调查，遴选和提炼 21 世纪核心素养；第三，更新企业的人才遴选标准及人力资源管理的目标，从而推进 21 世纪核心素养的社会性应用。

与普通民众的互动主要是两个方面的工作：其一，开展全国性的调查工作，启动全国性的对话来遴选和提炼 21 世纪核心素养；其二，通过广播、杂志、视频等多种方式大力宣传 21 世纪核心素养，从而更新普通大众的人才观，进而为学校教育推进 21 世纪核心素养提供良好的社会环境条件。

第四节　国际经验的借鉴与启示

学生核心素养的形成和培育需要通过教育教学实践得以落实。基于学生核心素养体系，建构融目标、过程与方法、评价为一体，贯通各学段的整体课程改革框架，是当前世界各国所面临的重大挑战，也是未来研究的重要问题。借鉴已有国际经验，结合我国当前的实际情况，可以从以下几个方面进行落实和推行。

一、基于核心素养的各学段培养目标的纵向衔接

核心素养体系研究是一项比较宏观的研究，主要关注通过不同教育阶段的教育过程后，学生最终能够达成的关键性素养全貌。在完成核心素养体系上位框架的基础上，如何基于总框架确定各学段的核心素养及其表现特点，从学生发展的角度做好不同学段核心素养的纵向衔接，是核心素养最终落实的重要环节。因此，在关注核心素养总理论框架的基础上，为了更好地落实到具体学段的学生身上，还需要从素养发展的角度提出各学段学生在不同核心素养指标上的表现特点和水平，把核心素养体系总框架具体化到各学段，确定核心素养在不同学段的关键内涵，从而实现核心素养体系总框架在各学段的垂直贯通，为核心素养与各学科课程的有机结合搭建桥梁。

二、基于核心素养的学业质量标准研发

核心素养是学生适应个人终身发展和未来社会发展所需要的必备品格和关键能力，它必然是相对宏观且宽泛的素养。学业质量标准则主要界定学生经过一段时间的教育后应该或必须达到的基本能力水平和程度要求，是学生核心素养在具体学段、具体学科中的体现。

基于核心素养确定教育质量评估的目标、内容和手段，是各国际组织和国家落实与推进核心素养的重要方式。当前，世界很多国家在其课程标准中均有与课

程内容相对应的质量标准或能力表现标准，而我国课程标准主要是对课程内容的界定，虽然从知识与技能、过程与方法、情感·态度·价值观三维角度对课程进行了说明，但主要对学什么、学多少讲得比较详细，大部分学科对学到什么程度要求不明确，难以量化、分级，缺乏明确、具体的能力表现标准，导致各地、各校评判教育质量的标准不一致。建立基于核心素养的学生学业质量标准，将学习内容要求和质量要求有机结合在一起，完善课程标准，可以有助于解决上述问题。

参照国际经验和发展趋势，我国学业质量标准的研发需要根据各学段的核心素养体系，明确学生完成不同学段、不同年级、不同学科学习内容后应该达到的具体水平和程度，并进一步丰富质量评估内容和手段，以指导教师准确把握教学的深度和广度，使考试评价更加准确反映新时期的人才培养要求。

三、基于核心素养的课程体系改革

在“关注学生发展、培养学生核心素养”教育改革趋势的影响下，各国落实学生核心素养的一个重要方式就是基于核心素养进行课程体系改革。统观世界各国教育改革与发展、课程体系的变革与推新，我国的课程改革也需要建立基于核心素养的新课程体系，以与国际教育改革浪潮接轨，培养学生适应未来社会的核心素养。

现代课程体系应至少含有四个部分：①具体化的教学目标，即描述课程教学所要达到的目标，需要落实到要培养学生哪些核心素养；②内容标准，即规定学生在具体核心学科领域（如数学、阅读、科学等）应知应会的知识技能等；③教学建议，也称“机会标准”，即为保障受教育者的学习质量所提供的教育经验和资源，包括课堂讲授内容的结构、组织安排、重点处理及传授方式，以及学校公平性、教育资源的分配、学习环境的创设等；④质量标准，即描述经历一段时间的教育之后，学生在知识技能、继续接受教育、适应未来社会等方面应该或必须达到的基本能力水平和程度要求。

根据国际经验和我国现有课程体系的特点，在我国建立基于核心素养的现代课程体系，以上四个部分的关系可以如图 6-5 所示进行设计。

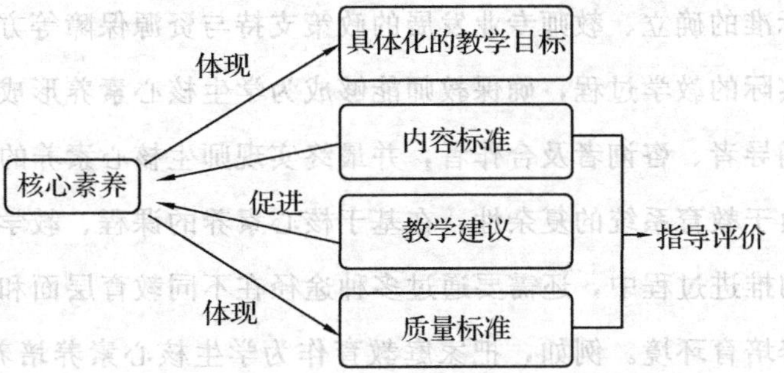

图 6-5　基于核心素养的课程体系基本结构

具体来看，首先，具体化的教学目标一定是体现学生发展核心素养的教学目标。每一个学科需要根据本学段学生核心素养的主要内容与表现形式，结合本学科的学科内容与特点，提出该学科实现本学段核心素养的具体目标，要体现本学科特色。

其次，内容标准和教学建议是促进学生形成核心素养的保证。各学科需要结合本学科、本学段的学生核心素养要求来安排学科知识，并且要根据教学目标和学科内容特点提出有针对性的教学建议，以促进学生核心素养的形成。

最后，质量标准是学生核心素养在学业上的具体体现。学生核心素养可以为衡量学生全面发展状况提供评判依据，通过将核心素养与质量标准紧密结合，不仅可以更加有效地指导教育教学实践，还可以结合内容标准，用来指导教育评价，监测学生核心素养达到的程度，并最终促进学生核心素养的形成和发展。

四、基于核心素养的教师专业发展与学习环境创设

在核心素养指标体系确立后，要想真正落实到学校教育中去，教师的转化作用是不可忽视的。因此，各国际组织和国家都十分重视基于核心素养的教师专业发展，通过颁布一系列教师核心素养的标准、建立教师的研修制度等方式来达至目标。

在我国的教育教学实践中，为了促进学生核心素养的有效落实和推进，也必

须重视将核心素养的相关内容融入教师培训及专业化发展指导过程中。例如，教师核心素养标准的确立、教师专业发展的政策支持与资源保障等方面，最终将核心素养融入实际的教学过程，确保教师能够成为学生核心素养形成和发展的有力的引导者、辅导者、咨询者及合作者，并最终实现师生核心素养的共同发展。

此外，由于教育系统的复杂性，在基于核心素养的课程、教学、评价和教师专业化发展的推进过程中，还需要通过多种途径在不同教育层面和领域上建构系统的核心素养培育环境。例如，把家庭教育作为学生核心素养培养的重要阵地，并把社会学习、终身学习等理念及教育机制也纳入其中，共同配合学校教育达成良好结果。同时，给予地方、学校和教师更大的自主权，使其根据自身特点和学生需求，在具体实践中多角度地推进落实核心素养。此外，还可以通过多种方式对遴选和提炼出的核心素养进行宣传，更新普通大众的人才培养观，为学校教育落实和推行学生核心素养提供良好的社会环境条件。

第七章

中国学生发展核心素养总框架

研究学生发展核心素养是全面贯彻党的教育方针、落实立德树人根本任务的一项重要举措。立德树人是发展中国特色社会主义教育事业的核心所在，是培养德、智、体、美、劳全面发展的社会主义建设者和接班人的本质要求。而要把立德树人根本任务落到实处，必须首先回答好“立什么德、树什么人”这一关键问题，必须把党的教育方针的宏观要求细化为具体的人才培养目标。为了把党的教育方针科学地细化为具体的人才培养目标，2013 年 5 月，我们接受教育部关于研究中国学生发展核心素养的任务，汇聚国内多所高校近百名研究人员，在总体设计、统筹谋划的基础上，综合开展基础理论研究、国际比较研究、教育政策研究、传统文化分析、现行课标分析、实证调查研究，全方位、多层次征求各方面意见和建议，反复修改完善，历时三年集中攻关，并经教育部基础教育课程教材专家工作委员会审议，最终形成研究成果。《中国学生发展核心素养》作为一套经过系统设计的育人目标框架，将从多个途径引导课程设计、教学实践、教育评价等各教育环节的变革，对于推动教育改革创新、提升人才培养质量、落实立德树人根本任务具有重要意义。

第一节　中国学生发展核心素养的遴选依据

在具体指标的遴选过程中，课题组坚持以马克思主义为指导，充分体现社会主义核心价值观，系统落实党的教育方针，充分吸收中华优秀传统文化的营养，洋为中用、批判性借鉴了核心素养国际研究的构建方法与合理成分。

一、坚持以马克思主义为指导，明确人才培养的目标指向

坚持以马克思主义为指导，是中国学生发展核心素养区别于其他国际组织和国家核心素养研究成果的根本标志。中国学生发展核心素养结构的中心是“全面发展”，而“全面发展”这一目标指向正是由马克思和恩格斯提出来的。马克思和恩格斯在《共产党宣言》中指出：“人的全面发展是共产主义者的理想目标和共产主义社会的基本原则。”我们课题组在凝练中国学生发展核心素养的过程中，始终以马克思主义培养“全面发展”的人为目标指向，构建起包括自主发展、社会参与和文化基础三大领域的核心素养总体框架。

培养“全面发展的人”，首先必须承认和确立人作为独立生命个体的存在性，即人的自主性。正如马克思在《1844 年经济学哲学手稿》中所指出的：“人的类特性恰恰就是自由的、自觉的活动。”自由的活动、独立的意志、科学的人性构造了人的自主性素养的特点。实践是自主的个性素养形成的基础；教育是自主的个性素养形成的条件；人际交往是自主的个性素养发展的决定因素。所以我们在学生发展核心素养的研究中，把人的自主性理解为是人作为主体的根本属性，是个性的集中表现。自主发展，重在强调能有效管理自己的学习和生活，认识和发现自我价值，发掘自身潜力，有效应对复杂多变的环境，成就出彩人生，发展成为有明确人生方向、有生活品质的人。

“全面发展的人”的另一内涵，是人的社会性。马克思在《关于费尔巴哈的提纲》中提出：“人的本质并不是单个人所固有的抽象物。在其现实性上，它是

一切社会关系的总和。”社会性反映着一定历史条件下的某种社会关系；社会性作为个性的特殊表现，反映的是人的社会特质；社会性应该是历史性、民族性、阶级性和全人类性的统一。因此，我们从社会性是人的本质属性出发，提出学生发展核心素养的社会参与领域，重在强调能处理好自我与社会的关系，养成现代公民所必须遵守和履行的道德准则和行为规范，增强社会责任感，提升创新精神和实践能力，促进个人价值实现，推动社会发展进步，发展成为有理想信念、敢于担当的人。

马克思从对人的本质和实践活动的理解出发，强调文化所具有的自觉性和创造性，并将其作为人区别于动物的特征，这揭示了“全面发展的人”的又一内涵，即人的文化性。文化知识由自然科学、社会科学，以及关于自然知识与社会知识的概括和总结的哲学构成。文化性是认识世界、改造世界不可缺失的武器。因此，文化是人存在的根和魂。我们课题组提出，文化基础是中国学生发展核心素养的一个重要领域，它重在强调能习得人文、科学等各领域的知识和技能，掌握和运用人类优秀智慧成果，涵养内在精神，追求真善美的统一，发展成为有宽厚文化基础、有更高精神追求的人。

基于马克思主义对“全面发展的人”的经典论述，课题组深入调研社会各界对新时期学生核心素养的期待，基于此提出在自主发展、社会参与、文化基础三个领域凝练中国学生发展核心素养，系统阐释党的教育方针，最终指向培养德、智、体、美、劳全面发展的社会主义建设者和接班人。

二、充分体现社会主义核心价值观，系统落实党的教育方针，细化人才培养目标的具体要求

从价值定位而言，我们课题组对学生发展核心素养的研制，是对社会主义核心价值观和党的教育方针中所确定的教育培养目标的具体化和细化，是连接宏观教育理念、培养目标与具体教育教学实践的中间环节。社会主义核心价值观和党的教育方针可以通过核心素养这一桥梁，转化为教育教学可用的、教育工作者易于理解的具体要求，进而贯彻到各个学段，体现到各个学科，最终落实到学生身

上，明确学生应该具备的必备品格和关键能力，从中观层面深入回答“立什么德、树什么人”的根本问题，用于指导人才培养的具体实践。

社会主义核心价值观作为社会主义核心价值体系的内核，把国家、社会、公民三个层面的价值要求融为一体，直接明确了当代学生应该自觉践行的价值观念，而中国学生发展核心素养体系则在各要点中对其进行了充分体现。课题组在遴选和界定核心素养指标、描述其主要表现时，系统落实社会主义核心价值观，以文化基础的不断积累和自主发展能力的不断提升为支撑条件，引导学生在社会参与及互动过程中加以践行。具体来讲，富强、民主、文明、和谐是国家层面的价值目标，主要从国家角度提出了学生应该树立的理想与信念。核心素养在“国家认同”等要点上系统落实这些要求，强调要培养学生“具有国家意识，了解国情历史，认同国民身份，能自觉捍卫国家主权、尊严和利益”，“了解中国共产党的历史和光荣传统，具有热爱党、拥护党的意识和行动”，“具有中国特色社会主义共同理想，有为实现中华民族伟大复兴中国梦而不懈奋斗的信念和行动”，力求把红色基因融入广大学生的血脉。自由、平等、公正、法治是社会层面的价值取向，主要从社会角度提出了学生应具有的信念和追求，集中体现在“社会责任”“人文情怀”等要点的描述中。例如：“能明辨是非，具有规则与法治意识，积极履行公民义务，理性行使公民权利”，“崇尚自由平等，能维护社会公平正义”等。爱国、敬业、诚信、友善是公民个人层面的价值准则，主要从个人角度对学生提出了道德要求，集中体现在“社会责任”等要点的描述中。例如：“自尊自律，文明礼貌，诚信友善，宽和待人”，“热心公益和志愿服务，敬业奉献，具有团队意识和互助精神”等。

中国学生发展核心素养体系在充分体现社会主义核心价值观的基础上，对不同发展阶段的党的教育方针也进行了深入分析和系统落实。关于教育应该“培养什么样的人”，在我国不同发展阶段的教育方针及政府工作报告中均有阐述。1957 年，社会主义改造基本完成，毛泽东同志提出：“我们的教育方针，应该使受教育者在德育、智育、体育几方面都得到发展，成为有社会主义觉悟的有文化的劳动者。”从此以后，党和国家的政策文件中就旗帜鲜明地提出要坚持人才培养的社会主义方向。20 世纪 80 年代提出要培养“有理想、有道德、有文化、有纪律的社会主义建设人才”；20 世纪 90 年代，先后提出“培养德、智、体全面发展的建设者和接班人”“培养有理想、有道德、有文化、有纪律的献身中国特色社会主义事业的建设者和接班人”“培养德、智、体等全面发展的社会主义事业的建设者和接班人”等。这些教育方针和目标在表述上虽有所不同，但无一不将社会主义方向作为核心要素。20 世纪 90 年代以来，党和国家更加重视教育，做出“优先发展教育”的战略部署，在推进素质教育、建构素质教育理论体系的过程中，我国的人才培养目标逐步清晰，以生为本，关注学生的全面发展，使学生核心素养的内涵不断丰富和优化。2010 年，《国家中长期教育改革和发展规划纲要（2010—2020 年）》提出“德育为先，能力为重，全面发展”的战略主题。2012 年，党的十八大明确提出把立德树人作为教育的根本任务，培养德智体美全面发展的社会主义建设者和接班人。2013 年，党的十八届三中全会继续提出，坚持立德树人，形成爱学习、爱劳动、爱祖国活动的有效形式和长效机制，增强学生社会责任感、创新精神、实践能力。由此可见，“德育为先、能力为重、全面发展”已成为学生核心素养培养的发展趋势。这体现了党和国家对于社会主义人才建设在品德方面的重视，也彰显了品德在学生核心素养建构中的首要位置。

基于深入分析，我们课题组对学生发展核心素养体系的建构始终坚持社会主义人才的培养方向，充分体现我国教育“培养德、智、体、美、劳全面发展的社会主义建设者和接班人”这一根本目标。中国学生发展核心素养体系在体现德育为先、能力为重、全面发展的基础上，既关注学生应具有的知识、专业技能，又重视学生的品德、个性和社会生活技能的发展。

三、传承中华优秀传统文化，凸显人才培养的民族底色

习近平总书记指出：“中华优秀传统文化是中华民族的精神命脉，是涵养社会主义核心价值观的重要源泉，也是我们在世界文化激荡中站稳脚跟的坚实根基。”中国学生发展核心素养把根扎在中华优秀传统文化的土壤中，同时充分吸收革命文化与社会主义先进文化的丰厚营养，力求引导广大学生坚定文化自信，

在全球化、信息化时代为每个孩子涂上深深的中华文化底色。

第一，中国学生发展核心素养体系在“素养”这一核心概念界定上，充分吸收了中华优秀传统文化中对道德规范、思想品格和价值取向的强调，体现出中国特色、中国风格、中国气派。关于“素养”一词，我国早在《汉书·李寻传》中就有记载：“马不伏历（枥），不可以趋道；士不素养，不可以重国。”《现代汉语词典（第 5 版）》认为，“素养”主要指“平日的修养”，强调其是后天习得和养成的。中华优秀传统文化凝聚着中华民族普遍认同和广泛接受的道德规范、思想品格和价值取向。因此，课题组提出“学生发展核心素养”这一概念，充分吸收中华优秀传统文化对素养内涵的定义，将其界定为学生应具备的，能够适应终身发展和社会发展需要的必备品格和关键能力。这一概念内涵同时强调了核心素养的品格属性和能力特征，体现出中国特色、中国风格、中国气派。

第二，中国学生发展核心素养体系在构建过程中，对我国历代重要文献进行了系统梳理，明晰了中华优秀传统文化中对人才培养的具体要求，并加以充分吸收。课题组的文献研究从夏、商、西周开始一直到清代，厘清了传统文化和传统教育中关于人才培养的具体内容与要求，在深入分析的基础上归纳了家国情怀、社会关怀、人格修养、文化修养这 16 字关于人的素养的要求。其中，家国情怀含孝亲爱国、民族情怀、乡土情感等要素；社会关怀含仁民爱物、心怀天下、奉献社会等要素；人格修养含诚信自律、崇德弘毅、礼敬谦和等要素；文化修养含人文历史知识、求学治学方法、文字表达能力、追求科技发明等要素。

第三，中国学生发展核心素养体系对我国优秀传统文化思想的核心——修身成德和传统教育中最为突出的内容——伦理道德教育进行了充分继承和体现。我国传统文化包含了丰富的有关个人修身养性（成德立人）的思想观点，而且其中许多内容在今天仍具有重大的借鉴与传承价值，如仁爱思想、孝亲爱国、正义、礼敬谦和，以及诚信自律等。我国传统教育重视对学生进行伦理道德（包括学生的生活礼仪与日常行为习惯）教育，人文与历史知识传授，文字表达能力培养，以及良好学习方法的养成等，这些内容在当今的学校教育中仍具有传承价值。因此在建构中国特色（或民族）的学生核心素养指标体系时，理应继承与延续我国传统文化与教育中这些独具特色且仍富有现代价值的内容。同时，我国传统文化、传统教育中对于道德修养的重视，与党的十八大报告中强调的“立德树人”思想及《国家中长期教育改革和发展规划纲要（2010—2020年）》提出的“德育为先、能力为重”的要求完全契合。综上，我们认为从继承我国优秀传统文化与教育思想、落实党和国家的教育政策方针，以及促进学生身心健康、全面发展等多个角度考虑，道德修养是我国基础教育阶段和高等教育阶段人才培养的重要内容，是学生核心素养指标体系的核心。

我们课题组根据中华优秀传统文化中关于修身成德的思想和我国不同历史时期的学校教育培养学生的内容与要求，构建其以道德修养为核心的学生核心素养指标体系，需要以培养学生的仁爱精神为根本，以社会关怀、家国情怀和人格修养教育为重点，引导儿童和青少年学生养成崇高的道德品质、文明的行为方式和深厚的文化修养。

我国传统文化和传统教育中包含的丰富思想和优良传统，为民族的、科学的、现代的学生核心素养指标体系的构建提供了重要借鉴。然而，传统文化与传统教育分析仅仅是构建现代学生核心素养体系时可参照的视角之一。除了借鉴和传承中华优秀传统文化与教育中具有启示意义和价值的内容之外，学生核心素养体系的构建还应对现代教育与学生发展理论、国际上教育与学生培养的经验等进行总结与思考，深入分析当今世界教育与人才培养趋势、我国社会时代背景与社会需求，并借助实证调查来广泛征询社会各群体的宝贵意见。在这些工作的基础上，通过深刻的理论思考、运用科学的方法，才能构建出系统而科学的中国化的学生核心素养体系。

四、洋为中用，批判性吸收核心素养国际研究中的科学方法与合理成分

毛泽东同志指出：“中国应当建立自己民族的、科学的、人民大众的新文化和新教育。对于外国文化，排除主义的方针是错误的，应当尽量吸收进步的外国文化，以为发展中国新文化的借鉴；盲目搬用的方针也是错的，应当以中国人民

实际需要为基础，批判地吸收外国文化。”因此，面对学生发展核心素养研究的新信息、新的研究方法，需要相互交流，这就是“洋为中用”的道理，也是我们对学生发展核心素养进行国际比较研究的缘起。

1997 年，经合组织首先启动了“素养的界定与遴选”项目。随后，欧盟、联合国教科文组织、美国、日本、新加坡等国际组织和国家纷纷建构了基于自身价值取向和服务目的的素养、核心素养、核心技能等框架与体系。由于各国际组织和国家的出发点、服务对象和政治经济文化制度等方面的差异，在指导 21 世纪“核心素养”研究上出现了四种相对有代表性的价值取向，包括经合组织提出的以培养完整的人为导向的价值取向，联合国教科文组织和欧盟提出的以终身学习为导向的价值取向，新加坡以个人发展为核心的价值取向，以及美国以未来职业需求为导向的价值取向等。我们课题组对各国际组织与国家建构与发展核心素养的研究背景、研究程序、内容体系与实施途径进行了比较分析，本着对国外文化既不全面肯定也不全盘否定的原则，重新探讨各国际组织与国家的学生发展核心素养，进一步深入分析，根据国情批判地加以吸收。

首先，以上国际组织与国家对当前国际背景的分析是准确的。当今社会是全球化与信息化的社会，为了提高组织成员国或本国的竞争力，以应对全球化与信息化发展的需要，在新一代的人才培养上，应具备国际意识、国际交流能力、国际竞争力、创新精神和实践能力，以及信息素养的 21 世纪人才观。在教育上，应该以人力资本为根据，各自制定教育发展战略。在人的发展上，应以追求教育公平为出发点，保障每个人都享有共同基础教育的权利，并倡导终身学习。

其次，面对各国际组织与国家提出的核心素养，我们应选择哪些指标作为我们制定中国学生发展核心素养的参考资料呢？我们在遴选和提炼中国学生发展核心素养指标的过程中，立足我国国情，深入调查和分析我国不同社会群体对于学生发展核心素养的期望与意见，为建构符合我国现实需要的学生发展核心素养框架提供科学依据。为此，我们课题组首先就各个领域人士对我国学生核心素养的期望与意见，对来自 10 个界别的 608 名专家学者和企业家等进行了焦点小组访谈或个别化访谈。与此同时，课题组在国际比较研究 40 多万字文献的基础上整理出当前各国际组织和国家的 32 项核心素养指标，在访谈结束后对他们进行问卷调查（有效问卷为 566 份），即邀请他们对国际上这些素养指标进行评价，以批判摄取—选择—中国化的途径，从中选出他们认为对我国学生发展具有重要价值的核心素养指标。结果显示专家学者和企业家所重视的学生发展核心素养有两个方面：一是高度重视和强调传统基本素养的指标，如语言能力、科学素养、学会学习、问题解决能力；二是高度重视和强调现代关键素养的指标，如沟通与交流、团队合作、国际视野、信息素养、创新与创造力、社会参与和贡献、自我规划与管理。

最后，我们分析比较了经合组织、联合国教科文组织、欧盟，以及美国、加拿大、英国、法国、芬兰、匈牙利、澳大利亚、新西兰、新加坡、日本、俄罗斯等国家的核心素养研究，发现在研究方法上有不少可取之处：一是根据不同的研究目的，出现成功生活、终身学习、个人发展和综合取向的不同价值取向；二是以调查研究为前提，汲取社会各阶层的意见；三是重视数据统一，从量到质，最后建构框架结构；四是框架结构分层，各国际组织和国家分几级指标并不统一，但都重视自主发展、社会互动和文化学习三大领域。

尽管国际上关于学生素养或核心素养的研究在以上几个方面对我国学生发展核心素养的研究具备一定的参考价值，然而通过进一步分析我们可以看到，目前国际上各国际组织和国家的学生素养或核心素养更多地强调能力或技能，普遍不重视品德与人格，即人的本质因素。以美国为例，他们所提倡的“核心科目和 21 世纪主题”由三种素养组成：一是学习与创新素养，二是信息、媒介与技术素养，三是生活与职业素养。在这些 21 世纪核心科目中，虽然也提及交流沟通与合作、领导与责任等与人格有关的要求，但不仅成分少，而且与人的道德规范和道德范畴严重脱节。因此，我们课题组强调，我们要吸收的是精华，决不能照抄照搬，更不能“西化”。

构建中国化学生发展核心素养，目的是全面贯彻党的教育方针，落实立德树人根本任务。培育中国学生的核心素养，必将促进更多满足党、国家、人民、时代需要的人才不断涌现，必将促进中国特色社会主义事业兴旺发达、后继有人。

今后，学生发展核心素养研究课题组将继续坚持正确的政治方向和价值导向，进一步深化核心素养研究，与全国相关研究者、实践者共同努力，为提升中国学生的核心素养做出应有的贡献。

第二节　中国学生发展核心素养总框架体系

学生发展核心素养，主要是指学生应具备的，能够适应终身发展和社会发展所需要的必备品格和关键能力。研制中国学生发展核心素养，根本出发点是将党的教育方针具体化、细化，落实立德树人根本任务，培养全面发展的人，提升21世纪国家人才核心竞争力。

一、总体框架

中国学生发展核心素养，以“全面发展的人”为核心，分为文化基础、自主发展、社会参与三个方面，综合表现为人文底蕴、科学精神、学会学习、健康生活、责任担当、实践创新六大素养（见图7-1）。根据这一总体框架，可针对学生年龄特点进一步提出各学段学生的具体表现要求。

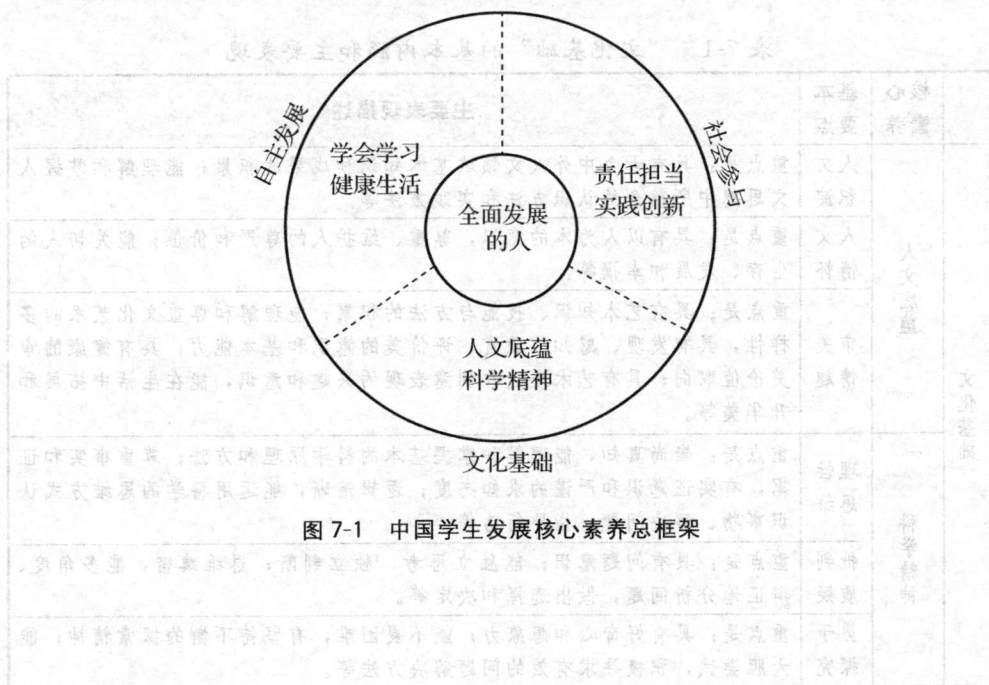

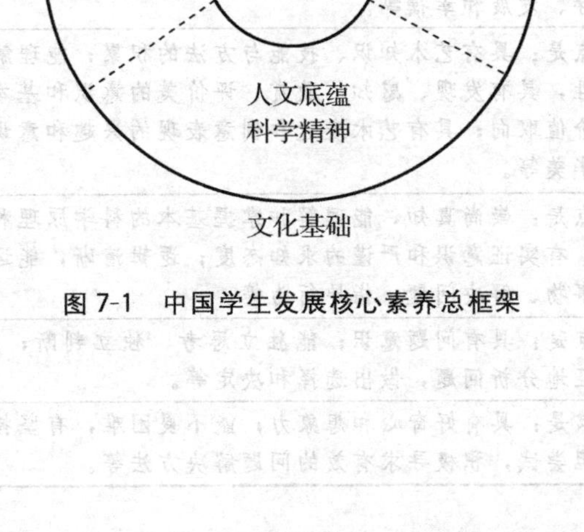

图7-1　中国学生发展核心素养总框架

二、基本内涵和主要表现

（一）文化基础

文化是人存在的根和魂。文化基础，重在强调能习得人文、科学等各领域的知识和技能，掌握和运用人类优秀智慧成果，涵养内在精神，追求真善美的统一，发展成为有宽厚文化基础、有更高精神追求的人。

1. 人文底蕴

主要是学生在学习、理解、运用人文领域知识和技能等方面所形成的基本能力、情感态度和价值取向。具体包括人文积淀、人文情怀和审美情趣等基本要点。

2. 科学精神

主要是学生在学习、理解、运用科学知识和技能等方面所形成的价值标准、思维方式和行为表现。具体包括理性思维、批判质疑、勇于探究等基本要点。

“文化基础”的基本内涵和主要表现如表 7-1 所示。

表 7-1 “文化基础”的基本内涵和主要表现

	核心素养	基本要点	主要表现描述
文化基础	人文底蕴	人文积淀	重点是：具有古今中外人文领域基本知识和成果的积累；能理解和掌握人文思想中所蕴含的认识方法和实践方法等。
		人文情怀	重点是：具有以人为本的意识，尊重、维护人的尊严和价值；能关切人的生存、发展和幸福等。
		审美情趣	重点是：具有艺术知识、技能与方法的积累；能理解和尊重文化艺术的多样性，具有发现、感知、欣赏、评价美的意识和基本能力；具有健康的审美价值取向；具有艺术表达和创意表现的兴趣和意识，能在生活中拓展和升华美等。
	科学精神	理性思维	重点是：崇尚真知，能理解和掌握基本的科学原理和方法；尊重事实和证据，有实证意识和严谨的求知态度；逻辑清晰，能运用科学的思维方式认识事物、解决问题、指导行为等。
		批判质疑	重点是：具有问题意识；能独立思考、独立判断；思维缜密，能多角度、辩证地分析问题，做出选择和决定等。
		勇于探究	重点是：具有好奇心和想象力；能不畏困难，有坚持不懈的探索精神；能大胆尝试，积极寻求有效的问题解决方法等。

（二）自主发展

自主性是人作为主体的根本属性。自主发展，重在强调能有效管理自己的学习和生活，认识和发现自我价值，发掘自身潜力，有效应对复杂多变的环境，成就出彩人生，发展成为有明确人生方向、有生活品质的人。

1. 学会学习

主要是学生在学习意识形成、学习方式方法选择、学习进程评估调控等方面的综合表现。具体包括乐学善学、勤于反思、信息意识等基本要点。

2. 健康生活

主要是学生在认识自我、发展身心、规划人生等方面的综合表现。具体包括珍爱生命、健全人格、自我管理等基本要点。

“自主发展”的基本内涵和主要表现，如表 7-2 所示。

表 7-2 “自主发展”的基本内涵和主要表现

	核心素养	基本要点	主要表现描述
自主发展	学会学习	乐学善学	重点是：能正确认识和理解学习的价值，具有积极的学习态度和浓厚的学习兴趣；能养成良好的学习习惯，掌握适合自身的学习方法；能自主学习，具有终身学习的意识和能力等。
		勤于反思	重点是：具有对自己的学习状态进行审视的意识和习惯，善于总结经验；能够根据不同情境和自身实际，选择或调整学习策略和方法等。
		信息意识	重点是：能自觉、有效地获取、评估、鉴别、使用信息；具有数字化生存能力，主动适应“互联网＋”等社会信息化发展趋势；具有网络伦理道德与信息安全意识等。
	健康生活	珍爱生命	重点是：理解生命意义和人生价值；具有安全意识与自我保护能力；掌握适合自身的运动方法和技能，养成健康文明的行为习惯和生活方式等。
		健全人格	重点是：具有积极的心理品质，自信自爱，坚忍乐观；有自制力，能调节和管理自己的情绪，具有抗挫折能力等。
		自我管理	重点是：能正确认识与评估自我；依据自身个性和潜质选择适合的发展方向；合理分配和使用时间与精力；具有达成目标的持续行动力等。

（三）社会参与

社会性是人的本质属性。社会参与，重在强调能处理好自我与社会的关系，养成现代公民所必须遵守和履行的道德准则和行为规范，增强社会责任感，提升创新精神和实践能力，促进个人价值实现，推动社会发展进步，发展成为有理想信念、敢于担当的人。

1. 责任担当

主要是学生在处理与社会、国家、国际等关系方面所形成的情感态度、价值取向和行为方式。具体包括社会责任、国家认同、国际理解等基本要点。

2. 实践创新

主要是学生在日常活动、问题解决、适应挑战等方面所形成的实践能力、创新意识和行为表现。具体包括劳动意识、问题解决、技术应用等基本要点。

“社会参与”的基本内涵和主要表现，如表 7-3 所示。

表 7-3 “社会参与”的基本内涵和主要表现

	核心素养	基本要点	主要表现描述
社会参与	责任担当	社会责任	重点是：自尊自律，文明礼貌，诚信友善，宽和待人；孝亲敬长，有感恩之心；热心公益和志愿服务，敬业奉献，具有团队意识和互助精神；能主动作为，履职尽责，对自我和他人负责；能明辨是非，具有规则与法治意识，积极履行公民义务，理性行使公民权利；崇尚自由平等，能维护社会公平正义；热爱并尊重自然，具有绿色生活方式和可持续发展理念及行动等。
		国家认同	重点是：具有国家意识，了解国情历史，认同国民身份，能自觉捍卫国家主权、尊严和利益；具有文化自信，尊重中华民族的优秀文明成果，能传播弘扬中华优秀传统文化和社会主义先进文化；了解中国共产党的历史和光荣传统，具有热爱党、拥护党的意识和行动；理解、接受并自觉践行社会主义核心价值观，具有中国特色社会主义共同理想，有为实现中华民族伟大复兴的中国梦而不懈奋斗的信念和行动。
		国际理解	重点是：具有全球意识和开放的心态，了解人类文明进程和世界发展动态；能尊重世界多元文化的多样性和差异性，积极参与跨文化交流；关注人类面临的全球性挑战，理解人类命运共同体的内涵与价值等。

续表

	核心素养	基本要点	主要表现描述
社会参与	实践创新	劳动意识	重点是：尊重劳动，具有积极的劳动态度和良好的劳动习惯；具有动手操作能力，掌握一定的劳动技能；在主动参加的家务劳动、生产劳动、公益活动和社会实践中，具有改进和创新劳动方式、提高劳动效率的意识；具有通过诚实合法的劳动创造成功生活的意识和行动等。
		问题解决	重点是：善于发现和提出问题，有解决问题的兴趣和热情；能依据特定情境和具体条件，选择制订合理的解决方案；具有在复杂环境中行动的能力等。
		技术应用	重点是：理解技术与人类文明的有机联系，具有学习掌握技术的兴趣和意愿；具有工程思维，能将创意和方案转化为有形物品或对已有物品进行改进与优化等。

第三节　中小学生核心素养指标表现水平

学生核心素养的形成与发展存在阶段性。一方面，在不同教育阶段，个体的生理、认知和社会性等方面的发展具有不同的年龄特点，发展内容和发展任务相应地存在差异。另一方面，不同学段学生所接受的学校教育，包括目标要求、课程、教学内容与方法等方面也存在差别。因此，对处于不同发展阶段或者学段的个体，不同的核心素养或者核心素养的不同成分的表现要求也有所不同。为推进我国学生发展核心素养指标体系在教育理论与实践中的应用，并以此推进教育改革，课题组基于中国学生发展核心素养指标体系总框架，以科学性、时代性、民族性为原则，提出分别适用于小学、初中与高中阶段的学生发展核心素养指标体系，并确定各阶段核心素养的表现水平。

一、小学阶段学生发展核心素养指标体系与表现水平

小学阶段对应于个体发展的童年期，是正式学校生活的初始时期。作为学校教育的基础和奠基时期，小学阶段的教育质量直接影响我国整个基础教育阶段乃至高等教育阶段的教育质量，小学生核心素养的发展状况也直接影响我国的人才质量。科学确定小学生的核心素养体系与表现水平，对于推动小学阶段教育改革、提升人才培养质量具有重要意义。基于对小学生身心发展特点的分析，整合小学生核心素养表现水平的国际比较研究、教育政策分析、课标分析和质性研究成果，同时结合我国国情和基础教育实际，小学阶段学生发展核心素养指标体系确定了低、中、高年级小学生在人文底蕴、科学精神、学会学习、健康生活、责任担当、实践创新六大核心素养的 18 个要点上的表现水平，具体内容如表 7-4 所示。

表 7-4　小学阶段学生核心素养的主要表现水平

	核心素养	基本要点	主要描述	低年级(1～2 年级)	中年级(3～4 年级)	高年级(5～6 年级)
文化基础	人文底蕴	人文积淀	重点是：具有古今中外人文领域基本知识和成果的积累；能理解和掌握人文思想中所蕴含的认识方法和实践方法等。	初步了解古今中外人文领域的最基本知识；在成人的帮助下，使用简单的图表、文字对人文领域知识进行归纳整理；使用口头语言表达、交流所了解的人文知识；初步独立、自主阅读。	了解古今中外人文领域的最基本知识；基本可以独立使用图表、文字对人文领域知识进行归纳整理；初步了解人文思想中所蕴含的认识方法和实践方法；使用口头和书面语言表达、交流所了解的人文知识；能够独立、自主阅读。	了解古今中外人文领域的最基本知识；独立使用图表、文字对人文领域知识进行归纳整理；了解人文思想中所蕴含的认识方法和实践方法；使用口头和书面语言表达、交流所了解的人文知识，并具有初步的观点和想法；能够独立、自主阅读。
		人文情怀	重点是：具有以人为本的意识，尊重、维护人的尊严和价值；能关切人的生存、发展和幸福等。	关爱他人，尊重他人。	关爱他人，尊重他人；初步了解环境保护等有关人的生存、发展与幸福的基本问题，具有关切人的生存、发展和幸福等的初步意识。	关爱他人，尊重他人；了解和思考环境保护等有关人的生存、发展与幸福的基本问题，具有关切人的生存、发展和幸福等的初步意识。
		审美情趣	重点是：具有艺术知识、技能与方法的积累；能理解和尊重文化艺术的多样性，具有发现、感知、欣赏、评价美的意识和基本能力；具有健康的审美价值取向；具有艺术表达和创意表现的兴趣和意识，能在生活中拓展和升华美等。	初步了解艺术知识，发展对艺术的兴趣与爱好；具有初步的发现、感知、欣赏美的意识和基本能力；具有艺术表达的兴趣，能够学习使用简单的艺术形式进行表达。	学习初步的艺术知识，具有初步技能；了解文化艺术的多样性，具有初步的发现、感知、欣赏美的意识和基本能力；具有艺术表达的兴趣，能够使用简单的艺术形式进行表达。	学习初步的艺术知识，具有初步技能；了解文化艺术的多样性，具有发现、感知、欣赏美的意识和基本能力；形成健康向上的审美情趣；具有艺术表达的兴趣，能够使用适当的艺术形式进行表达；开始尝试进行艺术创作。

续表

	核心素养	基本要点	主要描述	低年级(1～2 年级)	中年级(3～4 年级)	高年级(5～6 年级)
文化基础	科学精神	理性思维	重点是：崇尚真知，能理解和掌握基本的科学原理和方法；尊重事实和证据，有实证意识和严谨的求知态度；逻辑清晰，能运用科学的思维方式认识事物、解决问题、指导行为等。	初步了解基本的科学知识与科学方法，运用所学知识解释简单的科学现象；知道尊重事实和证据，在成人的帮助下区分事实和观点。	了解基本的科学知识与科学方法，运用所学知识解释简单的科学现象；能够尊重事实和证据，区分事实和观点。	了解基本的科学知识与科学方法，初步了解简单的科学原理；能够尊重事实和证据，区分事实和观点；初步运用科学知识和证据理解和认识事物、解决日常生活中的问题、指导行为。
		批判质疑	重点是：具有问题意识；能独立思考、独立判断；思维缜密，能多角度、辩证地分析问题，做出选择和决定等。	具有初步的问题意识，敢于表达自己的想法。	具有问题意识，善于提问，敢于表达自己的想法。	具有问题意识，善于提问，敢于表达自己的想法；能初步独立思考，在成人的指导下通过推理和思考独立做出合理的判断。
		勇于探究	重点是：具有好奇心和想象力；能不畏困难，有坚持不懈的探索精神；能大胆尝试，积极寻求有效的问题解决方法等。	具有好奇心和想象力；具有探究意识；积极参与科学探究活动。	具有好奇心和想象力；具有探究意识；在成人的指导下开展科学探究活动。	具有好奇心和想象力；具有探究意识；在成人的指导下开展科学探究活动，并在活动中克服困难。

续表

	核心素养	基本要点	主要描述	低年级(1～2年级)	中年级(3～4年级)	高年级(5～6年级)
自主发展	学会学习	乐学善学	重点是：能正确认识和理解学习的价值，具有积极的学习态度和浓厚的学习兴趣；能养成良好的学习习惯，掌握适合自身的学习方法；能自主学习，具有终身学习的意识和能力等。	初步感受学习知识的乐趣，喜欢学习；初步具备良好的学习习惯；在成人的指导下了解基本的学习方法；主动投身于学习，能在成人的指导下自主完成学习任务。	能感受学习知识的乐趣，喜欢学习；具备良好的学习习惯；了解并学习使用基本的学习方法；主动投身于学习，能在成人的指导下制订学习计划，并积极执行。	能感受学习知识的乐趣，认识到学习在人生中的重要性，喜欢学习；具备良好的学习习惯；能够掌握基本的学习方法，并探索适合自身的学习方法；主动投身于学习，能够根据自身特点制订学习计划，并积极执行；初步具有终身学习的意识。
		勤于反思	重点是：具有对自己的学习状态进行审视的意识和习惯，善于总结经验；能够根据不同情境和自身实际，选择或调整学习策略和方法等。	能够在成人的指导下了解学习的基本环节，初步学习总结经验。	能够在成人的指导下了解学习过程对学习结果的影响，初步学会总结经验。	能够对自己的学习过程进行初步评价，学会总结经验；初步了解学习方法的适用性，尝试根据自身特点选择学习方法。
		信息意识	重点是：能自觉、有效地获取、评估、鉴别、使用信息；具有数字化生存能力，主动适应“互联网十”等社会信息化发展趋势；具有网络伦理道德与信息安全意识等。	了解获取信息的基本途径，并能在成人的指导下利用这些途径获取信息；了解互联网在生活中的用途；能够在成人的指导下安全使用互联网。	了解获取信息的多种途径，并能利用这些途径获取和使用信息；了解互联网在生活中的用途，能够在成人的帮助下初步使用互联网解决实际问题；能够在成人的指导下安全、文明地使用互联网，并能遵守网络道德规范和相关法律。	能够利用多种途径获取信息，学习鉴别并合理使用信息；了解互联网在生活中的用途，能够使用互联网解决实际问题；能够安全、文明地使用互联网，并能遵守网络道德规范和相关法律。

续表

	核心素养	基本要点	主要描述	低年级(1～2 年级)	中年级(3～4 年级)	高年级(5～6 年级)
自主发展	健康生活	珍爱生命	重点是:理解生命意义和人生价值;具有安全意识与自我保护能力;掌握适合自身的运动方法和技能,养成健康文明的行为习惯和生活方式等。	认识生命现象,感知和体验生命价值,热爱生命,善待生命;识别危险情境,具有一定的自我保护意识,能够初步采取行动保障安全;积极参与体育运动,初步掌握适合自身的运动方法,形成良好的生活习惯。	认识和理解生命现象,感知和体验生命价值,热爱生命,善待生命;识别并远离危险情境,具有自我保护意识,能够采取行动保障安全;积极参与体育运动,掌握适合自身的运动方法,形成良好的生活习惯。	敬畏生命,能够初步获取和使用开发生命潜能的方法;预期并规避危险情境,具有一定的保护自己和他人的能力;积极参与体育运动,掌握适合自身的运动方法,具备一定的运动技能,形成良好的生活习惯。
		健全人格	重点是:具有积极的心理品质,自信自爱,坚忍乐观;有自制力,能调节和管理自己的情绪,具有抗挫折能力等。	喜欢自己,自信乐观,有同情心;做事具有坚持性;识别情绪,能够在成人的帮助下调节情绪;不畏困难,具有初步的抗逆力。	喜欢自己,自信乐观,有同情心;做事具有坚持性;识别情绪,知道并能运用一些方法来调节情绪;不畏困难,具有初步的抗逆力。	喜欢自己,自信乐观,有同情心;做事具有坚持性;识别情绪,知道并能运用一些方法来调节情绪;不畏困难,具有一定的抗逆力。
		自我管理	重点是:能正确认识与评估自我;依据自身个性和潜质选择适合的发展方向;合理分配和使用时间与精力;具有达成目标的持续行动力等。	初步了解自己的学业、身体外貌、人际关系,以及兴趣爱好等方面的特点;有时间意识,能够在成人的帮助下合理安排学习与休闲时间;能够在成人的帮助下建立目标并计划如何实现。	了解自己的学业、身体外貌、人际关系,以及兴趣爱好等方面的特点;珍惜时间,能够合理安排学习与休闲时间,按时完成任务;能够制订可行的目标并努力去实现。	了解自己的学业、身体外貌、人际关系,以及人格等方面的特点;能够较为客观地评价自己,形成较为明确的自我认知;珍惜时间,能够合理安排学习与休闲时间,按时完成任务;能够制订可行的目标并努力去实现。

续表

	核心素养	基本要点	主要描述	低年级(1～2年级)	中年级(3～4年级)	高年级(5～6年级)
社会参与	责任担当	社会责任	重点是：自尊自律，文明礼貌，诚信友善，宽和待人；孝亲敬长，有感恩之心；热心公益和志愿服务，敬业奉献，具有团队意识和互助精神；能主动作为，履职尽责，对自我和他人负责；能明辨是非，具有规则与法治意识，积极履行公民义务，理性行使公民权利；崇尚自由平等，能维护社会公平正义；热爱并尊重自然，具有绿色生活方式和可持续发展理念及行动等。	自尊自律，在成人的指导下表现出基本的个人礼仪和交往礼仪，与他人友好相处，诚实守信；孝敬父母，尊重长辈，参与力所能及的家务劳动；参加力所能及的社会公益和志愿活动，有团队意识，能与他人合作互助；初步具有对自己的行为和行为后果负责的意识；具有规则意识并学会遵守规则，具有初步的法律意识；崇尚自由平等，具有维护公平正义的意识；热爱并尊重自然，具有环保意识，为保护环境做力所能及的事。	自尊自律，表现出基本的个人礼仪和交往礼仪，与他人友好相处，诚实守信；孝敬父母，尊重长辈，行为上有体贴父母长辈的具体表现；参加力所能及的社会公益和志愿活动，有团队意识，能与他人合作互助；知道接受和履行个人责任的重要性；具有基本的是非观念，遵守规则，具有法律意识；崇尚自由平等，具有维护公平正义的意识，懂得在日常生活中维护公平正义的方法和策略；热爱并尊重自然，具有环保意识，为保护环境做力所能及的事。	自尊自律，表现出得体的个人礼仪和交往礼仪，与他人友好相处，诚实守信；孝敬父母、尊重长辈，行为上有体贴父母长辈的具体表现，懂得感恩；关心公益事业，参加力所能及的社会公益和志愿活动，有团队意识，能与他人合作互助；履行自己对家庭和学校应负有的责任；具有是非观念和法律观念，了解公民的基本权利和义务；崇尚自由平等，具有维护公平正义的意识，懂得在日常生活中维护公平正义的方法和策略，初步具备根据情境和个人能力等采取措施维护公平正义的能力；热爱并尊重自然，自觉保护环境，初步具有可持续发展理念。

续表

	核心素养	基本要点	主要描述	低年级(1～2年级)	中年级(3～4年级)	高年级(5～6年级)
社会参与	责任担当	国家认同	重点是：具有国家意识，了解国情历史，认同国民身份，能自觉捍卫国家主权、尊严和利益；具有文化自信，尊重中华民族的优秀文明成果，能传播弘扬中华优秀传统文化和社会主义先进文化；了解中国共产党的历史和光荣传统，具有热爱党、拥护党的意识和行动；理解、接受并自觉践行社会主义核心价值观，具有中国特色社会主义共同理想，有为实现中华民族伟大复兴的中国梦而不懈奋斗的信念和行动。	知道自己是中国人，是中华民族的一员，为自己是中国人感到自豪；喜欢中华民族的优秀传统文化，对中华优秀传统文化具有亲切感；热爱中国共产党；记住社会主义核心价值观的要求。	初步了解国情与历史，初步具有维护国家利益和祖国尊严的意识；了解中华民族有代表性的优秀文明成果，初步感受中华优秀传统文化的魅力；热爱中国共产党；记住并初步理解社会主义核心价值观的要求。	初步了解国情与历史，具有维护国家利益和祖国尊严的意识与行动；了解中华民族有代表性的优秀文明成果，初步感受中华优秀传统文化的魅力；初步了解中国共产党的历史和光荣传统，热爱中国共产党；初步理解并自觉地践行社会主义核心价值观的要求，初步理解中国梦的基本内涵。
		国际理解	重点是：具有全球意识和开放的心态，了解人类文明进程和世界发展动态；能尊重世界多元文化的多样性和差异性，积极参与跨文化交流；关注人类面临的全球性挑战，理解人类命运共同体的内涵与价值等。	知道世界上有其他国家的存在；认识到不同国家、地区、民族有不同的语言、生活习俗、文化传统、饮食习惯等。	知道世界上有其他国家的存在；了解并尊重不同国家、地区、民族的生活习俗、文化传统、饮食习惯等。	初步理解全人类是一个相互联系、相互依存的整体；尊重不同国家、地区、民族的生活习俗、文化传统、饮食习惯等，有兴趣参与跨文化交流；关心国际时事，初步意识到人类面临的共同挑战。

续表

	核心素养	基本要点	主要描述	低年级(1～2年级)	中年级(3～4年级)	高年级(5～6年级)
社会参与	实践创新	劳动意识	重点是：尊重劳动，具有积极的劳动态度和良好的劳动习惯；具有动手操作能力，掌握一定的劳动技能；在主动参加的家务劳动、生产劳动、公益活动和社会实践中，具有改进和创新劳动方式、提高劳动效率的意识；具有通过诚实合法的劳动创造成功生活的意识和行动等。	知道劳动的意义，尊重劳动者及其劳动成果，乐于参加劳动；主动参与劳动，在动手操作中学习基本的劳动技能。	知道劳动的意义，尊重劳动者及其劳动成果，乐于参加劳动，初步形成良好的劳动习惯；在动手操作中学会基本的劳动技能；主动参与劳动，具有初步的劳动效率意识；了解劳动须遵守的道德规范和法律规范，初步理解劳动是创造成功生活的基础。	具有积极的劳动态度，乐于参加劳动，形成良好的劳动习惯；掌握基本的劳动技能；主动参与劳动，能够设法提高劳动效率；了解劳动须遵守的道德规范，理解劳动是创造成功生活的基础，学做诚实合法的劳动者。
		问题解决	重点是：善于发现和提出问题，有解决问题的兴趣和热情；能依据特定情境和具体条件，选择制订合理的解决方案；具有在复杂环境中行动的能力等。	喜欢提问，乐于探寻问题的答案，能够在成人的帮助下发现学习和生活中的问题；初步了解解决问题的方法，知道一个问题可以有不同的解决方法；在成人的帮助下尝试解决实践中的问题。	能够发现学习和生活中的问题，在成人的引导下清晰地表述问题，乐于探寻问题的答案；知道一个问题可以有不同的解决方法，在成人的指导下根据特定情境和具体条件选择适当的方法；在成人的帮助下尝试解决实践中的问题。	能够发现学习和生活中的问题，清晰地表述问题，并主动探寻问题的答案；知道一个问题可以有不同的解决方法，在成人的指导下根据特定情境和具体条件选择适当的方法，并制订解决问题的方案；在实践中实施问题解决的方案，并检查问题是否得到解决。

续表

	核心素养	基本要点	主要描述	低年级(1～2 年级)	中年级(3～4 年级)	高年级(5～6 年级)
社会参与	实践创新	技术应用	重点是：理解技术与人类文明的有机联系，具有学习掌握技术的兴趣和意愿；具有工程思维，能将创意和方案转化为有形物品或对已有物品进行改进与优化等。	初步了解日常生活、社会和工业生产中的技术，知道技术对人、社会与环境的影响，学习使用生活和学习中常用的简单工具和设备，具有学习技术的兴趣；使用不同的材料，在成人的指导下尝试用简单的技术进行创造，或对已有物品进行改进与优化。	初步了解日常生活、社会和工业生产中的技术，知道技术对人、社会与环境的影响，学习使用生活和学习中常用的工具和设备，具有学习技术的兴趣；使用不同的材料，尝试用简单的技术进行创造，或对已有物品进行改进与优化。	了解日常生活、社会和工业生产中的技术，理解技术对人、社会与环境的影响，学习使用生活和学习中常用的工具和设备，初步具备负责任地使用技术的意识；使用不同的材料，用简单的技术进行创造，或对已有物品进行改进与优化。

二、初中阶段学生发展核心素养指标体系与表现水平

初中阶段作为九年义务教育的结束段，在我国人才队伍的培养体系中占有绝对重要的意义。初中阶段学生发展核心素养指标体系是中国学生发展核心素养在初中阶段的具体化，体现了我国对未来公民最基本的素养要求。初中生核心素养指标体系规定和描述了我国学生在完成义务教育时所必须具备的、与进一步升学或进入社会乃至未来发展有关的必备品格和关键能力，包括人文底蕴、科学精神、学会学习、健康生活、责任担当、实践创新六大核心素养领域的 18 个要点上的表现水平，具体内容如表 7-5 所示。

表 7-5　初中阶段学生发展核心素养的主要表现

	核心素养	基本要点	主要表现描述
文化基础	人文底蕴	人文积淀	·了解并掌握古今中外人文领域的基础知识和发展脉络，并能在口语表达和写作中进行基本的运用。 ·掌握基本的人文学科的原理和方法，初步具备历史地、辩证地、综合地看待事物和分析问题的能力。 ·热爱并养成阅读国内外人文社科经典名著的习惯。
		人文情怀	·初步认识人的本质和价值，具有人本意识，懂得尊重他人的权利和隐私，学会换位思考。 ·在学习与生活中关注环境、科技、生命体验等与人类生存、发展和幸福息息相关的根本问题。
		审美情趣	·掌握基本的艺术知识和技能，至少具备一项艺术方面的爱好或特长。 ·具备一定的艺术鉴赏知识，初步体悟艺术精神；具有发现和欣赏各种美的能力。 ·形成健康的审美价值取向，不盲目追星和追逐时尚。 ·能在学习和生活中通过艺术手段表达自我的思想和情感，初步养成高雅的生活方式。
	科学精神	理性思维	·理解和掌握基本的数学公式、物理定律等科学概念、原理和方法；具有尊重事实、讲究证据、严谨规范的科学态度和意识。 ·能基于所学的科学知识，运用归纳、概括、演绎、分析等逻辑思维方法，合理解释生活中的各种现象，指导日常生活和学习中的行为。
		批判质疑	·具备批判和质疑的意识，能尝试提出各种科学问题，并能提出具有一定创新性的设想。 ·具有发散性思维和多角度分析问题的能力，能独立进行判断。

续表

	核心素养	基本要点	主要表现描述
文化基础	科学精神	勇于探究	·能坚持真理，不畏困难，针对科学领域中的问题能主动探究，并在教师指导下完整地体验一个科学研究活动的过程。 ·能初步形成科学研究方法的意识，基于生活和学习中遇到的问题提出理论假设，学会设计相应的实验方案，并努力通过与他人合作共同执行方案。
自主发展	学会学习	乐学善学	·认识到学习的重要价值与意义，懂得不同类型学习所具有的价值，初步形成终身学习意识。 ·掌握适应智能时代的各种有效学习的方法，养成良好的学习习惯。 ·能根据自身特点制订合理的学习计划，并自主完成；尝试与他人展开合作学习。
		勤于反思	·能认识、理解、监控自己的学习状态，善于总结成功经验和失败教训。 ·根据自己的学习风格和个性特点，尝试调整和改进自己的学习策略，找到最适合自己的学习方法。
		信息意识	·能根据学习或生活需求，有效地进行信息的搜集、处理、鉴别和应用。 ·具备“互联网+”的社会信息化意识，初步形成合理利用信息技术，解决实际问题的能力。 ·安全文明地使用互联网等信息技术，不沉溺于网络。
	健康生活	珍爱生命	·理解生命是宝贵的，懂得敬畏、尊重和关怀自己和他人的生命。 ·具有安全和自我保护意识，掌握基本的自救自护的方法；了解青春期身心发展变化的规律和特点，学会克服青春期的烦恼与心理冲动，养成良好的青春期生理卫生习惯。 ·热爱运动，至少掌握1～2门运动技能，按时按量进餐，养成健康的生活方式。
		健全人格	·能在生活和学习中保持积极乐观的态度，调节和控制自身的情绪波动。 ·坚持发扬自己的优点，面对困境具有良好的抗挫折能力。 ·具有良好的沟通能力，主动建立良好的人际关系。
		自我管理	·正确认识和评价自己的外貌形象、学业能力、人际关系，以及人格特点等；初步具备生涯规划意识，根据自身的个性和潜质，选择适合自己的发展方向。 ·能合理分配好学习与休闲的时间，具有良好的目标执行力和意志力。

续表

	核心素养	基本要点	主要表现描述
社会参与	责任担当	社会责任	·自尊自爱，正确认识自我；遵守基本的社交礼仪，理性维护社会公德；初步理解诚信的社会主义核心价值观，基本做到言行一致；团结同学，宽容友爱。 ·体谅父母抚养自己的艰辛，能以感恩的心与父母和长辈沟通。 ·适当关心社会与时政，能主动参加社会公益活动；在团队合作互动中发展起一定的领导力。 ·初步了解社会职业道德规范，具有敬业精神；具有较强的自我责任感。 ·具有规则与法律意识，遵纪守法，能够运用法律维护合法权益。 ·崇尚自由平等，在日常学习和生活中，努力坚持维护公平和正义。 ·具有绿色发展理念，初步形成生态意识和环保意识；能在日常生活中自觉保护环境，并适当地宣传环保理念。
		国家认同	·具有较强的中国人的身份认同感，认识并理解国情，能在生活和学习中自觉维护国家主权、尊严和利益，能以恰当的方式弘扬爱国主义精神。 ·探寻中华文化的根，体会中华文化的博大精深；学习与探究中华民族有代表性的优秀成果，初步形成民族自豪感；了解和掌握社会主义先进文化。 ·了解中国共产党的历史和光荣传统，热爱中国共产党，积极参加中国共产主义青年团；初步了解中国特色社会主义制度；理解、认同并践行社会主义核心价值观。 ·理解中国梦的内涵，树立为中华民族伟大复兴积极进取的理想。
		国际理解	·初步具有全球化意识，能关注世界发展的现状和动态，理解我国与世界发展的关系，以开放的心态参与国际交流活动。 ·了解和认识世界各国的文化历史特色，尊重多元文化的差异性；初步具备与异国文化对话交流的能力。 ·初步形成世界公民意识，了解与关心人类所面临的全球性挑战，初步理解人类命运共同体的概念。
	实践创新	劳动意识	·崇尚劳动，尊重劳动，懂得劳动最光荣、劳动最崇高、劳动最伟大、劳动最美丽的道理；养成良好的脑力劳动和体力劳动的习惯。 ·掌握各种劳动技能，积极参与多种形式的劳动，能够开展创造性的劳动，具有提高劳动效率的意识和方法。 ·在参与各种形式的劳动中形成诚信意识。
		问题解决	·能在生活和学习中主动发现并提出问题，能用合理的方式表述并呈现问题。 ·能遵循一定的规范流程，综合运用各种学科知识解决问题。 ·能在较为复杂的情境中自主分析和判断形势，并展开合理的行动。
		技术应用	·认识和理解技术与人类文化的关系，具有强烈的学习技术的兴趣。 ·初步具备工程思维，综合运用科学、技术、工程、数学等学科知识，动手改造或创造有形物品。

三、高中阶段学生发展核心素养指标体系与表现水平

普通高中作为义务教育后学校教育的深化和发展，在提高学生的基础学力及健全人格方面起着重要的作用，同时还承担着向高等院校输送合格人才和为社会培养合格公民的责任。建构高中阶段学生发展核心素养指标体系是把党和国家的教育方针进一步具体化到高中阶段培养目标的根本途径。我国高中阶段学生发展核心素养指标体系以我国学生核心素养总框架为纲，以认知发展逻辑和生活实践逻辑相统一为原则，在借鉴国际经验和实证访谈调查相关社会群体的基础上，形成了包括人文底蕴、科学精神、学会学习、健康生活、责任担当、实践创新六大核心素养领域的 18 个要点的表现水平，具体内容如表 7-6 所示。

表 7-6　高中阶段学生发展核心素养的主要表现

	核心素养	基本要点	主要表现
文化基础	人文底蕴	人文积淀	·掌握人文领域相关历史、文化等方面的基本知识，具备良好的沟通能力，掌握人际交往礼仪，能根据不同社会情境准确运用语言和非语言恰当表达个人情感与思想。 ·掌握基本的人文领域知识与思维方式，具备历史地、辩证地、综合地看待事物和分析问题的能力。
		人文情怀	·理解人的价值，自觉尊重、维护人的尊严。理解与尊重他人的权利与隐私，平等待人；关爱他人，关心他人的发展。 ·在学习活动、思想表达、生活实践中关注人类的生存、发展和幸福。
		审美情趣	·了解和掌握基本的艺术知识与技能方法。 ·初步感悟和理解艺术精神，具有一定的艺术鉴赏知识和艺术鉴赏经验，初步懂得欣赏高雅的艺术美。 ·具备积极的审美态度和健康丰富的审美情趣，养成乐于欣赏的审美习惯；在社会生活中能发现和欣赏各种美；懂得欣赏内在美与心灵美；能够深刻地体验和鉴赏祖国语言文字之美。 ·能够根据个人意愿和特长，发展多样化的艺术表达能力；较好地运用语言和非语言表达自己的审美经验和情感；具有艺术创意表现的兴趣和意识，乐于在学习和生活中拓展和升华美，提升生活品质。
	科学精神	理性思维	·认识科学本质与价值，养成崇尚科学的精神；具备严谨求实的科学态度，形成实事求是、求真务实的知行方式；掌握基本的科学知识，形成科学思维的方式与习惯。 ·具备较强的抽象思维与逻辑推理能力；能运用归纳与概括、推演与计算、模型与建模等理性思维方法来认识和探讨各种自然与社会现象，解决各种问题。

续表

	核心素养	基本要点	主要表现
文化基础	科学精神	批判质疑	·善于提出问题，并能够提出新观点、新方法、新设想。 ·能通过发散思维和丰富的想象力创新性地组合知识解决问题；具有创新意识，善于将创新想法付诸实践。
		勇于探究	·能够追求真理，坚持真理，不畏权威，坚持不懈地探究科学问题。 ·能够基于问题提出设想，收集证据，合理分析论证并得出结论，做出解释和交流结果；初步形成设计与执行实验、进行定性和定量分析的能力。
自主发展	学会学习	乐学善学	·理解学习的意义，形成终身学习的意识。 ·养成适应教育信息化时代的学习方式与学习习惯。善于把握知识的内在联系，注重知识的形成过程及其迁移运用。 ·具备较强的自学能力，善于与他人合作学习，具备自主学习和资源利用的能力。
		勤于反思	·理解自己的学习状况与特点，懂得监控、反思、调整和评价自己各方面的学习状态。 ·根据自己的学习风格和特长，积极运用和主动调适各种有效学习策略和方法；善于领悟别人的学习经验并有效地改进自己的学习。
		信息意识	·具备较强的信息意识，能明确信息需求，有效获取、处理、判断、分析、评价和应用信息。 ·主动适应"互联网+"等社会信息化趋势，初步形成跨界融合思维。 ·具备与信息化社会相适应的安全意识、社会道德与伦理行为。
	健康生活	珍爱生命	·理解生命的意义，形成正确的人生价值观，珍惜和敬畏生命。 ·具有安全意识，能识别与应对常见犯罪行为，正确应对突发危机事件；具备自我身心健康管理的能力，掌握调整心态、舒缓压力的知识与技能。 ·合理膳食，劳逸结合，适当运动，养成健康的生活习惯。
		健全人格	·能理智地调控情绪与行为，发展与形成理性平和的心态。 ·具备较强的自我监控和自我约束能力，具有积极向上、坚忍进取等积极心理品质；体察他人情绪，理解人际边界，能建立和维持良好的人际关系，理性解决人际冲突。
		自我管理	·正确认识和评价自我，形成较稳定的自我意识。 ·能根据自身个性与潜质及社会发展需求来选择合适的发展方向，具备生涯规划的能力。 ·能够按照自我发展目标合理安排时间与精力并付诸行动。

续表

	核心素养	基本要点	主要表现
社会参与	责任担当	社会责任	•悦纳自我，持有自己的价值观，理解并尊重个体差异；讲究社会礼仪，自觉遵守社会公德；理解诚实守信的社会价值，言行一致，诚信待人；宽容友爱，乐于助人。 •理解感恩孝悌的文化内涵，并付诸生活实践。 •关心时政，积极参与社会活动；具有团队合作意识，形成集体主义价值观，具备一定的领导力。 •了解社会职业道德规范，具有敬业精神；具有社会责任感，勇于承担社会责任。 •具备民主法治精神，形成宪法至上、法律权威、法律面前人人平等的观念，自觉依法处事。 •崇尚自由平等，坚持公平正义；遵守规则，尊重秩序，能运用法律维护合法权益。 •理解人与自然及社会的关系，形成人地协调观；形成可持续发展理念，主动关心生态、保护环境，热心宣传保护环境的相关知识。
		国家认同	•理解国情，自觉维护民族团结、社会稳定和国家统一；强烈认同中国人的身份，热爱祖国，坚决维护国家尊严与利益。 •理解并认同中华文化，体会中华文化的博大精深；热爱与传承中华民族的优秀传统文化，具有强烈的民族自豪感；学习、探究并弘扬我国社会主义先进文化。 •理解中国共产党的领导是中国特色社会主义最本质的特征，拥护中国共产党的领导；理解和认同中国特色社会主义制度；深刻理解、认同并践行社会主义核心价值观；树立为实现中华民族伟大复兴的中国梦而不懈奋斗的人生理想。
		国际理解	•了解人类文明进程，具备全球化意识，关注国际事务，积极参与国际活动和全球化问题的解决。 •了解世界不同文化的渊源与特质，理解不同国家的政治文化、经济制度、宗教习俗的差异，尊重和包容异域文化的多样性；具备与异国文化对话交流的能力。 •形成相互依存、和谐共处、共同发展的人类共同价值观；增强世界公民意识与行动能力。
	实践创新	劳动意识	•认识劳动对于人类发展与个人成长的意义，具备艰苦奋斗、吃苦耐劳的精神。 •积极参加各种形式的劳动与社会实践活动，以公益活动和社会实践为主，在劳动中有主动创新劳动方式的意识，并能将创新理念生活化、实践化。 •在参与各种实践劳动中形成诚信意识。

续表

	核心素养	基本要点	主要表现
社会参与	实践创新	问题解决	·具有强烈的问题意识，具有好奇心和想象力，敢于质疑；善于发现与提出问题。 ·能够进行理性分析，做出独立判断，能综合运用各种知识合理地解决问题。 ·能分析形势，定位自己所处的情境，明确自身行为的可能后果，通过思考与集体的关联对自己的行动做出选择。
		技术应用	·对技术哲学的基本观点及发展趋势有初步的了解，理解技术与人、文化的关系。 ·具备较好的技术意识和工程思维，具备较强的动手操作能力，能有效地完成生活实践中的各项相关工作。

参考文献

1. 12 Countries Contributing to DeSeCo-A Summary Report[EB/OL][2013-9-28]. http://www. Deseco. admin. ch/bfs/deseco/en/index/05. parsys. 1992. downloadList. 41429. Download File. tmp/sfsodesecoccpsummaryreport. pdf.

2. 21st Century Skill Maps[EB/OL]. [2013-09-28]. http://www. p21. org/storage/documents/P21_Math_Map. pdf.

3. About PISA[EB/OL]. [2013-10-1]. http://www. oecd. org/pisa/aboutpisa/.

4. Above & Beyond: The Story of 4Cs [EB/OL]. [2013-09-28]. http://www. p21. org/storage/documents/4csposter. pdf.

5. Challenges and Opportunities for Policy: Eurydice Report. 2012. Luxembourg: Publications Office of the European Union.

6. Commission of the European Communities. 2005. Commission Staff Working Paper: Programs towards the Lisbon Objectives in Education and Training. Brussels: Commission of the European Communities.

7. Commission of the European Communities. 2005. Communication from the Commission, COM (2005) final/2, Modernising Education and Training: A Vital Contribution to Prosperity and Social Cohesion in Europe. Brussels: Commission of the European Communities.

8. Commission of the European Communities. 2006. Commission Staff Working Document SEC (2006) 1096: Efficiency and Equity in European Education and Training Systems. Brussels: Commission of the European Communities.

9. Council of the European Union. 2004. "Education & Training 2010": The Suc-

cess of the Lisbon Strategy Hinges on Urgent Reforms. Brussels: Council of the European Union.

10. DCSF. 2007. 14-19 Reforms: An Introduction for the Exams Office. London: DCSF.

11. DEARING R. 1996. Review of Qualifications for 16-19 Year Olds. London: School Curriculum and Assessment Authority.

12. Definition and Selection of Key Competencies: Executive Summary[EB/OL]. [2016-05-15]. http://www.oecd.org/pisa/35070367.pdf.

13. Definition and Selection of Competencies: Theoretical and Conceptual Foundations: Background Paper[EB/OL]. [2013-10-04]. http://www.oecd.org/edu/skills-beyond-school/41529556.pdf.

14. DfES. 2001. Education White Paper: Schools Achieving Success. London: DfES.

15. DfES. 2002. Success for All. London: DfES.

16. DfES. 2002. Extending Opportunities, Raising Standards. London: DfES.

17. DfES. 2003. Children's Green Paper. London: DfES.

18. DfES. 2003. Opportunities and Excellence. London: DfES.

19. DfES. 2005. The 14-19 Education and Skills: White paper. London: DfES.

20. DfES. Education-in-England[EB/OL]. [2006-09-13]. http://en.wikipedia.org/wiki/Education_in_England.

21. DIETHELM I, DORGE C. 2010. From Context to Competencies. IFIP Advances in Information and Communication Technology, 324:67-77.

22. Education for the 21st Century[EB/OL]. [2013-10-03]. https://en.unesco.org/themes/education-21st-century.

23. European Commission. 2004. Working Group B "Key Competence", Implementation of "Education and Training 2010" Work Programme, Key Competences for Lifelong Learning: A European Reference Framework. Brussels: European Commission.

24. European Commission. 2005. Key Competencies for Lifelong Learning. Proposal for a

Recommendation of the European Parliament and of the Council. Brussels: Commission of the European Communities.
25. European Commission. 2012. Developing Key Competences at School in Europe. Brussels: Commission of the European Communities.
26. Eurydice. 2002. Key Competencies, a Developing Concept in General Compulsory Education, Survey 5. Brussels: Eurydice.
27. Framework for 21st Century Learning [EB/OL]. [2013-09-28]. http://www.p21.org/about-us/p21-framework.
28. GARDNER H. 1991. The Unschooled Mind: How Children Think and How Schools Should Teach. New York: Basic Books Inc.
29. GORDON J, HALASE G. 2009. Key Competences in Europe: Opening Doors for Lifelong Learners Across the School Curriculum and Teacher Education. [S. l.]: [s. n.].
30. HOSKINS B, CARTWRIGHT F, SCHOOF U. (2010). Making Lifelong Learning Tangible: The ELLI Index Europe 2010. European Lifelong Learning Indicators.
31. Implementing 21st Century Skills[EB/OL]. [2013-09-28]. http://www.p21.org/our-work/resources/for-policymakers.
32. Introduction to DeSeCo[EB/OL]. [2013-09-29]. http://www.deseco.admin.ch/.
33. JACK G. 1999. Education and Competences: An Anthropo-logical Perspective. Washington D. C.: National Center for Education.
34. JONES E A, VOORHEES R A. 2002. Defining and Assessing Learning: Exploring Competency-Based Initiatives. Washington D. C.: [s. n.].
35. Lisbon European Council. Presidency Conclusions[EB/OL]. [2013-10-23]. http://www.Europarl.europa.eu/summits/lis1_en.htm.
36. LMTF. 2013. Toward Universal Learning: Recommendations from the Learning Metrics Task Force. Montreal: UNESCO Institute for Statistics.
37. LMTF. 2013. Toward Universal Learning: What Every Child Should Learn. Mont-

real: UNESCO Institute for Statistics.

38. Mayer Committee. 1992. Key Competencies: Report of the Committee to Advise the Australian Education Council and Ministers of Vocational Education, Employment and Training on Employment-Related Key Competencies for Postcompulsory Education and Training. Canberra: AGPS.

39. OECD. 2005. The Definition and Selection of Key Competencies: Executive Summary.

40. Our History[EB/OL]. [2013-09-28]. http://www.p21.org/about-us/our-history.

41. P21 Common Core Toolkit[EB/OL]. [2013-09-28]. http://www.p21.org/storage/documents/P21CommonCoreToolkit.pdf.

42. Partnership for 21st Century Skills. 2008. 21st Century Skills, Education & Competitiveness: A Resource and Policy Guide. Tucson: 21st Century Skills Print.

43. PLESSIUS H, RAVESTEYN P. 2010. The Paradox of More Flexibility in Education: Better Control of Educational Activities as a Prerequisite for More Flexibility. IFIP Advances in Information and Communication Technology, 324, 301-309.

44. PRAHALAD C K, HAMEL G. 1990. The Core Competence of the Corporation. Harvard Business Review, 79-91.

45. Projects on Competencies in the OECD Context: Analysis of Theoretical and Conceptual Foundations[EB/OL]. [2013-09-05]. http://www.deseco.admin.ch/bfs/deseco/en/index/02.parsys.53466.downloadList.62701. DownloadFile.tmp/1999.projectsoncom petenciesanalysis.pdf.

46. Recommendation of the European Parliament and of the Council of 18 December 2006 on Key Competences for Lifelong Learning (2006/962/EC). Official Journal of the European Union.

47. SALGANIK L H, STEPHENS M. 2003. Competence Priorities in Policy and Practice// RYCHEN D S, SALGANIK L H. Key Competencies for a Suc-

cessful Life and a Well-Functioning Society. Germany: Hogrefe & Huber.
48. SCANS. 1991. What Work Requires of School. Washington D. C. : U. S Department of Labor.
49. SPENCER L M, SPENCER S M. 1993. Competence at Work: Models for Superior Performance. New York: John Wiley and Sons.
50. STEIN B J, MCHENRY G, LUNDE J, et al. 2001. Which Key Characteristics of Graduates Will a Technology Company Look for? Oslo: International Conference on Engineering Education.
51. STOOF A, MARTENS R L, VAN MRRIENBOER J G, et al. 2002. The Boundary Approach of Competence: A Constructivist Aid for Understanding and Using the Concept of Competence[J]. Human Resource Development Review, 1(3): 345-365.
52. The 2010 Composite Learning Index: Five Years of Measuring Canada's Progress in Lifelong Learning. 2010. Canada Council of Learning.
53. The Definition and Selection of Key Competencies: Executive Summary[EB/OL]. [2013-09-25]. http://www. oecd. org/pisa/35070367. pdf.
54. The EFF Content Standards and How They Work[EB/OL]. [2013-09-28]. http://eff. cls. utk. edu/fundamentals/eff_standards. htm.
55. The INES Compendium Contributions from the INES Networks and Working Groups. 2000. Tokyo:[s. n.].
56. UIE. 2003. Nurturing the Treasure: Vision and Strategy 2002—2007. Hamburg: UIE.
57. UNDP. 2009. Capacity Development: a UNDP Primer. New York: UNDP.
58. UNESCO. 2011. Capacity Development for Education for All: Translating Theory into Practice. Paris: UNESCO.
59. UNESCO. 2012. EFA Global Monitoring Report 2012: Youth and Skills-Putting Education to Work. Paris: UNESCO.
60. UNESCO. Education for All[EB/OL]. [2013-10-16]. http://www. unesco. org/new/en/education/themes/leading-the-international-agenda/education-

for-all/the-efa-movement/.

61. WEINERT F E. 2001. Concepts of Competence: A Conceptual Clarification[J]. University:45-65.

62. What Does 21st Century Learning Look Like? [EB/OL]. [2013-09-28]. http://www. p21. org/exemplar-program-case-studies.

63. YANG J, VALDÈS-COTERA R. 2011. Conceptual Evolution and Policy Developments in Lifelong Learning[C]. [S. l.]: UNESCO Institute for Lifelong Learning.

64. 安延. 2006. 法国基础教育改革指导性文件——共同基础法令出台[J]. 世界教育信息(11):9-11.

65. 蔡清田. 2010. 课程改革中素养与能力[J]. 教育研究月刊, 12:93-104.

66. 蔡清田. 2011a. 课程改革中素养与知能之差异[J]. 教育研究月刊, 3:84-96.

67. 蔡清田. 2011b. 课程改革中的核心素养之理论基础[J]. 中正教育研究, 10(1):1-27.

68. 蔡清田. 2011c. 课程纲要的核心素养[J]. 研习资讯,28 (4):5-14.

69. 陈霞. 2003. 英国现行国家课程标准的特征及启示[J]. 课程・教材・教法, 6:71-75.

70. 陈燕,宋乃庆. 2012. 美国中小学共同核心标准的建立及探析[J]. 比较教育研究(3):37-41.

71. 国立教育政策研究所. 2006. これからの学校教育に求められる児童生徒の資質・能力に関する研究報告:児童生徒の資質・能力に関する調査集計結果(保護者編).

72. 国立教育政策研究所. 2006. これからの学校教育に求められる児童生徒の資質・能力に関する研究報告:児童生徒の資質・能力に関する調査集計結果(校長編).

73. 国立教育政策研究所. 2010. 諸外国における教育課程の基準と学習評価.

74. 国立教育政策研究所. 2011. 諸外国における教育課程の基準.

75. 国立教育政策研究所. 2012. 教育課程の編成に関する基礎的研究報告書 3:社会の変化に対応する資質や能力を育成する教育課程——研究開発事例分

析等からの示唆.
76. 国立教育政策研究所.2013. 教育課程の編成に関する基礎的研究報告書 5:社会の変化に対応する資質ゃ能力を育成する教育課程編成の基本原理.
77. 国务院批转教育部《面向 21 世纪教育振兴行动计划》的通知. 国发〔1999〕4 号.
78. 黄日强,黄勇明.2004. 核心技能——英国职业教育的新热点[J]. 比较教育研究,2(2):82-85.
79. 黄四林,左璜,莫雷,等.2016. 学生发展核心素养研究的国际分析[J]. 中国教育学刊(6):8-14.
80. 霍益萍,戴天华.2004. 为了所有学生的成功——法国全国教育大讨论总报告概述[J]. 教育发展研究(12):46-48.
81. 缴润凯,袁雅仙,刘学智.2010. 日本以"生存能力"为核心的课程评价改革:经验与启示[J]. 外国教育研究(12):10-13.
82. 李薇.2008. 14～19 岁青少年教育:21 世纪初英国教育战略分析[J]. 教育发展研究(21):84-87.
83. 林崇德.2016. 21 世纪学生发展核心素养研究[M]. 北京:北京师范大学出版社.
84. 林崇德.2016. 学生发展核心素养:面向未来应该培养怎样的人[J]. 中国教育学刊(6):1-2.
85. 刘蔚之,彭森明.2008. 欧盟核心素养教育方案及其社会文化意涵分析[J]. 课程与教学季刊,11(2):51-78.
86. 刘霞,胡清芬,刘艳,等.2016. 我国学生发展核心素养的实证调查[J]. 中国教育学刊(6):15-22.
87. 马克思,恩格斯.1972. 共产党宣言//马克思,恩格斯. 马克思恩格斯选集(第1卷). 北京:人民出版社.
88. 毛泽东.1991. 毛泽东选集(第三卷)[M]. 北京:人民出版社.
89. 唐瓷.2011. 高职学生关键能力培养的实践与思考[J]. 四川教育学院学报,27(5):1-5.
90. 滕珺.2013. 学生应该学什么?——联合国教科文组织最新基础教育学习指

标体系述评．世界教育新闻．

91. 汪霞．2003. 高中生应有怎样的技能素养[J]. 课程·教材·教法(2)：74-74.

92. 王定华．2009. 美国基础教育改革与发展若干动向[J]. 基础教育参考，3：31-38.

93. 王晓辉．2006. 法国新世纪教育改革目标：为了全体学生成功[J]. 比较教育研究(5)：22-27.

94. 吴明烈．2010. UNESCO、OECD与欧盟终身学习关键能力之比较研究[J]. 教育政策论坛，13(1)：45-75.

95. 吴明烈．2011. 终身学习关键能力的架构内涵与发展策略之探究[J]. 教育政策论坛，14(3)：67-96.

96. 吴忠魁，张俊洪．1988. 教育变革的理论模式[M]. 成都：四川教育出版社．

97. 现代汉语词典(第5版). 2005. 北京：商务印书馆．

98. 现代汉语辞海．2003. 北京：中国物资出版社．

99. 辛涛，姜宇，林崇德，等．2016. 论学生发展核心素养的内涵特征及框架定位[J]. 中国教育学刊(6)：3-7.

100. 新牛津英汉双解大词典(第2版). 2003. 上海：上海外语教育出版社．

101. 徐朔．2006. "关键能力"培养理念在德国的起源和发展[J]. 外国教育研究，6：14-15.

102. 袁贵仁．2001. 素质教育——21世纪教育教学改革的旗帜[J]. 中国教育学刊(5)：1-3.

103. 张钿富，吴慧子，吴舒静．2010. 欧盟、美、澳公民关键能力发展及其启示[J]. 教育资料集刊，48：273-300.

104. 张钿富．2009. 欧美澳公民关键能力发展之研究．台北：教育资料馆．

105. 张佳琳．2000. 从能力指标之建构与评量检视九年一贯课程基本能力之内涵[J]. 国民教育，40(4)：54-61.